プロ野球
現場広報は
忙しかった。

裏方が見た
ジャイアンツ黄金時代

香坂英典 著
［元読売ジャイアンツ］

著者巨人軍職歴

1980年1月1日　ドラフト外で選手として入団
1984年12月31日　任意引退、退団
1985年1月1日　契約社員として入社。チーム付スコアラー、打撃投手兼務
1986年1月1日　先乗りスコアラー
1992年1月1日　広報部配属
2000年7月1日　法務室兼務
2001年11月1日　法務室兼務を解く
2005年1月1日　ファンサービス部兼務
2006年1月1日　広報部兼務を解く
2008年1月1日　編成本部編成調査室（プロスカウト）
2009年1月1日　編成本部編成調査室長
2016年1月1日　ファン事業部長
2018年5月1日　編成本部（プロスカウト）
2020年12月31日　退団

広報時代の著者（写真は著者提供）

初めに

小学3年生のころから巨人軍のスーパースター、王貞治、長嶋茂雄をテレビのナイター中継で夢中になって追い掛けるようになっていた。

どこにでもいる野球小僧だった。

野球が好きだった。ボールを追い掛けることが楽しかった……。

高校時代は無名の投手。中央大学に進学し、好きな野球を続けることはできたが、プロ野球の選手になるなんてことは、まだあこがれでしかなかった。

大学4年生になると、投手として一皮むけたというのだろうか、これまで努力してきたものが結果として表れるようになる。

東都大学リーグでのノーヒットノーラン、チームは大学日本一になり、日米大学野球のメンバーにも選ばれ、プロ野球選手になる夢が現実味を帯びてきた。

やがて、本当にプロ野球の選手になるチャンスが訪れた。

入団したのは読売巨人軍、プロ野球界の盟主と言われるチームだった。

しかし、野球をなりわいとするのは、生半可なことではない。自分の力の半分も発揮することができないまま、たった5シーズンでユニフォームを脱がなくてはならなかった。

プロ野球選手の負け組である。

結婚もし、長男が誕生したばかり、27歳だった……。

その後、球団職員というお話をいただき、打撃投手、スコアラー、現場広報担当、プロスカウト、そしてファンサービスやファンクラブ、社会貢献などの部署に身を置いた。

さまざまな出来事があった。その中には巨人軍の歴史に残る数々のシーンもあり、まさに僕は、その現場にいた。


2020年限りで巨人軍退団。縁あって2021年4月26日号から2023年7月10日号まで『週刊ベースボール』でコラム『巨人軍広報の回顧録　裏方が見たジャイアンツ』を執筆させていただいた。

「たぶん、皆さんはこんなことは知らないだろう」とか「知られている話があるが、ここが少し違っていて、本当はもっと面白いんだけど」などと、僕が感じたことを伝えたいと思ったのがきっかけで始まり、連載は100回以上にもなった。

単なる僕の思い出ではあるが、登場する面々は、なんと言っても数々のドラマの主人公たちばかりだ。

巨人軍の大先輩にあたる方には「お前の話だって、貴重な歴史の証言だ」と言っていただいた。こうした言葉が背中を押してくれたこともあり、生意気かもしれないが「自分自身の残せる物」ができるということにも強く駆り立てられ、書籍化に向けて再度ペンを執らせてもらった。

選手生活を除く35年間のうち、広報担当者としての14年が在任期間としては一番長く、チームに帯同もしていたので、本のタイトルは『プロ野球現場広報は忙しかった。』とさせてもらったが、広報担当の仕事以外でも興味深い話、面白かった話はたくさん書いたつもりだ。何分、執筆に関してはド素人であり、行き届かないところがあった場合はどうかご容赦願いたい。

華やかな表舞台の裏にあった「裏方の裏話」……。
どうぞリラックスした気持ちで、この本を手に取っていただければ幸いです。

CONTENTS

第2章 僕がジャイアンツに入るまで

第3章 ジャイアンツでの青春時代

第5章　広報時代、松井秀喜という男

第6章 愛すべき、そして素晴らしい選手たち

元木大介 編

助っ人外国人選手 編

終わりに

第1章 われらの「生きる教科書」長嶋茂雄監督

ながしま・しげお●1936年2月20日生まれ。千葉県出身。佐倉一高から立大へ進み、当時の東京六大学リーグ新記録となる8本塁打を放つ。58年に巨人へ入団、本塁打王、打点王、さらに新人王にも輝いた。派手なアクションや勝負強さで絶大なる人気を誇り、「ミスタージャイアンツ」「ミスタープロ野球」とも。74年限りで現役引退。MVP 5回、首位打者6回、本塁打王2回、打点王5回。その後は2期にわたって巨人の監督を務め、リーグ優勝5回、日本一2回。2001年限りで勇退。その後、巨人の終身名誉監督に就任した。88年に野球殿堂入り、13年には国民栄誉賞にも

長嶋監督時代の巨人宮崎キャンプ。休日となると
大勢のファンが詰め掛けた

打ち合わせ無視の球場入り？「監督は撮らせたんだ」

第1章は、広報時代一番影響を受けた方の話を書きたい。「少年・香坂英典」にも、大きな、大きな影響を与えたあこがれの存在であった。

ミスタージャイアンツ、巨人軍終身名誉監督の長嶋茂雄さんだ。

長嶋さんは僕の入団1年目、1980年の監督でもあったが、翌年、藤田元司さんに監督交代となり、広報になっていた1992年秋、13年ぶりに2期目の巨人軍監督としてジャイアンツに復帰された。

仕事柄、監督の近くにいることが多かったが、やはり雲の上の人だから自分からはなかなか話し掛けることはできなかった。最初は直接具体的な指示などは受けたことはなく、いつも緊張しっぱなしで一ファンのような感覚だった。

監督は僕ら広報にとって「生きる教科書」だ。野球の魅力、そしてジャイアンツの魅力をいかにファンの方に伝えていけばいいのか、そのためにメディアとどのような関係でいればいいのか。監督の姿を見て勉強したことは本当にたくさんある。

長嶋さんは野球がたくさんの人たちを楽しませるエンターテインメントであると考え、普段からさまざまなことを実践していた。例えば、カメラマンがどこから狙っていて、自身がどう動けば、どういう写真が撮られ、またどういう映像がテレビで流れるのかをすべて計算していたように思う。

それを最初に強く感じたのは、ある年の宮崎のキャンプ、現在の宮崎県運動公園第二硬式野球場、通称・ひむかスタジアムでのことだ。当時、巨人キャンプは大盛況。球場はいつも満員で、球場外も、たくさんファンの方であふれていた。

日曜日か祝日だったたと思う。いつも以上に多くのファンが来て、球場を囲むように、いわゆる〝入り待ち〟をしていた。僕らは、選手バスで来た選手たちを四苦八苦しながらなんとか球場に入れ、あとは長嶋監督の到着を待っていた。

監督は宿舎のホテルから専用車で球場入りする。監督担当広報の小俣進さんがいつも同乗していたが、いち早く球場入りした僕は、この日はいつも以上に混乱して危ないなと感じていた。監督が姿を現わせば、間違いなくファンは殺到する。押し合いになり、特にお年寄りや小さなお子さんを巻き込む事故が起きたら大変だ。手持ちの無線で「正面玄関からは人が多くて危険なので、人のいない外野のレフトの出入り口を開けます。そこから入ってください」と小俣さんに伝え、「了解」という返事をもらった。

しかし、姿を見せた監督車は、レフト方向に曲がる場所をスッと通り過ぎてしまった。あれ？　とびっくりしていると、また監督車が戻ってくる。よし、このままレフトに行くのだろうなと思ったら、今度は球場の正面に止まった。大勢のファンのど真ん中だ。ン？　と思った瞬間、車からなんと監督が降りてくるではないか。

お客さんからは大歓声が起こり、ワッと監督を取り囲む。僕はもう何がなんだか分からず、頭がパニックになった。球場の正面入り口までは10メートルくらいあった。そのストロークを監督が人をかき分け入っていく姿を何もできず、ただ見ているだけだった。

監督が球場入りしたあと、僕は慌てて周辺のチェックをしたが、幸いなことにケガ人は一人もいなかった。ただ唯一、監督を追い掛けているうちにぶつかり合ったTVカメラマンと新聞記者が取っ組み合いのケンカをしていた。「まあまあ」と、その仲裁に入るのも僕の仕事になる。

「どうなっちゃったんですか」と小俣さんに聞くと「俺もどうしようもできなかったんだよ」と汗を拭きながら答えた。車中の監督は「ハイ、ゆっくり走れよー、よし、戻ってー。よし止めろ」と言っただけだったらしい。

翌日、小俣さんが「監督はすごいな……」としみじみ感心しながら言ってきた。

「きのうの球場入り、監督はたぶん計算していたんだよ」

僕も、前日夕方のテレビニュースを見て感じていたことではあった。

映像の中の監督はニコニコ笑っていた。しかも急いでは行かず、ファンの中をゆっくり歩くのだ。抱きついてくるご婦人には満面の笑みで肩を抱いていた。群がったファンも、みんな笑顔で楽しそうだった。

実はあのとき、各テレビ局、新聞、雑誌社のカメラマンは、球場の建物の一番上に全社並んで長嶋監督を狙っていた。あの上からのアングルで階下の監督を撮影すれば、日本中に巨人キャンプの盛況さを伝える最高の絵が撮れる。

そうか……、監督は撮らせたんだと悟った。

監督は正面玄関を一度通り過ぎたとき、マスコミのカメラ位置や、お客さんの様子を見て、これならと判断して車から降りた。全国の野球ファンに〝ジャイアンツは、大勢のファンの方に歓迎されながら、宮崎で元気にキャンプをスタートしました〟というメッセージを伝えるために。

監督の現役時代の写真を見てもそうだ。動き、表情、全部いい。偶然のカットもあると思うが、監督にはいつも「自分は注目を集めている」「プロは見られてこそ」という思いがあったのではないか。

長嶋さんが「いつも長嶋茂雄でいるのは大変なんだよ」とおっしゃっていたと小俣さんから聞いたことがある。注目されている自分、ファンがこうあってほしいと思う「長嶋茂雄」を演じていた部分もあったのか……。

ファンとの橋渡し役になるメディアの大切さ、われわれ広報担当者の意識も高く持たなくてはいけないということを強く感じた出来事でもあった。

ヒザカックン？　楽しさあふれる長嶋監督の本当の姿

長嶋監督はいたずらが好きだ。東京ドームのナイトゲームの試合前練習、監督が姿を現すのは、いつも午後4時15分くらい。20数名の報道陣が一塁側ダグアウト前で監督の登場を待ち、僕は彼らを見守りながら、必然的にダグアウトに背を向け、監督を待った。

そのとき、誰かが後ろからいきなり「ヒザカックン」をした！　体の力が抜け、その場でもんどりうってひっくり返った。

キツネにつままれたような気分の僕は、報道陣に大笑いされる。「大丈夫ですか」。倒れた僕を気遣いしてくれる記者に「だ、誰が？　で、監督は入った？」と聞くと、そこにいた記者たちはそろって打撃ケージのほうへ歩いていく長嶋監督を指さした。

「えっ、か、監督？」

恥ずかしさも忘れ、記者たちと一緒に笑ってしまった。

監督の言い間違いも面白かった。1996年の宮崎春季キャンプだったと思うが、ともに前年加入の川口和久と阿波野秀幸の両左腕がブルペンで投げていた。その投球を見たあと、監督は「きょうのアワグチはよかったねえ」と記者団にコメントした。もちろん、大先輩の淡口憲治さんではない。長嶋番は2人の名前が一緒になっていることは分かっていたが、どちらのピッチャーをさしてコメントしたのかが分からず困っていた。

1996年と言えば、大逆転優勝の「メークドラマ」の年だが、この言葉自体も有名な長嶋語録の一つだ。一部では「長嶋さんらしい和製英語」と言われていたが、語呂がよく、分かりやすく、感性あふれているところが素晴らしい。

伝説の長嶋語と言えば、今も語り継がれるフレーズの一つに「魚へんにブルー」がある。シーズンも後半を迎え、優勝戦線一騎打ちの相手・ヤクルトの勢いが衰えず、わがジャイアンツはV逸の大ピンチにさらされようとしていたときだったと思う。

神宮球場での試合前の打撃練習が終わると、番記者たちはワッと長嶋監督を囲む。マスコミのもっとも興味深い切り口は「長嶋茂雄vs野村克也」の人気者監督同士の火花の散らし合いで、そこにスポットを当てたがっていた。

打撃ケージ裏で秋の空を見上げていた監督は、その空にイワシ雲を見つけ、こう言った。

「イワシ（という字）は魚へんにブルーですかぁ」

いきなりの監督の言葉は、記者たちが吹き出してしまうような珍コメントであったため、彼らがこれに食いつき、試合前のわずかなマスコミとの接点は終了し、監督はロッカールームに消えた。小俣さんは「監督は先手を打ったんだよ」と言う。記者に質問をされる前に自ら切り出したのだ。

案の定、翌日のスポーツ紙面はどの社も「魚へんにブルー」の文字が躍った。「魚へんにブルーは〝鯖（さば）〟だろう」と突っ込んでいる記事もあった。

小俣さんによると「本当は魚へんに〝弱〟がイワシだが、監督は勝負事の前に〝弱〟という字は避けたかったらしいんだ」。へぇー、なるほど……。

長嶋監督は記者の質問に対して「ノーコメント」とか「それは言えないね」などの言葉は絶対に言わない人だった。グラウンド上でのマスコミとのやり取りも決して後手を踏まず、まずは自分から口を開くことが多い。打撃練習を行う江藤智の打球を見て「ホームランはああいう品のよい弾道じゃないといけませんね」と言い、記者団は「監督、品のよい弾道とはどんな打球ですか」と返す。もうこれで話の主導権は監督が握ってしまう。こんな光景を僕は何度も目にした。

監督1期目（1975―1980年）からだが、〝勘ピューター〟と言われ、データを無視し、ひらめきに頼っているなどと報道されたことがあったが、これは違う。

僕が広報として監督に仕えたころ、監督は年齢から言っても老眼であったはずだ。でも、人前では絶対にメガネを掛けなかった。ファンの方々の目には昔からの長嶋茂雄の姿が焼き付いているわけで、メガネを掛けている姿を見せてはイメージが変わってしまう。そのことを監督自身が一番分かっていた。

ファンの目には見えない場所ではメガネを掛けることもあった。例えば、移動時のバス。メガネを掛け、小さな手帳を読み、あれこれ書き込んだりしていた。

監督はバスでは一番前の座席に座る。広報の僕は前方から二番目の補助席だ。別に意識してのぞいたわけではないが、座席の背もたれの隙間から監督のその小さい手帳が見えた。小さい文字がぎっしりと書いてあった。しかも、よく見るとほとんどが数字、つまりはデータだ。意外だったが、監督のイメージが変わった。

それから僕は監督の言動をさらに興味深く観察するようになった。必ず何かの意味が監督の言動に表れている。まさに見て、感じる教科書だった。

背番号3のお披露目……でも一体いつ脱ぐの？

「巨人が来ると寒くなる」

宮崎の人たちは毎年2月になると口々に言う。

長嶋監督2期目の2000年2月1日、宮崎春季キャンプ初日。この日の宮崎は南国とは思えない寒さで、選手は寒稽古《かんげいこ》で身を清める思いでのシーズンインになった。

このシーズン、長嶋監督の背番号は33から3になった。現役引退後、初めて巨人軍の永久欠番、栄光の背番号3を自らが着けて指揮を執ることになった。

1996年のあと、3年間優勝から遠ざかっていたが、この年、巨人のラインアップは仁志敏久、清水隆行、高橋由伸、松井秀喜、清原和博、二岡智宏、先発投手は槙原寛己、斎藤雅樹、桑田真澄の三本柱に上原浩治。さらに新戦力として広島から三塁手の江藤、投手ではダイエーから工藤公康、阪神からメイ、新人の髙橋尚成も入団してきた。

しかし、この豪華メンバーのどの話題よりも、長嶋監督がグラウンドコートを脱いで、ユニフォームでの背番号3のお披露目がいつになるのかということが、キャンプ初日からファン、マスコミの注目となっていた。

マスコミ各社は毎日気をもんでいた。「お披露目はいつですか」と毎日のように広報部へ問い合わせがあったが、僕も分からず、小俣さんからの指示を待っていた。

キャンプ初日の寒さが和らぎ、宮崎の日差しが心地よく感じ始めた第2クールが過ぎ、小俣さんから情報が入った。

「そろそろ監督は（グラウンドコートを）脱ぎそうだぞ」

あしたなのか、あさってなのか。どこで？　時間は？

報道関係者、特に写真記者やテレビクルーは、そのシャッターチャンスを逃すわけにはいかない。広報担当者がしっかりと案内をしないと、マスコミは混乱し、肝心のチームの練習に支障が出ることもある。

2月12日の朝、小俣さんが小声で「オイ、きょうやるぞ」と僕に耳打ちした。場所はキャンプ地本球場に隣接するAグラウンド、FA移籍してきた背番号33の江藤を相手に監督自ら個人ノックをし、そのタイミングでグラウンドコートを脱ぎ、背番号3のお披露目という設定だった。

直ちに報道関係者に集まってもらう。撮影希望者多数のため、グラウンド内では1社1名と人数制限させてもらった。通常の練習撮影はグラウンド外のカメラマン席から行っているが、守備担当の篠塚和典コーチに許可を取り、特別にグラウンド内に撮影エリアを設け、その位置取りを各社、クジ引きで決めることにした。

世紀の場面に突然の乱入？　うらやましい同級生たち

カメラマンたちの大仕事に対する熱意を感じた僕は、撮影取材者に「リハーサルでもやったほうがいいかい？」と提案した。カメラマンは「ぜひ！」と声をそろえた。

監督車の停車位置、監督の動線、アテンドする人数の確認、監督の立ち位置、篠塚コーチの立ち位置を確認した。ここでリハーサルとして僕が監督役になり、グラウンド入りから、ホームプレート付近に立ち、グラウンドコートを脱ぎ、篠塚コーチに渡す動き、ノックをマネた。本番さながらにカメラマンたちはシャッターを押し、リハーサルを終えた。僕も長い間広報をさせてもらったが、練習でリハーサルをしたのは初めてだった。

しばらくして白色の監督車がゆっくりと入ってきた。所定の位置に止まり、長嶋監督が車を降りる。薄手のグラウンドコート1枚だけ羽織っている。グラウンド周辺に鈴なりになって取り囲んだ多くのファンが大きな拍手で監督を迎えた。果たして何人のファンがいたのか、あの小さいグラウンドの周りに1000人？　1500人？　いやもっと？

グラウンドでは篠塚コーチが江藤に対してノックを行っている。監督がホームプレート付近にゆっくり近づき、サングラスを外し、ノックバットを握り、数回素振りをした。

いよいよだ。グラウンドコートのファスナーを下げ、背番号3が目の当たりにされようとするそのとき……。

あっ！

一塁側ベンチ方向からスタスタとユニフォームを着た人物が監督と篠塚コーチのいるホームプレート方向へ歩いてきた。さ、佐野？　コーチ？　背番号70の佐野元国バッテリーコーチがやってきたのだ。カメラマンにはグラウンド上には監督と篠塚コーチの2人だけという設定を説明済みだ。撮影時にはなるべく被写体である監督にかぶるものがないようにと確認をされていた。

しかし、またなんでバッテリーコーチが内野守備練習のこの場に？　などと思っている間に、監督はサッとグラウンドコートを脱ぎ、佐野コーチが受け取る。栄光の背番号3はお披露目となった。ファンから歓声が沸き、その姿がカメラに収まる。そして、江藤に対して長嶋監督の40分間にも及ぶ個人ノックのセレモニーも終了し、背番号3復活の報道対応をなんとか終えることができた。

それにしても想定外の佐野乱入……。同学年で仲のよかった佐野にあとで聞いてみた。

「あのときなんで入ってきたんだ？」

佐野はニコニコして「だって栄光の背番号3のお披露目だぞ。あそこで映らない手はないだろう」。してやったりという満足げな笑顔で言った。

ちなみに篠塚コーチも僕と同学年だ。あの記念すべき場面で、長嶋茂雄とスリーショットで写真や映像に収まるなんて、本当にうらやましい同級生たちだ。

もちろん裏方の僕は映っているわけなどないが、懐かしい気持ちもあるので、リハーサルの写真とか映像は、当時のカメラマンに頼んで、ちょっと見てみたい気もする……。まだ取ってあるかな。

伝説の『10・8』決戦前ミーティング。「勝つ!」3連呼

長嶋ジャイアンツの伝説と言えば、なんと言っても1994年『10・8決戦』だ。語り継がれる歴史に残る戦い。プロ野球史上初めて、勝率が同率同士の最終戦直接対決で優勝が決まる中日との決戦がナゴヤ球場で行われた。「勝ったほうが優勝……」とつぶやいてみると、戦う当事者でない僕までが胸の鼓動を抑え切れず、緊張感に襲われた。

これまで多くのメディアが取り上げてきたが、証言者たちの多くは「異様な雰囲気」「あまりよく覚えていない」という言葉を口にした。僕も例外ではなく、ところどころ記憶が抜けているというか、不思議な感覚にとらわれていたことを思い出す。

前夜、巨人が無事優勝した場合の試合後の広報対応の準備などはすべて完了し、宿舎の

自宅でリラックスしていた。そのとき部屋の電話が鳴った。電話の主は当時の日本テレビ野球中継プロデューサー、田中晃さんだった。

「ホテルの近くにいて飲んでいるんですけど、来ませんか」と言う。「いやぁ、お誘いはありがたいのですが、あしたがあるので……」と言うと、すかさず田中さんは「何を言っているんですか！　あしたは巨人が優勝するんですよ！　前祝いですよ！」と強い口調で言った。

田中さんは、長嶋さんが監督就任前に日本テレビの世界陸上の中継でリポーターを務めた際、プロデューサーとして番組を手掛けた方でもある。そう、陸上100メートル決勝でゴールしたカール・ルイスを長嶋さんが「ヘイ！　カール！」と呼び寄せインタビューをした、あの世界陸上だ（1991年）。

田中さんは、のちに巨人戦野球中継のキャッチフレーズを『劇空間プロ野球』とし、プロ野球の舞台裏のファンに知られざる部分を積極的に紹介していくような番組づくりをした。誰よりも熱く、野球というエンターテインメントの持っている魅力をテレビで最大限に表現したいという情熱を持っている方だった。

田中さんは、巨人が優勝することをまったくと言っていいほど疑っていなかった。究極のプラス思考者であり、頭の中は長嶋さんと同じく「勝つ！」の二文字しかなかったのだろう。僕はさすがに前祝いで酒を飲むような気持ちにはなれなかったが、予言者のごとく、近い未来がすでに見えているような田中さんの勢いに、ただただ圧倒された。

翌日、ホテル出発前のミーティング。長嶋監督が立ち上がって話し始めた。5分強、10分は掛からなかったと思う。残念ながら、異様な雰囲気の中で、監督の話の内容がなかなか思い出せない。ただ、監督の話が始まる前にふと頭をよぎったのは「このミーティング、録音すべきだったか……」ということだ。しかし、準備をしておらず、それはのちのち大きな後悔になった。

監督は自信にあふれていた。語り継がれている「勝つ、勝つ、勝ーつ！」の3連呼については、僕の記憶はちょっと違う。「勝つ」というフレーズを3回使ったのは覚えているが、単なる3連呼ではなく、「勝つ」と「勝つ」の間にはほかの文言が入っていて、3度目の最後の「勝つ！」は、より大きな声で強く叫ぶように言ったと記憶している。

監督は以前、試合前のミーティングで「力を出し切れば、負けてもいいんだ」と言ったことがある。僕が知る限りでは、負けてもいいなんて言った監督は長嶋監督しかいない。「きょうの試合は勝つ！」と断言した監督も長嶋監督しかいない。

ホテルの一室に、言葉では表現できない異様な雰囲気が漂っていたのを思い出す。

長嶋監督の「勝つ！」の言葉は部屋の隅々までビリビリと響き渡り、その声を合図に一同が「よしっ！」と言って、ナゴヤ球場へ向かった。

落合さんのすさまじい執念。入団会見の言葉が証明された

試合が始まる……。

幾多の名場面があったが、僕が一番印象に残った出来事は3回裏、一塁手の落合博満さんが一、二塁間の強いゴロを捕る際、内股の筋肉を痛めたシーンだ。

落合さんの痛がり方から筋肉に大きなダメージを受けたことは間違いない。その場で立てず、中畑清コーチに背負われてトレーナー室に運ばれたが、痛みに苦悶の表情を浮かべていた。

トレーナーが触診を行おうとしたそのとき、落合さんが大きな声で叫んだ！

「俺は、出るぞ！」

鬼気迫る表情が印象的だった。ダメかもしれないと一番分かっていたのは落合さん本人だったと思う。しかし、絶対にこのまま引き下がれないという気迫が「出るぞ！」の言葉を絞り出したに違いない。

状況を目の当たりにし、守りに就くのは無理としか思えなかった。ところが、落合さんは股関節付近をこれでもかというくらいグルグルとテーピングでガッチリ固定し、再びファーストミットをつかみ、一塁キャンバスへ戻った。

落合さんは、その回の中日の攻撃が終わってから交代となったが、2回表にソロ本塁

打、3回表にも適時打を放っており、この試合に懸けた強い思い、命懸けと言ってもおかしくない並々ならぬ執念が感じられた。巨人移籍の記者会見で言った「長嶋監督を男にするために巨人に来た」という言葉が証明されたと言っていいだろう。

9回裏、三番手の桑田真澄が最後の打者を空振りの三振に打ち取り、締めくくった。ナインは一斉にベンチを飛び出し、長嶋監督の歓喜の胴上げが行われた……。

優勝決定はゴールではなく、僕ら広報のプレーボールだ

とはいえ、僕の喜び方はちょっとドライだった。

なぜならば、広報担当者の僕は、ここからがプレーボール、そして勝負だからだ。

試合後にはマスコミへの優勝対応という大仕事が残っている。ホテルに帰ると、まずは「優勝手記」と言って、翌日の新聞に手記を載せる社と対象になる選手を一つずつ引き合わせる作業をする。深夜に掛けてはラジオやテレビの取材がある。彼らは優勝決定番組をオンエアするため、中継車を止め、ホテル内に特設のスタジオを構える。放送形態は主に生放送であり、夜のニュース番組でオンエアされ、ラジオは録音形態もある。分刻みのスケジュールに合わせて、時間厳守で出演者をスタジオに送り込まなければならない。

これが大変なのだ。

なぜなら、スタジオ出演の前には「ビール掛け」という選手たちが待ちに待った最大の

儀式があるからだ。出演の対象となる選手を切りのよいところで会場から呼んできて、いや、引っ張り出してきてスタジオに送り込むのだが、優勝の歓喜の中、ビール掛けに没頭している選手は言うことなんて聞きやしない。

幸い10・8の夜のメディア対応は比較的スケジュールどおりこなせたが、少しだけヒヤリとしたことがあった。

一番最初に行われるテレビ生出演はテレビ東京だった。ここは長嶋監督一人での出演だ。監督はビール掛け会場から余裕を持って退出。着替えなど出演の準備も完了し、ホテル内の特設スタジオのドアの前に差し掛かった。入り口では巨人担当ディレクター、女性アナウンサーらが立礼で監督を迎える。

生出演約5分前、そのとき……。

「監督！　おめでとうございます！」

一人の紳士が監督を呼び止めた。プロゴルファーの青木功さんだった。「いやー！　どうもありがとうございます」。監督も青木さんの祝福に満面の笑顔、2人は固く握手を交わし、スタジオの入り口で楽しそうに歓談が始まった。

その瞬間、テレビ東京関係者は固まった。僕も小俣さんも目が点……。1分、2分と時計の針が進んでいく。話を聞いていると、終わりそうな雰囲気がない。

生放送、大丈夫だよな……。そこにいた皆がそう思っていたはずだ。だが、「それじゃ、これから収録があるんで」と監督が歓談を切り上げ、スッとスタジオ内に移動した。

一同ホッ、時間はピッタリ。長嶋監督の体内ストップウオッチは極めて正確だった。

深夜まで掛かった僕の仕事は滞りなく終了する。この間、食事も取れず、勤務中だから当然ビールの一杯も飲んでいない。でも、そこにはなんとも言えない達成感があった。僕らもとりあえず、きょうはゲームセットだ。疲れた……。早く床に入りたい……。


翌日、ジャイアンツは凱旋帰京。名古屋駅、東京駅には多くのファンが押し寄せ、ここでも「国民的行事」の決戦を制した巨人軍フィーバーが起こっていた。前夜の勝利の美酒に酔った選手たちも朝はつらかっただろうが、移動の新幹線に乗り遅れるやからもおらず、一同が帰途に就いた。

このフィーバーを原稿にしなければならない巨人担当記者たちも、「箱乗り」と言ってチーム移動と同じ新幹線に乗って追い掛ける。

しかし、こともあろうに担当記者の数名が寝過ごしてしまった。記者も、この伝説となる一戦を報じる大きな任務に注力し、その達成感から、そのまま夜の街に繰り出し、飲み過ぎてしまったのだろうか。記者たちがデスクに大目玉を食らったのは言うまでもない。

デスクは言ったそうだ。

「お前たちが優勝したわけではない」

勝ったほうが優勝……、すごい戦いだった。

サヨナラ弾で決めた2000年の劇的優勝の陰で

長嶋監督2期目の3度目（通算5度目）にして最後のリーグ優勝が2000年だった。まだ閉幕まで試合はあったが、東京ドームでの最終戦となる9月24日の中日戦で、ジャイアンツは劇的な大逆転優勝をした。

優勝決定の可能性がある試合では、そのシーズンに一軍に籍を置いた選手は関東地区の試合であれば全員が球場に呼ばれ、ユニフォームを着て胴上げに加わることが許可されていた。勝てば優勝というこの日の試合も、ベンチ裏には、その年に一軍登録を経験した選手たち10数名がユニフォームに着替え、全員がテレビのモニターをのぞき込み、優勝の瞬間を待っていた。

9回裏の巨人の攻撃を残し、0対4。待機していた選手のほとんどは、この日の優勝はないと思ったのだろう。何人かはユニフォームの上着を脱ぎ、ベルトを外していた。アンダーストッキングもはかず、スリッパを引っ掛け、ソファに横たわっている者さえいた。

しかし、まず先頭打者の元木大介のカウントが3ボール。僕はベンチ裏の控室に行き、選手たちに大きな声で言った。

「おい、大介が出たら、何が起きるか分からないぞ！　準備はしておけよ！」

この試合はこのままでは終わらないという予感のようなものがあった。
するとと、元木がヒットで出塁、ここで高橋由に回り、連打が始まる。

控室から通路を通ってベンチ裏へ戻ろうとしていると、すぐさま天井に響くような大きな歓声が！　何っ？　あっという間に江藤の同点満塁弾が飛び出した。「うぁーっ！」。僕もそう叫ぶしかない！　うねるような大歓声が止む間もなく、間髪入れず天井を突き破るような地響きにも似た歓声が！　今度は二岡がサヨナラの一撃をライトスタンドにぶち込んだ。

グラウンドに上がると、選手、コーチが入り乱れたグチャグチャの状態だ。なんとか冷静にならなくてはと思っていた僕に、大男が覆いかぶさるように両手を広げて抱き着いてきた。

だ、誰だぁ？……原辰徳ヘッドコーチだった……。その勢いのままに、長嶋監督の胴上げが始まる。胴上げが滞りなく行われ、見事な長嶋監督のカメラ目線の胴上げ写真がメディアによってファンに届けられる。

後日談……。控室に詰めていた胴上げ参加資格者の選手たち。あっという間の逆転優勝劇で、やっぱり正装？　でグラウンドに出ていなかった者がいた。新聞に載らない多くの写真をカメラマンにコッソリ見せてもらうと、しっかりとその証拠は残っていた。帽子はかぶっていない、ベルトもしていない、一度はスリッパで飛び出したヤツもいたらしい。

だから言っただろう、何が起きるか分からんぞって！

優勝決定のあとが、10・8でも触れた優勝祝勝会、俗に言う「ビール掛け」だ。さまざまな関係各位、多くの方々のご苦労によって準備がなされ、この大イベントが成立する。巨人の場合、東京ドームや神宮で決まれば、東京ドームへ戻り、選手駐車場や東京ドームホテルの屋外プールで行い、10・8のナゴヤ決戦のときなら、宿舎ホテルの屋上など、さまざまな場所をお借りすることになる。

ただ、この一大イベントはどこでもできるわけではない。ビールを豪快にぶちまけたあとのアフターケアが一番のポイントになるからだ。臭いが残らないようにしっかりとビニールなどを張り巡らして対策をし、なおかつ終了後の清掃も完了でき、元どおりに戻せる施設と、その施設の皆さんの理解がなくてはならない。

幸い2000年のリーグ優勝は東京ドームで決まった。優勝祝勝会にはサントリービール3000本が搬入されていたと記憶しているが、瓶ビールの入ったケースは、とにかく重い。スタッフはこの大変な搬入作業をし、会場設営をしてビールを並べる。しかし、試合に負ければまた撤収して、次の試合に同じ作業をしなければならない。多くの方々のご苦労が舞台裏にはある。

手前ミソではあるが、広告代理店に勤める僕の長男が、この納入業務を担当していたことがあり、優勝決定戦の日、家で息子に会うと「オヤジ、頼むから、きょう決めてくれよ」とお願いされた。われわれだってできれば優勝は1回で決めたい。だが、常に優勝には産みの苦しみというものが付きまとうんだ……。

ビールは冷やさないのも鉄則だ。選手たちは会場でビールを飲むことはほぼなく、掛け合うだけだ。優勝が決まる10月ごろの夜となると、かなり寒い。選手たちは震えながら掛け合うことになる。キンキンに冷やしてしまうと、風邪をひいてしまうこともある。

また、今はどのチームのビール掛けを見ても、選手たちが必ず水泳用のゴーグルなどを用意しているが、ビールは目に染みて本当に痛いのだ。

ビール掛けの涙？　コノヤロー、犯人は分かっているぞ！

ビール掛けは1年間戦った戦士たちだけが入れる聖域であり、僕ら裏方は入れない、いやいや、僕としては断じて入るわけにはいかないと言ったほうがいいのかもしれない。そのあとに控えているテレビ生出演に監督、選手たちを送り込まなくてはならないからだ。

ただ、選手たちは皆、優勝の余韻に浸っていて、アルコールも入っている（しみ込んでいる？）状態だ。ビールのしぶきが掛かりそうなそのエリアに近づき、大声で選手を呼ぶが、なかなか聞き入れてくれない。

このときも、根気よくこの作業を続け、ようやく出演予定の選手をすべて会場から引っ張り出した。さあ、自分も特設スタジオへ移動しようとしたとき、僕の前に立ちふさがった選手がいた。仁王立ちしていたのはダレル・メイだった。頭からつま先までビールまみれの彼は、ニコッと不敵なほほ笑みをすると、僕を後ろから羽交い絞めにした。

「NO！」。僕は叫んだ！　しかしズルズルとビールのしぶきの中へ引きずり込まれる。そのときの格好はスラックスにボタンダウンシャツのいつもの仕事着だった。

とっさにとった行動は、1週間前に新品に代えてもらった球団備品の携帯電話を守ることだった。左の胸ポケットに入っていた携帯電話を両手でつかみ、正座をして前かがみに体を丸め、ただただ携帯電話を守った。

そんな僕に数名の選手が大量のビールを容赦なく背中からぶっ掛ける。何も抵抗はできない。僕の耳に入るのは「誰？　これ誰？」という選手たちの声だ。

お前ら、誰か分からなくてビールを掛けているのかよ！　ビールが目に入って痛いのもあったが、あとの仕事を考えると本当に泣きたい気持ちだった。そして、正座のままでその場所に残された僕は力尽きた。

冷たい、痛い（目が……）、全身ベタベタで気持ち悪い、寒い、臭い、ウー……。

しかし、こうはしていられない！　仕事だ。ズブ濡れのまま、東京ドームホテルのプールサイドを駆け抜け、地下通路を通って東京ドームの選手ロッカーまでひた走る。地下通路にはビールに濡れた僕の足跡が点々と残されていた。

シャワーを浴びたのはいいが、困った。着替えの用意がない。仕方がないので、名前がなく、持ち主の分からないクリーニング済みのジャージの山をひっくり返し、体に合うものを身に着け、誰かのスリッパを履き、再びホテル内のテレビの特設スタジオに戻った。ジャージ姿の僕を見た放送関係者には一目でビール掛けに入ったと悟られた。が、好き好んで入ったわけではない。引っ張り込まれたのだ。僕は被害者なのだ。

必死で守った携帯電話は、その甲斐もなく使い物にならなくなってしまった。後日、事情を細かく総務人事部長に話し、再度貸与していただくようにお願いした。

それにしても、思いっきり僕にビールを掛けまくった選手たちよ、顔は見ていないが、その声には心当たりがあるぞ！

「誰？　誰？」「えっ、誰この人？」「これ誰？」「ウワハッ、ハハハー」

ダイスケ（元木）、トシ（仁志）、それに清水だ！

そうだろう、コノヤロー！

びっくり！　長嶋流のスイカの食べ方

長嶋さんの話のはずが、脱線が長くなった。いきなりだが、今度は場面を宮崎キャンプの夕食会場に変える。

僕が小俣さんと大広間に行くと、鍋が置かれたテーブルがいくつも並んでいた。きょうの夕飯は一つの卓に4人ずつが座り、鍋を囲むスタイルだった。

さてどこに座ろうかと見回すと「おい、ここに座れよ」という声……。見ると監督が一人で鍋をつついている。「あっ、ハイ。失礼します」。監督の前に座るが、監督と鍋をつつくとなるとやはり緊張するし、気を使うということが頭をよぎる。でも長嶋監督と食事をともにできるなんて光栄なことだ。硬くなりながらも座り、テキパキと鍋に具を入れた。

すると監督が鍋の具を指さし、「オイ、それ入れてくれ。それ、なんて言ったかな。何サメって言ったかな……。それ、俺好きなんだよー」。

何サメ？　あっ、この具材、名前なんて言ったっけ。透明な麺状の鍋の具……。

僕も名前が出てこなかった。監督は何サメ？　とは言ったが、春雨ではないことは分かっていた。でもなんだったたっけ……、う～ん、出てこない。

すると監督が「キリサメかぁ」と言い出す。プッ！　吹き出しそうになるのをこらえ、その透明な麺状の具をさらに鍋に投じようとしたが、キリサメ？　なるものが、もう皿にはなくなってしまった。

いつも給仕をしてくれているおばちゃんに「すみませーん、この、えーと、なんて言ったっけ、これ……。追加してくれませんか」と頼むと、おばちゃんは「はい、分かりました！」と言って調理場に向かって行き、「葛切り、おかわりねー」と大きな声で叫んだ。

そうだよ、クズキリだよ。でも、監督の言うキリサメの「キリ」の部分は当たっていた。

監督と食べ物の話はたくさんある。有名な「スイカの話」をしよう。

東京ドームの選手サロンは歓談、食事、試合前の全体ミーティングなどにも使われる場所だ。夏になれば、テーブルには食べやすいようにきれいに切られたスイカが並ぶ。監督は、この切りそろえられたスイカのテッペンと言うか、真ん中の一番甘い部分だけを、人差し指、中指、親指の3本の指でサクッとつまんで自分の口に放り込んでしまう。そして、「オイ、みんな、スイカうまいぞ、食べろよ」とは言うのだが、スイカは真ん中の部分が削がれた形でテーブルの中央に残されたままになっている。

こういうときは誰も周りにいないことを確認し、僕は監督がつまみ食いした部分のスイカをスッと抜き、そのスイカの両端を挟んで形を押し戻し、つまみ食いの跡形を残さないようにする。

スイカだけではない。監督は大体「少しいただく」食べ方をする。どら焼きなども同様で、指先で3分の1くらいちぎって、それを口に放り込む。この痕跡をそのままにしておくと、これは監督が食べたということが誰にでもすぐ分かってしまう。

この状況を見ると、またまた速やかに、そのどら焼きを片付ける。もちろん、捨てたりなどはしない。僕の腹の中に収めるのだ。

だって、もったいないでしょ。

長嶋監督B級グルメの目覚めと「カレーは野球に合う」？

長嶋監督は誰もがご存じの食通である。しかし、ある日の広島遠征での出来事……、巨人担当記者から聞いた話だった。

「監督は（広島風）お好み焼きを食べたことがないそうですよ。だから、今度われわれ報道陣と食べに行くことになったんです」

へぇー、食べたことないんだ。

再び広島遠征にやってきた3連戦の最終日の夜だった。ナイトゲーム後、ホテルの部屋のドアをノックする音。開けると小俣さんが立っていた。

「香坂、お好み焼き食べるか？」。いやいや、もう食事は済ませましたよ、と言うと小俣さんは「これ、監督が頼んだ出前なんだよ。お前らも食べるかぁってくれたんだ。だからお前も食べろよ」。手には3個のお好み焼きのパックを持っている。

ありがとうございます、でも、どうして……？　小俣さんは「今まで食べたことなかったらしいんだけど、記者と食べに行ってハマっちゃったらしいんだ」。

えっ？　だって監督はグルメですよね。美食家って聞いてますよ、と言いながら、僕はつい笑ってしまう。小俣さんも笑いながら「これから広島の3戦目の夜はお好み焼きだからな、お前もちゃんと腹を空かして部屋で待ってろよ」。まだ温かいお好み焼きを手渡され、バタンとドアが締まった。監督がB級グルメに目覚めたのかと思うと、思わず笑ってしまった。

B級グルメと言えば話はまだある。カレーライス、いやライスカレー編だ。

ある年の宮崎キャンプの昼食時間帯、監督が何かソワソワしていた。

「小俣、あっちのメニューはなんだぁ～」

あっちと言うのは、球場三塁側にある二軍専用食堂もしくは報道関係者用食堂のことを言っている（一塁側は一軍専用）。監督はすくっと立ち上がって、グラウンドコートを羽織り、小俣さん、監督付の所憲佐さんを従えて三塁側に向かって歩き出した。

まずは二軍専用食堂に顔を出す。長嶋監督が突然現れ、二軍関係者、選手たちもビックリ。その場で箸を置き、直立不動であいさつをする。しかし、監督は気もそぞろに報道関係者食堂に移動。ここでも普段はめったに来ることがない長嶋監督が現れたため、食事中の報道関係者たちも騒然となって皆が次々に頭を下げる。

ここで監督が「こんにちは～、きょうはなんですか」と報道関係者用食堂業務を請け負っている会社の社長「ゲンちゃん」に声を掛ける。ゲンちゃんは「きょうはカレーです。よろしければ監督もどうぞお召し上がりください」。これに監督は「ああ、ライスカレーですねぇ、いいですね。カレーは野球に合うんですよねぇ」。
ラ、ライスカレー？　そして野球に合う？？

そばにいた報道関係者は「監督もよろしければお掛けください」と言うが、監督は「いやいや、僕はいいんですよぉ、どうぞ、皆さんはそのまま召し上がってください」と、そそくさと食堂をあとにしてしまった。はて、監督はどうしたかったのだろう。僕は監督の行動が理解できなかった。いつものことではあるが、迷わず小俣さんに解説を委ねる。

「監督はね。三塁側から漂ってくるカレーの匂いで、昼前からずっとカレーモードに入っていたんだよ。三塁側のメニューはカレーと分かっていて『小俣、きょうはなんだ？』って、あえて俺に聞いたんだよ。そう、監督はずっとカレー、食べたかったんだよ」

でも、そこは長嶋茂雄、わざわざ食堂まで行って、皆さんと一緒に食べるなんてことはしない。報道関係者には「どうぞ」と控えめに振る舞い、遠慮したのだ。

でも、「カレーは野球に合うんだよ」って、どういうことですかね、と小俣さんに尋ねると、「いゃぁ、それは俺にも分からないな。でも、ちゃんと監督にはあとでゲンちゃんにカレー持ってきてもらって、おいしそうに食べてたよ」。

そうか、やっぱり食べたかったんだ、ライスカレー……。

さらに監督のB級グルメ話、第3弾も行こう！　今度はラーメン編だ。

舞台は横浜スタジアム。僕らの試合前の腹ごしらえ〝鉄板メニュー〟は言わずと知れた『崎陽軒のシューマイ弁当』。そして、選手食堂のラーメンだった。

小俣さんと、この定番セットをスタッフのロッカールームで2人並んで食べようとしていたときだ。ロッカーの扉が開き、お尻のポケットに両手を突っ込み、入って来たのは長嶋監督だった。ニコニコしながら僕らの定番セットをのぞき込み、「なんだぁ〜、お前らまた安いメシかぁ〜」と言った。

明くる日。選手の集合時間よりも早い時間に球場入りをすると、僕を見つけた小俣さんが監督室の前の廊下をなぜかニコニコしながら小走りにこちらにやって来る。どうしたんすか？　小俣さんは「いいから早く！　こっちに来てみろ！」と呼んだ。せかされて連れていかれた先は監督室の前だった。

小俣さんは笑いをこらえながら監督室のドアの前に置かれている物を指さす。それはすでに食べ終わったラーメンのどんぶりだった。

えっ？　誰が？　小俣さんは小さな声で言った。

「監督だよ。きょう球場着いたらすぐ（ラーメン）頼んでくれって（笑）」

プッ！　僕も吹き出しそうになった。やっぱり食べたかったんだぁ、ラーメン……。

いつだって長嶋監督は僕らの想像を超えていく……

長嶋監督が勝負へのこだわりを見せる場面を僕は何度もそばで目にした。さらに言えば、勝敗だけではなく、長嶋さんが持つ美学を感じたことも多い。

どの試合かはっきり覚えていないが、確か1998年、東京ドームの横浜戦がそうだった。あの年の横浜はとにかく強かった。つながりだしたら止まらないマシンガン打線と、抑えの切り札・佐々木主浩がかみ合い、優勝、さらに日本一にも輝いた。

あれは巨人劣勢、5点のビハインドだったと思う。9回裏の最後の攻撃があったが、横浜との点差は3点。しかし、そこからジャイアンツ打線が爆発し、点差が2点、1点と縮まり、なおも塁上には走者が残っていた。

まさに押せ押せムードだ！　スタンドの応援団の盛り上がりは頂点を迎え、球場全体の雰囲気は沸点に達した。しかし、最後の打者が凡退、3アウトでゲームセット！　あともう一息まで相手を追い詰めたが、結果は敗戦……。

試合終了とともに疲れた表情で、各選手はロッカールームへと帰る。

でもそのとき、長嶋監督はほほ笑んでいた……。そしていつものようにベンチ裏に続く出口のほうへはすぐには行かず、両手をユニフォームのズボンの尻のポケットに突っ込んだまま、掘り下がった東京ドームのベンチから一瞬ではあるがグラウンド上に一歩上がってスタンドをゆっくりと見渡した。

そのとき、監督がほほ笑みながら独り言のように言った。

「こういう試合なら最後まで楽しんでくれただろう。ベイ（ベイスターズ）をここまで追い詰めたんだからなぁ」

監督は、そのあとに設定されていた記者対応では、ほほ笑みなどは見せず厳しい表情で、淡々と戦いを振り返った。試合には負けたものの、監督のつぶやきを偶然聞き、一瞬のほほ笑みを見て、僕は痛快な気持ちになった。

勝つことは巨人軍の至上命令だ。しかし、もっと大切なのは最後まであきらめないこと、そして足を運んでくれた多くのファンのために全力で戦うことだ。〝大切なのはカッコいい負け方〟ということを僕は監督から学んだ気がした。

2004年3月4日、本当に信じられないことが起こった。悪夢のような出来事……。長嶋茂雄巨人軍終身名誉監督が脳梗塞という生死に関わる突然の重病に倒れた。

神田錦町にあった巨人軍球団事務所の1階にある記者室は、大勢のマスコミでごった返していた。階上のフロアでは土井誠球団社長以下、巨人軍幹部が緊急事態の対応に追われる。日本中の多くのファンがスーパースター、ミスタープロ野球の容態を心から心配し、われわれもそれに関わる確かな情報を待っていた。

緊迫した時間が過ぎてゆく中、監督は奇跡的に一命を取り止め、非常に危険だった状態を脱した。そして、常人では考えられない過酷なリハビリに励むようになる。

監督が病床に倒れた3年後、監督宅にお邪魔し、あいさつをさせていただく機会をいただいた。しかし、そのときの監督は僕の顔を見てもなんの反応もなく、病気のダメージの大きさを知り、とても悲しい気持ちになった。

しかし「長嶋茂雄」は、いつだって僕らの想像を超えていく……。

2008年、僕は新たにプロスカウトの仕事に就いた。主にトレードのための他球団選手の調査を行うことになり、自チームの本拠地である東京ドームにはなかなか顔を出せないサイクルの生活になっていたが、ある日、たまたま立ち寄ったドームで監督にお会いできるチャンスがあった。長嶋終身名誉監督付である所さんが廊下で監督に引き合わせてくれたのだ。

「監督、香坂は今、プロスカウトをしているんですよ」

所さんが切り出してくれると、監督はニコッと笑って、「おお香坂、元気かぁ〜」と言ってくれた。

ああ、あの口調だ！　僕のことを覚えてくれていたんだと思うと涙が出るほどうれしかった。そして「うん？　どうだぁ〜、いいのはいるかぁ〜」と僕の仕事について聞かれる。

僕はうれしさのあまり「ハイ、なかなか松井（秀喜）みたいのがいなくて」とおどけると、

「はっははは―、なぁに言ってんだ、バカ野郎〜」と笑いながら歩いていかれた。

凛《りん》とした背筋の伸びた立ち姿、背筋が少し盛り上がって見える体を見て、とても大病をした人とは思えないという驚きを感じ、同時にこうして監督と言葉を交わせたことで、心の底から喜び、体の中から大きな力が湧いてくるような不思議な感覚と感動に浸った。

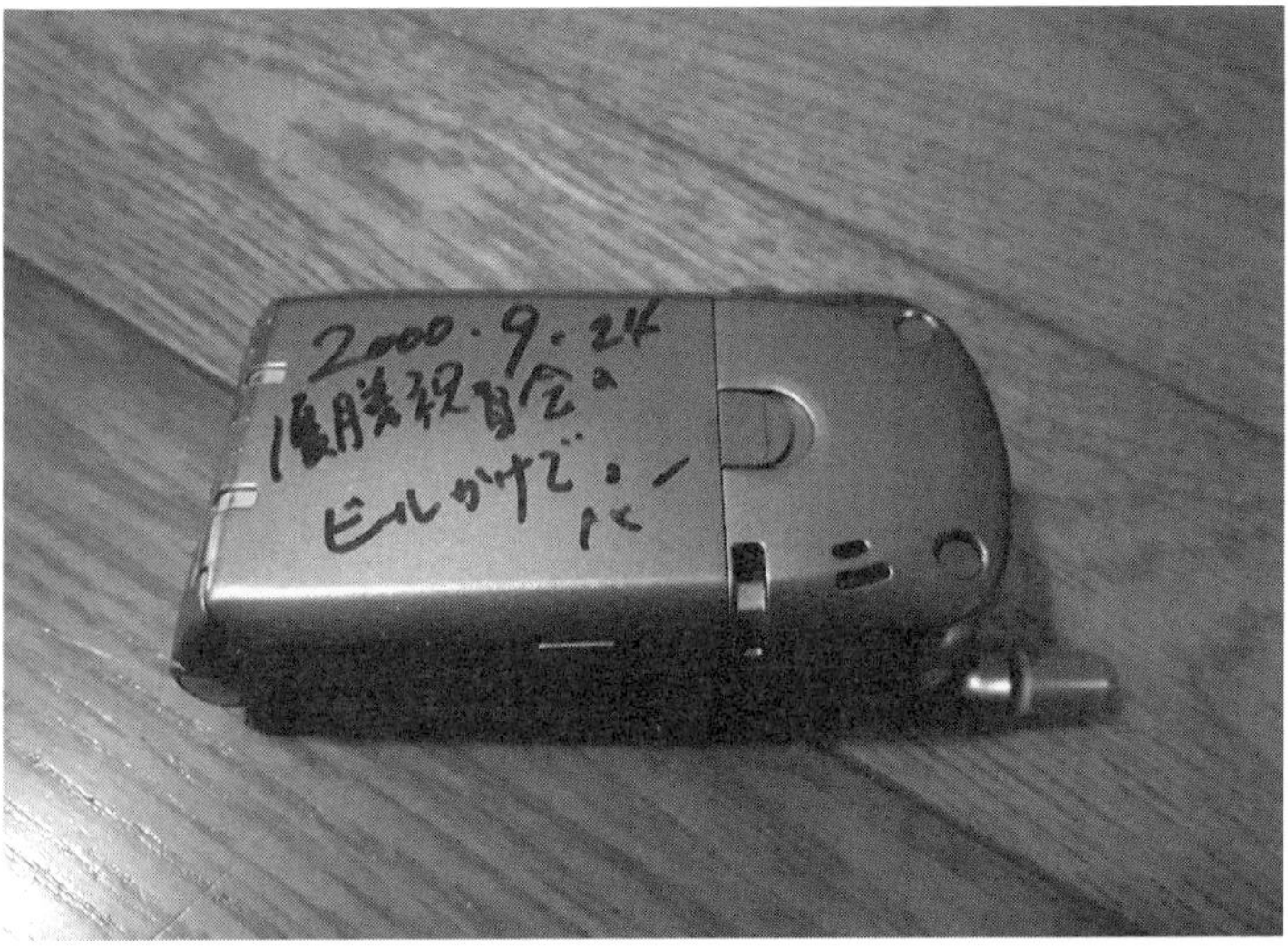

ビール掛けで使えなくなった携帯電話
(写真は著者提供)

第2章
僕がジャイアンツに入るまで

ボールも握れず雑用ばかりで野球部から足が遠のく

外野のスコアボードの横で両足をしっかり閉じ、背筋を伸ばして座っていた。別に緊張していたわけではない。いや、していたかな……。足を開いてだらしなく座っていたら、間違いなく先輩にカミナリを落とされていたに違いないからだ。

いきなり時計の針を戻してしまい恐縮だが、1976年、場所は東京練馬区立野町にある中央大学硬式野球部のグラウンド。早稲田大学との春のオープン戦だった。このとき中大1年生の僕の任務は、スコアボードの得点係だった。

中大は僕と同期、つまりは入ったばかりのピカピカの1年生・小川淳司（のちヤクルトほか。現ヤクルトGM）がすでに先発としてマウンドで投げていた。小川は習志野高のエースとして前年（1975年）の夏の甲子園大会で全国制覇をしたスター高校生だった。

僕は同級生でありながら一人のファンのような羨望《せんぼう》のまなざしで彼の姿を外野のスコアボードから目で追っていた。小川のスライダーはキレ、コントロールとも抜群だ。甲子園大会の決勝戦、あのスライダーは、まず高校生では打てないだろうなと思いながらテレビの野球中継を見ていたのを思い出す。多彩なけん制球の技術も持っていた。当時、習志野高の石井好博監督の教える「けん制球のマニュアル」は定評があり、それをたたき込まれている小川から「教えるよ」と言われ、シンプルなものではあるが伝授されたことがある。

試合の相手は大学野球の名門・早大だ。松本匡史（のち巨人）、八木茂（のち阪急ほか）、吉沢俊幸（のち阪急ほか）らスターたちが名前を連ねている。1回の表、早大は早々と小川から3点を奪った。そしてその裏の中大の攻撃でランナー一人が出たところで小川に打順が回ってきた。この試合、小川は先発投手だけでなく、なんと四番打者だった。

小川が強振！　彼が大学の初打席で打った球はぐんぐん伸び、大きな弧を描き、どんどん僕のほうへ向かってくる。そして、すぐ隣の外野の芝生エリアにドスンと飛び込んだ。バックスクリーンへの特大ホームランだ。僕は両足をしっかり閉じ、背筋を伸ばした姿勢を崩さず、ただただ小川の大ホームランの驚きを心の中で必死に抑えるしかなかった。

さらに驚いたのは、この試合途中から小川が野手に転向したことだ。宮井勝成監督は、この試合で「投手・小川」を見切った。1回の中大の攻撃が終了すると、小川はグラブをファーストミットに持ち替え、一塁の守備に就いた。小川は打者としても優秀だったので、東都大学春季リーグでは、すぐに六番・ライトでレギュラーを張っている。

中大の同期の中には小川だけでなく、日本全国から選ばれた甲子園球児が何人もいた。小川のドでかいホームランもあり、試合が終ると「大学はすごいなぁ、これじゃ通用しないかもな」と、176センチ65キロほどの自分の体を見ながら弱音を吐いた。

当時の野球部の1年生部員は30人くらいだったと記憶しているが、甲子園経験者を中心に10数名が本合宿、数名が近隣にある分合宿、それ以外は合宿に入れない通い組とされていた。本合宿は主力本隊でレギュラー中心、通い組はアパートや下宿、またはそれぞれの実家などから通う。

周囲から見たら、本合宿組がエリートということなのだが、通い組にも甲子園経験者はおり、素晴らしい選手もいた。さらに言えば、本合宿組でも卒業までユニフォームを着られなかった人もいる。そのくらい当時の中大のレベルは高かった。

甲子園ボーイでもない僕は、当然通い組であり、まず埼玉県富士見市にある自宅から学校のある後楽園駅まで電車で行った。学校が終わると徒歩で水道橋駅まで行き、そこから総武線・中央線に乗って、グラウンドのある吉祥寺へ。帰りは新宿駅で降り、山の手線に乗り換え池袋駅まで行き、自宅の最寄り駅の東武東上線の鶴瀬駅に帰る。全部で3枚の定期券を持って授業と練習に通う毎日を過ごした。

同じ通い組の中では早稲田実業出身の大木敬と仲がよかった。彼の自宅は池袋にあり、僕にとって通学ルートの通過点だ。練習のあと、自宅に帰るのがおっくうになると途中下車し、学ランのまま大木の部屋に押しかけ、居座ったりしていた。ただ、野球部の練習では雑用ばかりで実技をさせてもらえず、はたまた怖い先輩たちがいたこともあり、その足は途切れ途切れになっていく……。

でも、野球が嫌になったわけではない。逆だ。

ボールを投げたくて仕方なかった。野球をやりたくて仕方がなかった。

そんな気持ちが抑え切れないほど強かったのはなぜだろう。振り返れば、それは高校時代の厳しい練習で培ったものがあったからだと思う。

あの時代があったからこそ、大学野球でも力が発揮できたと僕は信じている。

「鬼の玉太郎」の右フックで顔がどこかに飛んだ?

僕の母校は埼玉県立川越工業高等学校、2023年に創立115周年を迎えた工業高校だ。野球部は過去に2度の夏の甲子園大会出場をしており、僕が1年生として在籍していた1973年には「小さな大投手」と言われた指田博先輩がエースとしてチームを引っ張り、夏の甲子園大会でベスト4まで勝ち抜き、旋風を巻き起こした。埼玉大会からのすべての試合を僕はスタンドから見ており、先輩たちの痛快な戦いぶりを目に焼き付ける。

それからの僕らの目標は、もう甲子園出場以外何ものでもなくなった。

当時の監督は斎藤玉太郎さん。今は観光名所である「小江戸」川越の出身で、学校では建築科で教鞭をとっていた。若いころは〝頭も切れるがケンカも強い〟と川越では有名な硬派だったそうだ。実際、教室では生徒に「仏の玉さん」と慕われる優しい先生と聞いていたが、グラウンドに立てば、「仏の玉さん」は「鬼の玉太郎」に早変わりした。

玉さんは野球の経験がなかった。同じグローブという道具を着けて戦う競技の経験はあったが、それはボクシングだ。闘争心は半端ではなく、ミスを犯した人間には容赦なく鉄拳が見舞われた。僕は野球部に入部してから、斎藤先生の鉄拳を振り下ろされる多くの先輩たちを何度となく見ることになる。

玉さんの僕らへの強いメッセージは「ビビッていて、勝負に勝てるか」だった。初めて僕が鉄拳を受けたのは2年生になったばかりの新チームの試合で、栃木県の作新学院高へ遠征に行ったときだった。

僕が投げ、相手に1点も与えない投球をしていたが、終盤を迎えたときに二死から1点を献上した。そのとき来るな……と思った。そう、鉄拳が、だ。

僕が3アウトを取り、自チームベンチ前まで小走りに戻ってきたときだった。玉さんは僕に近づいてきてスッと助走をつけた。右のフック気味の平手打ちだった。バッチーン！顔がどこかへ吹っ飛んでしまったような感覚は今も忘れない、衝撃のためか、その後、玉さんに何を言われたのかまったく覚えていない。というか、何も言わなかったのかな。

玉さんは勝負師だった。「先手を取れ、最後まで気を抜くな」が口癖で負けることが大嫌いだった。試合が接戦となり、ナインの誰かが「ここまで来たら気力だ」などと言おうものなら「バカ野郎！　気力は試合開始からぶつけるものだ！」と怒鳴られた。その教えはプロに身を置いたとき、僕なりに「戦う男の在り方」という糧となったと思っている。

卒業後、玉さんは僕ら野球部の同期会でニコニコしながらこう言った。

「香坂は楽しみながら野球をやっていたよなぁ」

確かに厳しいことやつらいことが多かった高校時代だったけれど、野球は楽しかった。そして先輩の方々の指導もあって、大学で通用する力が培われたんだと思う。ただまあ、玉さんからはどうだったのか。精神面はともかく、技術面はどうだったか……。

いや一つあった。僕らの代の同級生は卒業してから一度も欠かさず正月には同期会を行っており（新型コロナ禍の時期を除き）、皆で笑いながらよく言う。

「痛くないパンチの受け方はうまくなったよな」と。

なぜ合格できたのか。30数年間の謎が解けた！

自分自身、技術的にも体力的にも、そして精神的にもグッと伸びていることを感じていたのは高校3年生のときだった。当時、仕事の合間を縫ってグラウンドにせっせと足を運び、熱心に指導していただいたOBの方たちの教えが大きかった。そして、その教えを基に自分たちでよく考えて練習をするようになった。

それでも甲子園の道は遠く険しい。2年生の夏はケガで主戦で投げることができず、チームは埼玉大会の2回戦で敗退、3年生の夏は同じく埼玉大会の準決勝で上尾高に1対4で負けて僕らの夏は終わった。

埼玉県代表となった上尾高がそのまま甲子園でベスト4まで勝ち上がったのを見て、僕は不完全燃焼を感じた。負けたとき涙が出なかったのは、そのせいだったと気が付く。このまま終わるわけにいかないという闘志が湧いてきた。

そのあとは大学進学を目指し、受験勉強に明け暮れていたが、高校の先輩でもあり、中大に進み、卒業後は大洋で投手としてプレーをした森田斌（さかん）さんから中大の練習に参加してみろというお話をいただき、出掛けていった。先輩の口利きとは言え、正式なセレクションは8月に終わってしまっている時期で、もう10月になっていた。ちょうど川越祭りが行われていたのを覚えている。

そのときブルペンで投げたのだが、受けてくれた捕手が交代し、多分、代わった方が上級生のように見えた。緊張していたが僕の調子はよく、力を出し切れた感覚は残った。グラウンドにはほかに2人の高校生もいて、僕ら3人はテストも兼ねてなのか、2日間の練習参加をさせてもらうことになった。ほかの2人は仙台育英高から来た選手だった。話をすると、彼らはその日の東京での宿がまだ決まっていないと言う。ならば僕の家に泊まらないかと誘い、2日目は僕の実家からグラウンドに向かった。仙台育英高と言えば野球の名門校だ。彼らへの好奇心も抱きながら、さまざまな話ができ、楽しい時間が持てた。

2人のうちの1人、上市隆之は、現在日本野球連盟岩手県野球連盟会長に就いている。後述するが、東京都野球連盟のクラブチームである全府中野球倶楽部でコーチをしている僕と接点があり、あれから50年近くがたった今でも連絡を取る間柄だ。

季節外れの異例のセレクションだったが、数カ月がたった大学入試日の直前、幸運なことにセレクション判定合格の通知が来た。この知らせにはちょっと驚いた。野球の実技の合否は、ほぼピッチングでしか評価されなかったはずだ。捕手としてボールを受けてくれた上級生の評価なのか。僕のどこがいいと思ったのか……。

この疑問は、ずっと僕の頭の隅に引っ掛かっていたが、今から10年ほど前、プロスカウトをしているときに判明する。当時楽天のチーム統括本部副部長をしていた大学の先輩・福田功さん（のち中日）から、そのセレクションのときのことを聞かされたからだ。

「そう、あのとき、お前のボールを捕ったのは俺だよ。こりゃいいピッチャーだと思ったよ。オヤジ（宮井監督）が『いらないだろ』っていうから、ダメですよ！　絶対に獲ってくださいって言ったんだ」

えっ？　そうだったんですか……。長い間の謎が解けた……。こうして僕に大学で野球を続けられるチャンスがやってくる。福田先輩は恩人である。

幽霊部員になったのは宮井監督の見る目がなかった？

あれは大学1年生の初夏、まだ野球部で活躍したいという希望を少しだけ持っていたときの話だ。怖い顔をしたマネジャーから「こっち（大学の野球部）の練習は来なくていいから、早実の練習を手伝いに行ってこい」と言われた。

監督の宮井さんは以前早実の監督だった（１９５７年春のセンバツ高校野球大会ではエ

ースに王貞治さん＝のち巨人。現ソフトバンク会長＝を擁し、全国制覇）。だから中大の1年生が練習を手伝うのは通例になっていた。

あのときは5、6人が手伝いチームとなり、2人ずつ順番で練馬区武蔵関にある早実のグラウンドへ行かされた。ノックをしたり、バッティングピッチャーをしたりと、まさに練習台ではあったが、普段の雑用ではなく、ボールを追い掛けることができ、僕にとってはとても楽しい時間だった。それに練習が終わると早実監督の和田明さんが「何か食べて帰れ」とお小遣いもくれた。

僕と組んだもう一人は早実出身の大木だった。甲子園大会の出場経験があり、肩が抜群に強い大型外野手でキャッチャーもできる選手だ。ある日、早実の練習が終わると、彼が「捕ってやろうか」と言うので投げてみることになった。

思いっきり腕を振る。

ボールは大木のミットをはじき飛ばしそうになった。大学に入ってから思いっきりボールを投げることがなかった僕は、調子に乗って全力でさらに腕を振る。ボールは差し出した大木のミットには収まらず、大木のおでこのわずか上をピュンとかすめて後方のネットに勢いよく突き刺さった。

「怖っ！　こりゃマスクがないと無理だ」

大木は逃げるようにブルペンから飛び出した。このときボールを放すリリースで右手の人差し指と中指の先がボール中に少しだけめり込むような感覚があった。「ボールを指先でつぶす」というのだろうか、自分のストレートが高いレベルで通用するかもしれないという自信のようなものが頭の隅をよぎったのは、このときだ。

練習の手伝いに通ったころの早実は東京都の強豪校、甲子園の常連でレベルが高かった。主将はセンター・清水隆一（元熊谷組監督）、投手はアンダースローの弓田鋭彦（現豊南高監督）と谷田部和彦（現日本野球連盟専務理事）のダブルエース、一塁手は川又米利（のち中日）、三塁手の荒木健二は、のちヤクルト入りする荒木大輔の兄だった。

ボールを投げることに飢えていた僕は、練習で彼らを相手に夢中でビュンビュンと腕を振った。シート打撃が終わると和田監督に「なんでこんなにいい球を投げてるのに試合に出られないんだ？」と言われたが、そのころ本当にかわいくなかった僕は言ってしまった。

「いや、宮井さんはピッチャーを見る目がないんですよ」

和田さんは「じゃあ、俺が宮井さんに言っといてやるよ」と言ってハハハハーと大きな声で笑った。えっ？　み、見る目がないって、ホントに宮井さんに言うんですか？

このあと宮井さんから特に言われることもなかった。以前と変わらず、ほとんど大学の野球部の練習にも顔を出すことなく、野球道具は持たず教科書だけを持って授業へ通う毎日を送るだけだった。

やがて1カ月に一度くらいの頻度で野球部の練習に顔を出す程度になり、夏には神奈川県の三浦海岸で貸しボートのアルバイトなどをし、もう野球を続けるのは無理かなぁと思いながら、目の前に広がる水平線の彼方を見つめ、寂しくため息をついた。

同期の通い組の連中も同様だった。たまに行くグラウンドへの道すがら、吉祥寺駅のバス停で何人かが顔を合わせると、各々の顔にはこう書いてあった。

みんな……練習行くの？

そして誰かが「どうする……？　練習行く？」などと言い出せば、出る答えは「やっぱりやめよっか……」だった。

僕たちはバスには乗らず、一斉に回れ右をして吉祥寺駅に戻り、角帽に学ランという姿で女子大生がたくさんいる喫茶店に堂々と入って、日に焼けた真っ黒な顔と丸刈り頭を並べてフルーツパフェを食べてから解散する。

まさに幽霊部員である。いくら野球の才能はあっても、練習に来ない部員はフェードアウトで消えていく。あのままいけば間違いなく退部扱いになり、野球はしていなかっただろう。

プロ野球の選手になるなんて、夢のまた夢だった。

怖～い阿部先輩が導いてくれた「運命のブルペン」

幽霊部員状態で1年が過ぎ、2年生になった3月、再び春のオープン戦の時期が来た。例によって練習もあまり行く気がしなかったが、たまたまほかの2年生の通い組と久しぶりに練習に行こうかということになり、中大グラウンドへ向かう。直前にやめようと思えばグラウンドの門には入らず直進、素通りし、遠回りだけれどそのまま歩き、またバス停までグルリと戻ればいいわけだ。もうそんな緩い意識になっていた。

僕ら数名は門に差し掛かった。一瞬、ドキドキし、やっぱりやめようかという気持ちになる。そのとき偶然、一人の先輩と鉢合わせになってしまった。

先輩は開口一番、僕らに向かってこう言い、笑顔で迎えてくれた。

「オイ、お前たちよく来たな」

その人は誰あろう、4年生の阿部先輩、先般、第20代読売巨人軍監督に就任した阿部慎之助のお父さん、東司さんだった。捕手出身の阿部さんは習志野高で掛布雅之さん（のちのミスタータイガース）とクリーンアップを組み、甲子園大会にも出場している（1972年夏）。阿部さんはいつも「お前はいいものを持っている。だから通い組でも毎日練習に来い」と声を掛けてくれてはいたが、めちゃくちゃ怖い人でもあった。

そのまま練習には出たが、当時、僕らがグラウンドですることと言えば、グラウンド整備や球拾い、用具の準備などで、その合間は、ただ外野を黙々と走っているだけだった。

あの日も雑用のあと外野で走っていたが、途中で宮井さんがグラウンドに現れ、ブルペンに足を運んだ。しかし、そのときはもう主力投手のピッチングは終わっていて、ブルペンには誰もいなかった。

宮井さんが不機嫌そうに「誰も投げてないのか！」と言うと、キャッチャーの阿部さんが「ハ、ハイ！」と返事をした。すると阿部さんは外野を走っていた僕たち投手陣のところまでやって来て、何人かを呼び寄せ、言った。

「オイ、ブルペンで投げろ！」

しかし、すでにピッチング練習を終えていた4年生、3年生の投手はグラウンドの端へ逃げるように遠ざかっていき、結果的にそこに残された僕ら2年生のうちの4人が強制的にブルペンに立たされた。僕はその中の一人だった。

ピッチングが始まった。僕は自分でも十分納得のいくキレのいいボールを投げた。そして、ボールを受けてくれた阿部さんが10球くらい投げた僕を制止し、「オッケー、もういいよ」と言ってブルペンから出ていく。

高校3年の夏の埼玉大会以来、こんな緊張感は久しぶりに味わう。とにかく終わったのでよかったとホッとして、いつもの定位置である外野の隅へ戻ろうとしたとき「1カ所（シート打撃）やるからお前投げろ」とまた阿部さんから告げられた。

投げるんですか？　またまた緊張だ。レギュラーのラインアップは、キャプテンの秋田秀幸さん（のち中日、中大監督）、今井譲二さん（のち広島）、同期の熊野輝光（のち阪急ほか、現阪神スカウト）、小川、それに1年生の高木豊（のち大洋ほか）もいたが、僕は15人くらいの打者相手にヒット1本か2本に抑えてしまう。休み肩で肩は軽かった。

シート打撃が終わると「布団持ってこい、あすから本合宿に入れ」と怖い顔をしたマネジャーから告げられた。

結果的に阿部さんのおかげで、僕の野球人生があらためてスタートしたことになる。阿部さんは当時のことを振り返ると、「そうだったっけ？　たまたま投げさせただけだったと思ったけど、お前は本当にいい球を持っていたんだよ」と言ってくれた。

とても怖い先輩で有名だったが、とても面倒見のよい人だった。

シンデレラボーイ登場!?　野球人生を動かした3連投

1977年、大学2年生の春のリーグ戦ではベンチにも入った。背番号は10、僕は四、五番手投手くらいの扱いだったので、すぐ試合で投げるなんて考えてもいなかった。

しかし、第1節初戦の対戦相手の亜細亜大との試合は先発投手がすぐ攻略され、その後、二番手で僕が登板を命ぜられる。2回を0点に抑え、無事自分の役目を終えた。残念ながらチームは黒星スタートとなったが、一度は野球を続けることをあきらめようとしていた自分が学生野球のメッカ「神宮の杜」でデビューを飾れたことが本当にうれしく、満足感でいっぱいだった。

翌日の第2戦、再び神宮球場……。きょうは誰が投げるのかなと他人事のように思いながら、「先発は誰？」と投手陣で話していたが、誰も知らされていないということに気が付く。時刻はもう試合開始1時間前を過ぎていた。

汗をかいたのでアンダーシャツを着替えにベンチに戻ると、宮井監督が僕を見つけ、「オイ、お前だぞ」と告げた。

「はっ？　マジですか。先発!?」と言いたいところだが、もちろん言葉にはせず、「は、はい」とだけ答える。とはいえ、本当は心の中に「やっぱり……」という気持ちもあった。前日の投球の手応えがあったからだ。

僕は平常心を保ち、少しの喜びと少しの緊張を楽しむようにマウンドに上がり、気持ちよく腕を振った。投球のほとんどがストレート、打たれるまでこのままいってみようと思っていた。試合は序盤から打線の援護もあり、中大は大量点でリード、僕は7回でマウンドを降りたが、許した安打は0で初先発初勝利だ。うれしいというより、ホッとした気持ちが強かった。夢中だったからだ。肩に張りも残り、ドッと疲れが出たのも覚えている。

対戦成績は1勝1敗となり、翌日は勝ち点を懸けての第3戦。「きょうは俺じゃないよな」と思っていた。でも、またまた誰も先発を告げられていないようだった。

例によって試合開始の1時間くらい前、宮井さんとのすれ違いざまだった。

「きょうもお前だぞ！」

あとで知ったが、宮井さんは突然登板を告げることをよくされるそうだ。早めに先発を告げるより、なるべくプレッシャーが掛からないように配慮したためだと聞いている。

3連投のマウンド、今度は2失点の完投勝ちで僕は2勝目を挙げ、チームは勝ち点を取った。激動の3日間だった。スコアボードの下で小川のホームランを見上げたあの日から1年。ほとんど練習に行かなかった幽霊部員の僕の環境は、がらりと変わった。新聞には『シンデレラボーイ登場』と書かれた。

本当に世の中にはこんなことがあるんだ……。僕の人生が少し動いた。

運命を変えたノーヒットノーランで芽生えたものは

戦いは続く。そして、世の中そんなに甘くない。僕はすぐさま戦国東都の厳しい荒波にもまれることになる。

あらためて説明するまでもないと思うが、東都大学リーグは入れ替え戦に敗れれば、二部へ転落し、神宮球場でのプレーはできなくなる。代わりに勝利した二部優勝校が一部に昇格できるという下剋上決戦だ。優勝ができなければ2位以下は同じ、優勝することの次に大事なのは最下位にならないことと先輩に教えられ、後輩たちへもそう伝えた。

僕が1年のころは森繁和さん（のち西武）がエースの駒澤大が強く、連覇を遂げていたが、中大も主将の岡村隆則さん（のち西武）を中心に強いチームとして競り合っていた。ほかにも上級生であれば、駒大なら石毛宏典さん（のち西武ほか）、専修大なら中尾孝義さん（のち中日ほか）、東洋大なら松沼雅之さん（のち西武）と実力のある有名選手たちがしのぎを削っている時代だった。

その有名選手の顔ぶれの中に僕の同期の小川、熊野も入ってくるだろう。小川の話はしたが、熊野も素晴らしい選手だった。俊敏な動き、俊足、シャープなスイングでパンチ力もあり、練習では柵越えを連発していた。入部したころ、上級生かと思っていたら「お前と同級生だよ」と言われ、びっくりした記憶がある。

僕は2年生春の亜大での2勝のあとも登板はしてはいたが、調子の波があり、よかったり悪かったりの繰り返し。チームも3、4位あたりの順位が指定席だった。

4年生春のリーグ開幕戦（1979年4月3日）が運命を変えた日と言っていいだろう。東洋大を相手にノーヒットノーランを達成した。東都大学リーグでは21年ぶり7度目の記録で、中大では先輩の伊藤芳明さん（のち巨人ほか、沢村賞受賞投手。元巨人軍スカウトほか）、若生照元さん（のち大洋）が達成されていた。

周囲やマスコミの方から「プロに行ける可能性があるのでは」などと言われ始めたが、僕の心の中では「プロの世界はそれほど甘いものではない」と思っていた。

ただ、あのノーヒットノーランの試合から、僕の考え方が変わったのも事実だ。一つ結果を出したことで、もう変なピッチングはできないと思うようになった。「ノーヒットノーランはたまたまできたこと、ただそれがフロックだったと言われないようにしないと」と何度も自分に言い聞かせた。

アクシデントにも準備は十分。最後は連投で優勝

この春、念願の春季リーグ優勝をすることができた。本当にうれしかった。みんなで喜びを分かち合い、大学生活の中で残せるもの、誇れるものができたと思った。

優勝決定の最後のカードは、首位を走っていた亜大戦だ。リーグ戦の最終局面、2位の中大は、亜大相手に2勝1敗の星勘定では優勝はできず、プレーオフになってしまう。一気に優勝を決めるには連勝しかなかった。

初戦は僕が1失点完投で先勝、いよいよ優勝に逆王手となった。しかし、僕と一緒に投げていたもう一人の先発、左腕の2年生・米村明（のち中日）がこの2回戦の試合直前に急に体調を崩し、入院を余儀なくされてしまう。米村はその春のリーグ戦は最優秀防御率の成績を残した投手だった。中大にとって大きな痛手となる出来事だ。

このとき、高木が僕のところへ来てこう言った。

「ヨネが投げられないんですよ。こうなったら香坂さん、2つ行くしかないですね」

僕は高木にこう答えた。

「今、お前にそう言われてから『そうか、俺が頑張らなくちゃな』なんて思ってるようじゃダメだよな。大丈夫、もう準備は十分できてるから」

僕はもうなんの気負いも、プレッシャーもなく、この試練を正面から受け止めていた。正直言って、体の疲れはないと言えばウソだったが、翌日の第2戦には久しぶりにまとまった雨が降り、決戦は順延となる。

天が味方している……。1日体を休ませることができ、気持ちは充実していた。結果、僕は2試合連続完投勝利。念願の春のリーグ優勝を手にすることができた。

優勝が決まった瞬間、マウンド上で仲間と抱き合って喜びを分かち合う。その輪の中でキャッチャーの長井研介（元本田技研監督）が、僕の耳元で何度も「やったぁー！　やったぁー！」と叫んだ。その声は今も僕の耳に鮮明に残っている。

この春のリーグ戦、僕は7勝1敗、防御率1・29でベストナイン、最優秀投手賞、そして最高殊勲選手に選出された。

本当に皆でよく頑張った。キャプテンの熊野をはじめ、主砲の小川、1年下には高木、2年生では左腕の米村、ショートには尾上旭（のち中日ほか）と、のちにプロに行った選手が何人もいて、まとまりのあるいいチームだった。

夢のアメリカ留学話は……聞く前に監督が断った？

後述するが、その年の全日本大学選手権では岡田彰布（のち阪神ほか）らを擁する早大を決勝で破って大学日本一にもなり、日米大学野球選手権の代表にも選ばれた。

その後、東芝、日本鋼管、そしてプリンスホテルなど数々の社会人チームの強豪を相手にオープン戦を行ったが、遠征試合で日本を訪れていたＵＣＬＡ（南カリフォルニア大学ロサンジェルス校）の１試合に惜敗した以外、すべての試合で負けることがなかった。

負けはしたが、ＵＣＬＡとの試合は面白かった。実は大学４年生のころ、プロ野球とともに、アメリカ野球にも大きなあこがれと興味を抱いていた。もし、日本のドラフトで指名がなかったら、アメリカのマイナー・リーグの門をたたくべく、単身渡米野球留学の選択肢も自分の視野に入れていた。

８月に来日したＵＣＬＡと僕らの親善試合は４月に完成したばかりのピカピカの西武球場で行われた。９回表まで３対２で中大リード。僕はその試合に先発し、その年の全米ドラフトですでに指名されていた四番・捕手のドン・スロートの２ランホームランの２点に打線を抑え込んでいた。

しかし、９回の表、ＵＣＬＡの攻撃は二死満塁となり、あと一人で勝利という場面でセカンド後方に上がった飛球をライトとセカンドが交錯し両者転倒。ボールは転々と外野ゾーンへ転がり、２人の走者が生還して逆転を許してしまい、そのまま試合に敗れた。

ゲームセットのあとにホームプレートに両軍が並び、お互いに握手を交わす。「香坂、相手チームのベンチでお前を呼んでいるぞ」とチームメートに促され、UCLAのベンチへ行ってみた。ナインは口々に「グッド・ピッチャー、ナイスゲーム！」と言いながら僕の肩をたたいてくれた。どうやら僕のピッチングが評価されたようだ。

自軍のベンチに帰ると宮井さんが「これから韓国にも寄って帰国するらしいが、向こうの監督がお前をアメリカに連れて帰りたいと言っている。でも、お前はアメリカなんて行く気はないだろ？　まあ、もう断ったけどな」と言った。

えっ？　行きたい！　僕はそう思った。

しかし、よく考えてみると一人で決められることでもなく、大学の編入にはクリアすべきこともある。その話は進展せず、その場限りで終わってしまった。あのとき自分の気持ちを強く貫き、アメリカに渡っていたら僕の人生はどうなっていたのだろうか……。

その後も本場アメリカの野球への興味、あこがれは常に僕の心の中に宿っていた。だから、プロに入ってからも助っ人として日本にやってくる外国人選手にはいつも人一倍興味を持ち、親身に接し、裏方となってからは少しでも彼らの力になれるように努力した。

中央大学、宮井野球でやれてホントによかった！

続く秋のリーグ戦は、投打のかみ合いが悪かったり、小さいミスがことごとく失点に絡んだり、惜しいところで試合を落としてしまう展開が続いた。勝てないことが焦りとなり、伸び伸びプレーできず劣勢を強いられる。さらに言えば、大学日本一になった僕らに対して、対戦チームが目の色を変え、全力でぶつかってきた。

絶頂から半年もたたない秋季リーグ戦の結果、中大は最下位に甘んじてしまう。僕もリーグ戦途中までは、なんとか持ちこたえるピッチングはできたのだが、その後、肩の調子が芳しくなくなってきた。やがて肩の痛みが出て投球を見合わせるようになり、戦線離脱を余儀なくされ、チームは入れ替え戦に臨まなくてはならなくなってしまった。僕はエースでありながら入れ替え戦にも投げられなかった。仲間たちは頑張り、入れ替え戦は日本大学に連勝し一部残留を勝ち取ったが、チームに迷惑を掛けたことを猛省した。

最後は悔しい終わり方だったが、大学生活の4年間は、本当にいい経験をしたし、中大に進んで野球ができて本当によかったと思う。

当時の東都大学野球は相手の裏をかこうとする巧みな戦法を仕掛けてくるチームも少なくなかったが、中大は違った。僕も最初は驚いたのだが、宮井さんのサインにはバントとスチールの2種類しかなく、しかもバントは極力しない、スクイズもしない。スクイズをするなら犠飛を打てという野球だった。シンプルに、走る、打つという戦法だった。ベンチでも、ほかのチームと180度違い、「相手をヤジってはいけない。相手のことを言う前に味方を応援しろ」という教えを説いた。

僕はそんな宮井野球の教えの中で野球ができて幸せだったと思うし、すごく気持ちよく野球ができた。また、宮井さんは「学生なんだから野球ばっかりしちゃダメだぞ！　学生の本分は勉強だ。勉強をしっかりしろ」とよく言っていた。はっきり言って宮井さんには野球の指導はほとんどしてもらっていない。もともと強豪校から集められた選手たちはうまくなるための手段をよく心得ており、どうしたらうまくなるか、どうしたら勝てるかを自分たちでよく考えた。こういう土壌で野球ができたのはすごくよかったし、僕の野球観はここで育まれたと思っている。

報知新聞の記事を見てびっくり。「え、巨人に行くの？」

ドラフト会議が近づき、僕の進路がマスコミで報道されるようになった。この時代はそれぞれの大学野球部の監督さんが進路について関わるのが一般的で、僕も当然、監督の宮井さんにお任せしていた。

結局、ドラフト会議での指名はなかったが、秋のリーグ戦の成績が芳しくなかったこともあり、それほどガッカリすることもなかった。ただ、当時はドラフト外入団というものがあって、いくつかの球団からの話が宮井監督のところへあったらしいと聞いていた。

熱心に気に掛けていただいたのは、中大の先輩で巨人のスカウトをしていた伊藤さんだった。前述のとおり１９６３年に沢村賞も獲得された巨人軍の元左腕のエースで、大学時代は東都で4人目のノーヒットノーランも記録している。僕もノーヒットノーランをしていたこともあり、伊藤さんに巨人入団を誘ってもらい、ご縁を感じていた。

進路についてはすべて宮井さんに一任していたので、僕自身も一体どうなるか分からない状況が続いていた。スポーツ新聞であれこれ書かれても、逆に俺のほうが知りたいという気持ちが本音だった。

最後は報知新聞の一面に「香坂巨人入り」と出る。実は、その記事を見たときの心境は、「え、俺、巨人に行くの？」だった。そのあとに宮井さんから電話があって、やっと「巨人に行け」と言ってくれたのである。

ドラフト外は現在の制度で言うと育成契約のようなものだが、その形態はまったく気にならなかった。一度あきらめかけたプロ野球選手の道がまた開けたのだからよかったとは思ったが、うれしいという気持ちより、あらためて身が引き締まる思いのほうが先だった。高校、大学と僕を指導してくださった方々、ここまでお世話になった方々、見初めてくれた担当スカウトの伊藤先輩にしっかり結果を出して恩返しをしなければいけないと思った。

僕の心構えは「入ることができなければ、何も始まらない。あとは成功か失敗の答えがおのずと出る世界」だった。買わなきゃ当たらぬ宝くじ、簡単に言えばそういうことだ。僕は、そういう気持ちで、プロ野球の世界に飛び込んでいった。

大学時代から岡田、原の間にあった並々ならぬライバル意識

大学時代の他校の同期選手たちの話も書いておこう。

2022年10月、岡田が阪神新監督に再任した。1957年生まれで僕と同い年であり、彼が早大の四番、僕が中大のエースとしてオープン戦、大学選手権決勝戦などで対戦し、日米大学野球の全日本には、ともに選抜されている。

岡田の姿をテレビで久しぶりに目にしたのが、2022年10月20日、プロ野球ドラフト会議だった。高松商高の外野手、浅野翔吾の1位入札球団は阪神、巨人の2球団。会場中央の壇上に立つ岡田監督の隣は、巨人軍監督・原辰徳だった。それぞれが引き当てる確率は50パーセント。そして、巨人・原監督が浅野の交渉権をつかんだ。

僕の友人で学校は違うが、一つ年下の後輩の新宮龍二は浅野の母校・高松商高出身で早大を経て、社会人いすゞ自動車でプレーするなど、名門野球部を渡り歩いてきた男だ。現在、高松市内在住の新宮は、以前から「ジャイアンツのスカウトがよく見にきてくれて、もう地元では浅野は巨人に行くという雰囲気であふれています」と、浅野巨人入団を決めつけているように言った。ただし命運は「クジ」によって決まる。そして、「あとは彼の運の強さに任せるしかないでしょう」と言った新宮の言葉どおり、浅野は自分の運を引き寄せ、満面の笑みで一巡目指名の喜びをかみ締めた。

2人の指揮官の対決の軍配は原監督に上がり、岡田監督の初仕事は残念ながら成就せず、〝宿敵〟の前に屈した。

岡田は早大1年生から東京六大学リーグ戦出場、原は東海大相模高で甲子園大会に出場し、「辰徳フィーバー」で一世を風靡《ふうび》、進学した東海大では首都大学リーグ無敵の成績を挙げ、ともに大学球界の2大スターとして大いに注目される。ただ、当時のマスコミ報道では、あまりライバルという表現はされていなかった。原が1学年下というのもあったのだろうが、実はこの2人、大学時代からお互い並々ならぬライバル意識があった。

1979年、僕らも出場した大学4年生のときの全日本大学選手権大会の注目の的は2人の対決だった。岡田は早大の主将であり、四番・サード、3年生の原も東海大の四番・サードである。優勝候補と言われた2校は準々決勝でぶつかった。

僕も明治神宮球場のスタンドにチームメートとともに偵察のために陣取ったが、いきなり初回、二死一塁、打席には原という東海大先制のチャンスがやってきた。「カキーン！」。原の鋭いスイングから弾き出された打球は三塁手・岡田の頭上へ！　火の出るような強烈なライナーだった。目で追うのがやっとという鋭い当たりに対して、岡田は瞬時に小さくジャンプ！　ボールはグラブに収まった。3アウト、チェンジ！

このとき岡田は、つかんだそのボールを地面にたたきつけた。

意外だった。彼はそんなプレーをする選手ではないと思っていた。しかも当時の学生野球では自分の気持ちをポーズや仕草で表す、いわゆるガッツポーズのようなものはポピュラーではなかった。

しかし、このときの岡田は違った。東海大戦に懸ける強い思い、原には負けないといった気持ちの表れだろう。岡田の大きなアクションで、満員の両スタンドの学生応援合戦はがぜん盛り上がり、歓声は神宮の杜に大きく響き渡る。一方の原は自分の打った打球が岡田のグラブに収まるのを見ると、その場でパタッと足を止め、天を仰いだ。その表情は爽やかな〝辰徳スマイル〟ではなく、悔しさいっぱいの苦笑いだった。

東海大はエース・井辺康二（のちロッテ）の剛腕150キロのピッチング、捕手・市川和正（のち大洋）のホームランで追いすがったが、3対2で早大が勝利。準決勝では愛知学院大を下して決勝に進んだ。

勝った早大は原擁する東海大との一戦に勝利したことで「あとは敵なし」とでも思ったのだろう、その日、夜の街で盛大に祝杯を挙げていたことを数年後に明かされた。

さすが名門・早稲田の主将！　すがすがしかった言葉

しかし、ちょっと待て、早稲田、そして岡田よ！　僕ら中大が脇役と誰が決めたのだ。僕らも準決勝で八幡大を下し、決勝へとコマを進めていた。

新聞には「岡田、香坂の対決」という記事が載る。「岡田、内角勝負だ！」と僕の発言が新聞の見出しになったが、僕はそんなことは一言も言っていない。「岡田君に打たれるのはいい。岡田君に打たれても試合には勝つ投球をする」と優等生発言をしたのを覚えている。僕の気持ちは正々堂々と戦い、最後まで全力を尽くす。あくまでも目指すものは勝利だった。どんな形でもいいから勝ち、日本一になりたかった。大学生活の中で、何かをやり遂げたという達成感、大きな証しがどうしても欲しかった。

実力の東都、人気の東京六大学と言われていたこのころ、僕らの意識は「六大学に負けるわけにはいかない」というものだった。味方だけではない。ここにたどり着くまで対戦してきた学校の選手、またその多くの関係者の方たちの分まで戦い、完全燃焼し、勝利の報告を届けることも大事な使命だと思っていた。

決勝は四番の小川のホームランなどで中大が7点を奪い、僕は早大の島貫省一（のち巨人ほか）の2ランを含む3点に早大を抑え、大学日本一に輝いた。

岡田とは、まだ言葉を交わしたこともない関係だったが、彼の試合後のコメントを翌日の新聞で読み、その人間性に触れたような気がした。

「完全な力負けです。中大の強打は予想以上だった」

驚いた……。勝者を称え、このとても潔い簡潔な言葉だけで締める。これまで頑張ってきた多くの苦労がすべて報われたようなすがすがしい気持ちになった。

さすが、名門・早稲田大学野球部主将、岡田彰布だ。

日米大学野球の思い出は、かみタバコの苦い味……

岡田、原とともに、この大学選手権ののちに行われた日米大学野球選手権の代表に僕は選出された。ほかには亜大の大石大二郎（のち近鉄）、東海大の市川、井辺、木下智裕（のち阪急ほか）、早大の島貫、有賀佳弘（のち阪急ほか）、法政大の谷真一（のち近鉄）、同志社大の中本茂樹（のちヤクルト）、中大からは熊野、小川、高木らが名を連ねる。

日米野球は両国の大学生同士の交流の場でもあり、初戦前日にはレセプションが行われた。アメリカチームには、ハワイ大学の日系選手、捕手のロン・ノムラ、内野手のカート・ワタナベ、のち日本の社会人企業チーム、プリンスホテルでプレーすることになるハワイ大の左腕デレク・タツノらがいた。パーティー会場では選手同士、さまざまな話題で盛り上がる。少し日本語が話せる日系選手のロン・ノムラが手にしていたのは、かみタバコだった。

「マルメテ、ホッペタノウチガワニイレルネ。タバコノアジガシタラ、ツバハステル。ノンダラダメネ。キモチワルクナルヨ、オッケー？」

初体験の僕らは早速、ほっぺたの内側に「レッド・マン」という湿った茶色のタバコの葉を指先で丸め、放り込む。確かに、タバコの味がする。もう1種類のかみタバコは「コペンハーゲン」という細かく刻まれた葉で、ひとつまみを下唇と下の前歯の間に挟み、これも口の中の唾で湿らせて、タバコの味を楽しむというものだった。

好奇心に駆られて次々に2種類のかみタバコを口の中へ放り込んだ。そして、しばらくすると皆が「ウッ、まずっ」と顔をしかめ、そばに用意してあった紙コップに茶色い唾を吐き出した。なんとも言えない苦い味だった。アメリカチームの面々は腹を抱えて笑った。僕は梅干しや納豆を食べさせてやろうかと思ったが、それはやめることにした。

日米の戦いは初戦から日本チームが3連勝。一気に4連勝で優勝かという札幌円山球場での試合は、8回が終わった時点で4対4の同点となる。9回表、得点圏に走者を置いて、市川の打ったライト前への当たりがフィールドに落ちれば日本チーム勝ち越しだったが、右翼手が間一髪のダイビングキャッチ。迎えた延長11回の裏にアメリカチームのボン・ヘイズ（のちMLBインディアンスほか）にサヨナラホームランを喫した。

この試合で潮目は変わり、4連敗で逆転優勝をさらわれた。しかし、日本チームの打棒は強打のアメリカチームと互角に打ち合い、特に岡田、原の三番、四番コンビは日本のシリーズ全7本のホームランのうち、岡田2ホーマー、原は1試合2本を含む4ホーマー。2人はライバル心むき出しで競い、刺激し合い、アメリカ投手陣から打ちまくった。

のちに岡田、原は阪神と巨人に所属し、「伝統の一戦」と言われる名勝負の歴史の中で戦ってきた。僕の目には、彼らが、いつもお互いを気に掛けているように見えた。

互いの監督時代もそうだ。僕が先乗りスコアラー時代に大阪で岡田と顔を合わせたときなどは、必ずと言っていいほど原の名前を口にした。「タツは元気なんか？」。原と言葉を交わせばやはり「岡田さんは元気なの？」と言った。

顔は笑っていたが、2人の目はいつも笑っていなかった。言葉にはしていなかったが、「タツに俺が負けるわけがないやろ」、「いやいや、岡田さんには負けませんよ」……。2人がそう言っているイメージしか僕にはない。

早大が夜の街で優勝前祝い？ 岡田の二日酔い大暴走！

話は前後するが、近年、岡田も交えた当時の早大のメンバーとの一献の場で大学選手権決勝のときの話になった。

「あのときなぁ、どっちに打とうか迷っとったんや」と岡田。なんだ？ どっちって……。僕が聞くと「いやぁ、ホームランをよ」とニコニコしながら言った。

僕からホームランを打つのにライトに打つか、レフトに打つか迷っていたということだった。言いやがったな、コノヤロー！「朝まで飲んでるようなヤツらに負けるわけにはいかんよ」と言ってやった。先ほど準々決勝の東海大戦勝利のあとで早大の面々が大騒ぎしたらしいと書いたが、ふらちにもバンカラな早大のナインは、わが中大との決勝戦の前日にも、夜の街で前祝い？ をしていたらしい。

決勝戦の伝説的な話をしよう。8回の裏、早大の攻撃、岡田がショートのエラーで出塁。続く有賀には三塁線を抜く二塁打を打たれた。当たり的には二走・岡田は三進で走者二、三塁になるケースだったが、岡田は三塁キャンバスを強引に蹴り、本塁へ突入! 中大カットマンの遊撃手・尾上は岡田が三塁で止まると思い込み、レフト・大須賀健から返されたボールを捕り、サードの平野和男(元住友金属鹿島監督)に転送。平野はすぐさま本塁に投げたが、岡田は砂煙を上げながらフットスライディング。タイミング的にはアウトながら中大捕手・長井のタッチが及ばず間一髪で生還した。ただし、「暴走と好走塁は紙一重」とよく言われるが、どう見ても暴走としか思えない走塁だった。

このプレーの〝真相〟を有賀が教えてくれた。

「岡田は三塁で止まるわけにはいかなかったんだよ。朝まで飲んでたからな。全力疾走して、もし三塁で止まってたら、気持ち悪くなって吐いてたな、たぶん」

あそこでそんな醜態をさらしたら、NHKの全国放送でそれが流れてしまう。そんな余計な心配はしなくていいのだが、いずれにせよ岡田という男は、かなりの「豪傑」だった。

バイク事故じゃない! 関口の間違った都市伝説

飲み会の席には岡田とともにクリーンアップを打った島ちゃん(島貫)や福本勝幸(元東芝監督)、そして当時のセットアッパー・関口一行(元住友金属鹿島監督)もいた。

島ちゃんの早大時代のあだ名は「島カン」、僕と同期で巨人軍に入団した男でもある。純朴で物静かな男だが、岡田に似た豪快な面も持っているナイスガイ。僕の親友だ。

パンチ力のある打撃、その飛距離は岡田をも驚かすスラッガーだった。内角球に対してうまく両腕を畳んでボールを巻き込むようにバットを振り抜ける、そのシャープなスイングは大学トップクラスのテクニックを持っていた。

巨人軍・島貫は1982年一軍デビュー、プロ初ホームランは7月31日、敵地・甲子園球場での伝統の一戦、旧友・岡田の目の前で打っている。その1カ月半後、場所を後楽園球場に移した9月13日の阪神戦では先発出場し、また岡田の目の前で大きなホームランを連発。レギュラーの座を奪うべく強力なアピールをする。強肩俊足でもあり、大学の先輩にあたる〝青い稲妻〟松本さんをも脅かした。

しかし、島ちゃんはその後、二軍戦で頭部への死球。それは打撃に微妙な影響を与え、本来の力を発揮することの大きな妨げになってしまい、現役は6年で終わった。

いい機会だ。ここで関口に関する都市伝説の誤りも正しておきたい。関口は1975年、茨城県竜ケ崎一高のエースとして夏の茨城県大会を一人で投げ抜き、甲子園出場を果たすが、それまでの道のりで茨城大会全試合完封という離れ業をやってのけている。6試合54イニング無失点、これは茨城県の連盟記録として今も破られることなくしっかりと記されている。同い年の僕にとって関口はスターだった。

早大進学後、3年生までは先発、4年生からは抑え投手としてフル回転、神宮の杜を沸かせる活躍をし、卒業後は社会人野球の住友金属鹿島に進み、投手、そして監督としても手腕を発揮。やがてサッカーJリーグの鹿島アントラーズの取締役となった。

茨城大会全試合完封で出場を決めた夏の甲子園大会では、初戦で対戦した浜松商高に4対8と惜敗。このとき関口はケガをしていた。ベストコンディションでマウンドに上がれなかったことは、茨城県民の大きな期待を背負っていた関口には、さぞつらいことだったに違いない。

そして関口にのちのち、「あるウワサ」が語られるようになる。それは「甲子園初戦の前に、バイクによる事故で負傷をした。甲子園ではそのケガのせいで自分の力を出し切れず負けた」というものだった。実は僕自身もそういうウワサを耳にしていて、数年前の2022年に本人から真相を聞くまで、それは本当の話だと思っていた。

「違うんだよ。茨城大会の決勝戦、俺が三塁走者で、味方の打ったセンターへのライナー性の当たりでタッチアップした。スライディングはせず、本塁を駆け抜けた。そのときに相手捕手と交錯して体の右側を強くぶつけてしまったんだ。それでも決勝戦、アドレナリンが体の中にあふれていたのか、なんの痛みも感じずそのまま投げ続けた。試合後ズキズキと痛みは増して、耐え切れず、病院へ行ったら診断は右肋骨の骨折。それも3本折れてた。だから甲子園では先発せず、四番ライトで出場し、リリーフでの登板になったんだよ」

当時、関口自身はウワサのことは知らなかった。聞いたのは、それから時は過ぎ、早大卒業後だった。社会人野球の住友金属鹿島に進んだとき、地元・土浦日大高出身のある新人選手に言われた。「無失点記録を打ち立てて甲子園に出場したのに、初戦の前にバイクの事故でケガをしてしまい、それが原因で負けてしまったんですよね」。

耳を疑った。「そんなふうに言われていたのか……」。このウワサはかなり浸透していたようで、鹿島アントラーズの取締役時代、母校・竜ケ崎一高が甲子園出場を決めたとき、地元の新聞の記者が取材に訪れたのだが、一通り取材を終えた記者が「あのときはバイク事故で……」と言ったという。

僕ら世代の高校野球ファンの方々、そして特に関東地方、及び茨城県民の皆さん、ここで関口投手の「バイク事故のウワサ」はあらぬものだったということをお伝えさせていただく。今となれば笑い話だが「甲子園では応援してくれる県民の皆さんの期待を背負って全力で頑張ったけれど、バイクの事故という不注意でその期待を裏切ったと思われていたということはものすごく残念だった」と関口は振り返っている。

プロでの岡田との対戦の記憶は土砂降りの中……

ジャイアンツ時代、実績は皆無の僕だが、阪神・岡田彰布との対戦はあるにはあった。オープン戦、公式戦とも数打席だったと思うが、一番覚えているのは、1982年の春、

4月29日の甲子園球場での一戦だ。巨人が大量リードされている試合だった。

その日は試合開始から降り出した雨でコンディションはすこぶる悪かった。試合途中からは土砂降りと言ったほうがいい。6回途中から僕がマウンドに上がったときは阪神が11点リード。降りしきる雨がさらに激しくなっており、グラブの中のボールを濡れないようにするだけで神経を使った。いつ中断をしてもおかしくない雨。まるでせっけんで手を洗ったときのように、指先はヌルヌルと滑り、思い切り腕を振ればボールがすっぽ抜けてどこかへ飛んでいってしまいそうな気がした。

常に走者を背にしながら、なんとか6、7回と0点に抑えたが、その中で岡田との対戦があった。依然として止まない雨は、岡田のヘルメットにしぶきを上げて降り注いだ。岡田の顔をマウンドから見るが雨で表情がよく見えない。しかし打席に近づくと、岡田のほうから僕をチラリと見た。

えっ？　笑ってる？……。岡田は笑みを浮かべていた。なぜ笑っていたのか。まさに上から目線？　また「どっちにホームランを打とうか」とでも思っていたのか……。悪いボールではなかったと記憶しているが、アウトローへ投じたストレートをコンパクトにミートした打球は、僕の左足のすぐ横を低くゴロで抜け、センター前に転がっていった。

僕は3イニング目の8回にもマウンドに上がり、雨の中、投手である山本和行さんにホームランを喫す。帽子、ユニフォーム、グラブ、ソックス……、全身に雨が染み込み、スパイクはもう使い物にならないのではないかと思わせるほど、ドロドロの甲子園の土がこびりついていた。

ニヤリと笑って言った。「そら、そうよ、俺の一本釣りよ！」

オリックス監督時代、岡田には屈辱の結果に終わったドラフト会議があった。2010年のドラフト会議だ。

注目のドラフト1巡目候補は、早大の後輩、投手・大石達也だった。大石は6球団の入札で重複、当然その中にはオリックスもいた。しかし、岡田が手にしたクジには「交渉権獲得」の文字はなく、大石は西武が交渉権を獲得。新たな一巡目入札選手は東海大の外野手、伊志嶺翔大だったが、これもロッテとの重複となり、またも外れてしまう。そして三度目の正直とばかり、履正社高の山田哲人を入札したが、同級生のヤクルト・小川監督とまたまた確率50パーセントの勝負の壇上対決。これにも勝利の女神はほほ笑まなかった。

結局、岡田は4回目の入札で前橋商高の後藤駿太を指名、後藤は入団に至った。

翌2011年の春季キャンプ、僕はプロスカウトとして各地でキャンプを張っているチームを視察した。沖縄では宮古島のオリックスからスタートし、球場到着後、まずは岡田監督にあいさつをするためにアポを取った。

すぐ小浜裕一一軍マネジャーが来てくれて「監督室でお待ちです、どうぞ」と丁寧な対応をしてくれた。部屋に案内されると背番号80のユニフォームに身を包んだ岡田が愛用のノックバットを片手に、握手で僕を迎えてくれた。僕が「いいのか監督室なんか入って」と言うと「おお、ええよ。まあ座れよ」と歓迎してくれた。

しばし大学時代の昔話に花を咲かせたが、いつの間にか前年のドラフト会議の話になってしまった。岡田はもうサバサバとはしていたものの多少の愚痴は漏らしていた。

監督室の窓越しにオリックスナインがキャッチボールを始めたのが見えた。その中には背番号8、新人のドライチ、後藤がいた。高校出の選手とは思えないバランスの取れた体格、ユニフォームがよく似合う選手という第一印象だった。キャッチボールを見ると肩が強く、プロの先輩たち以上と思わせるスローイング、軽く走っても、そのフォームの素晴らしさに「群馬のイチロー」と呼ばれたのはうなずけた。

僕が感心して「ドライチのこの子、いいなぁ」と言うと、岡田は待ってましたとばかり「そら、そうよ！　俺の一本釣りよー」と自慢げに言った。

い、一本釣りぃ？　思わず吹き出し、大笑いしてしまった。まあ、確かに一本釣りではある。岡田の得意満面の顔を見るとおかしくて、また笑いそうになった。

「おい、ブルペン行くぞ」と言って、そのまま隣接するサブグラウンドまで僕を案内してくれ、ブルペンに入っていた投手一人ひとりについてレクチャーし、「メシ、食っていけよ」と客人への十分な気遣いをしてくれた。

オリックス監督を退任して10年が過ぎた2023年、岡田は再び監督としてタテ縞のタイガースのユニフォームに袖を通す。そして、阪神は18年ぶりにセ・リーグ優勝を遂げ、日本シリーズでも同じ関西のオリックスを退けて日本チャンピオンになった。

岡田の監督としての手腕は高く評価された。息子よりも若い選手もいるチームの先頭に立って指揮を執り、関西はもとより、日本中の阪神ファン、野球ファンを歓喜の渦に巻き込んだ。「岡田はすごいな、本当にアイツはすごいよ」。旧友の誰もが口々に言う。本当に「アレ」を成し遂げてしまった。岡田の活躍に僕たち同期の人間も元気をもらった。

阪神監督就任のときは頑張れ、応援しているぞという気持ちが強かったが、頂点を極めれば、今度は追われる身だ。正直、僕は頑張れという言葉よりも、くれぐれも無理はするなよなという言葉を先に言いたい。

陰ながら応援しているよ、岡田！

中央大のエースとして活躍した著者

第3章 ジャイアンツでの青春時代

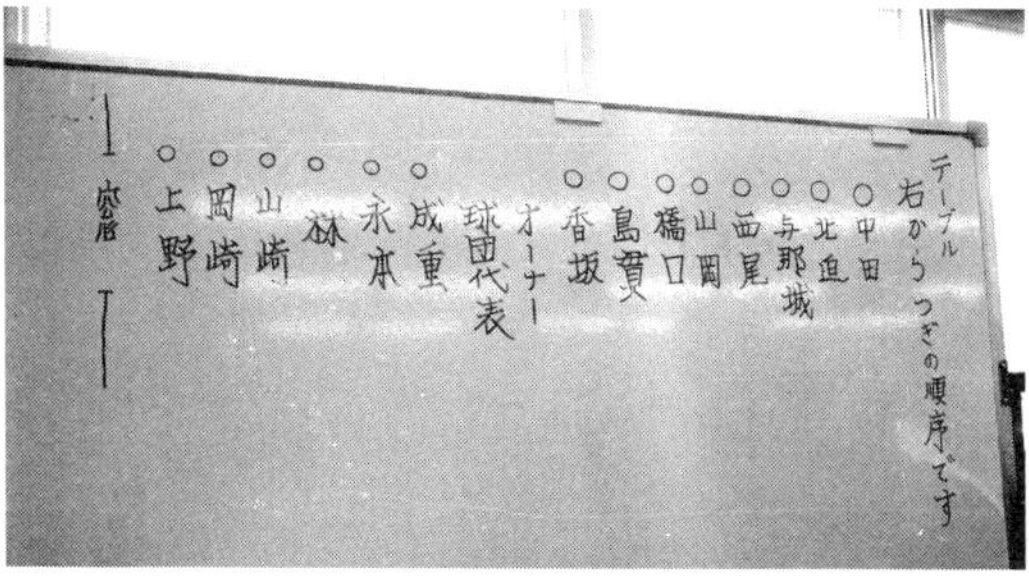

1979年オフ、著者の入団会見の席次表

びっくりするような好選手が次々つぶれてしまう！

中大からドラフト外でジャイアンツへ入団したのは1980年、昭和55年になる。ジャイアンツは選手層が厚く、実力のある猛者がたくさんいたが、この現実の中でやるしかない。厳しい勝負の世界へ足を踏み入れたという覚悟はあった。

このときの新人ドラフト1位は市立尼崎高の右腕・林泰宏、2位はキャッチャーで育英高のヤマちゃんこと、山崎章弘、3位が大分商高の岡崎郁、4位が夏の甲子園大会で活躍した箕島高のショート・上野敬三と、支配下指名選手はこの高校生4人で、ほかにドラフト外指名で山岡勝（佐倉高）、西尾亨（市立神港高）、橋口敏英（高鍋高）、与那城隆（都城高）、北迫謙二（埼玉栄高）、中田好彦（北陽高）と6人の高校生を獲得。大学生が僕と島ちゃんこと、早大の島貫省一の2人だった。

高校、大学合わせて12人の新人だったが、結果的に大成したのは岡崎だけだ。しかし僕は、それぞれの選手が素質のある有望な選手ばかりだと思っていた。巨人のスカウトは、よくこうした有望な金の卵を探してくるものだといつも感じていた。

林は体も大きくストレートも速かった。フォークボールも高校生が投げるものとしては抜群の落差とキレがあった。林は中日のドラフト1位、浪商高の牛島和彦と関西高校球界では双璧の存在で、宮崎キャンプの一軍の紅白戦で先発し、白組の王貞治さんからストレートで見逃しの三振を取り騒がれた。さらに3月にはアメリカ・フロリダ半島で行われたドジャースのベロビーチキャンプに野球留学生として抜てきされ、大きな期待を背負うが、1カ月後に帰国すると投球フォームが変わってしまっていた。本来のダイナミックさが消え、王さんを三振に取ったときの林ではなくなっていた。かわいそうだったが、それから復調の兆しはなく、最後は別人のようなフォームになり、近鉄に移籍していった。

2位の捕手・山崎はオリックスから日本ハムへFA移籍をした山﨑福也君のお父さんで、強肩、強打の捕手だった。ヤマちゃんはその後、日本ハムに金銭トレードで移籍し、引退後は数々のNPB球団及び独立リーグ球団に指導者として籍を置いている。

4位の上野は肩が抜群に強く、足も速い、バッティングもシャープで守備範囲も広く、全身がバネのように強く、はずむような身のこなしをする。次世代の巨人の遊撃手候補として大きな期待が掛けられる存在だと思っていたが、腰を痛めてしまった。

まだ体力のない高校生に対して、ガンガンとオーバートレーニングをやってしまった結果であることは明らかだった。今さらではあるが、はっきり言って指導の問題だ。ハードな練習を課し、それを乗り越え、跳ね返してこそ本物という風潮が当時はあったが、つぶれてしまった若手選手にとっては気の毒な時代だったとしか言いようがない。

あのころ、理不尽なことはたくさんあった……しかし、「プロは言い訳をしない」。そう教えられた。負け惜しみなんて言っちゃ、なおダメだ。結果を残し、誰からも名前を覚えられるくらいの活躍をしたものが勝ち組、そうでないものは負け組だ。

自分の力で苦難を越えていった選手もいた。強靭な体、信念、柔軟な考え、工夫、そして練習だ。そういった努力をした人間こそが最後に生き残る。

僕の1年目の二軍監督は岩本堯さんだった。野手出身で攻撃時の戦法を教えられ、プロってこんな細かい野球をするのかと思い知らされた。複雑なブロックサインも初めて体験する。慣れればなんてことないが、試合中にサインミスをし、雷を落とされた選手は少なくなかった。ブロックサインのほかにもいくつもの攻撃のサインがあり、当然、守備側のサインもある。見破られそうになればキーを変えるなど、柔軟に素早い対応が要求された。

フォーメーションプレーは何度も練習で数をこなし、体で覚えさせられた。一、二軍戦で起きた特別なプレーや複雑なプレーも含めて、検証すべきケースは、その日か翌日までにはコーチがミーティングを開き、レクチャーをし、正しい対処を頭にたたき込まれる。野球規則についてのペーパーテストもよく行われ、毎日が野球漬けの日々であった。

昼は多摩川、それ以外は巨人軍寮と、厳しい集団生活の場で僕らは育成された。

倉庫に並んでいた黒く変色した竹刀の謎

現在のよみうりランドの敷地内にある巨人軍寮（2024年に新巨人軍寮が完成）より一代古い僕らのころの寮は同じ敷地にあった。

寮長は〝伝説の鬼寮長〟武宮敏明さんだ。巨人軍の捕手であった武宮さんは、打撃の神様と言われた川上哲治監督の熊本工の後輩にあたり、教育方法は一言で言って「軍隊方式」。体で覚えさせる教育は日常茶飯事だった。

新人は1年生と呼ばれ、全員の入寮が義務だ。寮生活の中で巨人軍の伝統や選手としてのあり方を学び、朝晩の球団旗の掲揚、降納、電話当番など持ち回りの仕事が多々あった。起床は8時、門限22時、懲罰は罰金、外出禁止があった。

入団間もないころ、僕は練習で破れたユニフォームのズボンの替えを希望。二軍マネジャーの藤本健作さんに「ロッカー内の倉庫の中にサイズの合うのがあれば、とりあえずはいておけ」と言われたので、自分で倉庫の扉を開け、体に合いそうなズボンを探した。

ふと見ると、そこには使い古したバットが木製のラックに20本ほど並べて縦に収納されていた。しかし、その隣に並んでいたのはバットではなく、数本の竹刀だった。

そのほとんどが竹の繊維がボロボロになっている物ばかりで、真ん中あたりはところどころ黒く変色している。隣のラックにはまだ折れていない竹刀も数本並べてあった。

僕と同期入団の新人高校生は10人いたが、いずれも血気盛んなヤンチャな面々でもあった。ある日、ありがちな『未成年の喫煙疑惑事件』が巨人軍寮でも起こった。

寮では毎日点呼がある。通常点呼は帰館の確認だけでは終わらず、野球のことから、その日に起こった日常の中のニュースやさまざまな話題によって、コミュニケーションが取られる。武宮さんの寮長としての持論は「プロ野球の選手にも社会人としてしっかりとした人間形成が必要だ。特に巨人軍退団後も元巨人軍の選手として恥ずかしくないような立ち居振る舞いができるようにしなければいけない」だった。

ただ、この日の門限時の点呼のとき、武宮さんの頭から湯気が立ち上っていた。怒りに満ちた表情で「新人の中でタバコを吸ったヤツがいる。誰だ！」と怒鳴った。10人の未成年の新人選手が横一列に並ばされると、武宮さんは右端から1人目の選手に竹刀を持って近づいていき、問いただした。

「お前はタバコを吸ってないだろうなぁ！」

武宮さんの問いに「吸いません！」と1人目の選手は大きな声で答える。2人目の選手も同じ問いに大きな声で「吸いません！」と続いた。武宮さんは「お前たち！　正直に言えよ、ウソをついたら承知せんぞ！」。その手には竹刀が握られている。

鬼気迫る言葉と姿で3人目の選手がさらに問われる。「お前はタバコを吸うのか！」。少しの静寂のあと……。彼は「す、吸います……」と思わず正直に答えてしまった。オシッコをチビリそうだっただろう……。

その瞬間、ババババ、バシィーン！

武宮さんの真上に振り上げた竹刀が選手の頭頂部に見舞われる。すごい音だ。僕は竹刀が真ん中辺りから90度くらいに折れて曲がる一瞬を見た。

僕は未成年ではなかったので、この修羅場はなんとか回避できたが、そうこうしているうちに4人目の選手の番が来た。「お前は吸うのか！」。彼は完全にビビッていた。コイツもチビリそうだ。

目をつぶって小さな声で絞り出した言葉は、「す、少し吸います…」。

思わずこっちが目をつぶってしまい、そんな言い方しちゃダメだよと思った瞬間、ババ、バシッーン！　武宮さんの上段の構えからすさまじい勢いで竹刀が振り下ろされる。

「バカモン！　タバコなんか吸いやがって、少しも多いもあるかぁ！」

竹刀は振り下ろされた部分の竹の繊維が解けている。そして選手の頭のテッペンからは眉間を伝わってタラリと赤い液体が流れた。

そうか……。倉庫で僕が見た使い古しの竹刀は精神注入済みの廃品だったんだ。あの黒く変色していたのは血の跡だったんだ……。

「鬼の武宮」を目の当たりにした瞬間でもあった。


痛かった精神注入。それでも若い選手の活力は底知れず

何を隠そう、僕も一度だけこの〝精神注入〟をされたことがある。二軍チームが遠征中のときだった。「残留組」の僕ら数名は夜な夜な自室で酒盛りをしていた。寮内には数えるほどの寮生しかおらず、その3人程度が集まり、僕の部屋で粛々《しゅくしゅく》とやったつもりではあった。

季節は夏、場所は最上階の4階の僕の部屋、見つからないだろうと思い、ドアを少し開放状態にしていた。

が……、バシィーン！　ちょっとほろ酔いでドアに背を向けていた僕は武宮寮長の竹刀制裁をいきなり脳天から受けることになる。照明を落とした薄暗闇の中、背後からいきなり竹刀は振り下ろされた。

「お前たち、寮内は禁酒だぞ！」

ただただ放心状態の部屋にいた同罪の選手、あれは誰と誰だったか……。僕はただただ頭のテッペンがヒリヒリと痛かったのを覚えている。ウイスキーのボトルの中身をトイレの便器にすべて流すように言われ、各自の部屋に解散させられる。

不意に後ろから竹刀でたたかれたが、手を抜いて加減したような振り下ろし方だったのは不幸中の幸いだった。僕がもう未成年ではなく、普段から品行方正？　だったこともあったのかどうか分からないが、それでも竹刀は十分痛かった。


寮則を破れば、例外なく寮長の厳しい指導？　が待っている時代だった。門限後に寮を抜け出すのも見つかれば同じことが待っている。しかし、それでも若い選手の活力は底知れず、夜中に出掛けていく者はあとを絶たなかったし、僕も例外ではなかった。今思えば強靭な体力だと思う。本当はそのエネルギーを野球に注ぐべきなのだが……。

寮長以外でマネジャー、コーチが泊まる日もあったが、武宮さんは「抜け出すなら、俺の泊まりのときに行け」とよく言っていた。それは俺の泊まりのときは大目に見るということではない。武宮さんが言いたかったのは、「俺の泊まりのときに抜け出せるものなら抜け出してみろ」というメッセージだった。

この言葉を真に受けて本当に武宮さんの泊まりのときに寮を抜け出し、見つかり、眉間の間から鮮血が流れる結果になったやからもいたが、ちょっとそれは解釈が単純過ぎだ。

巨人軍の軍隊行進？　と「おかあさん！」の絶叫

寮の朝も忘れられない。

寝坊助たちの爆睡モードは寮内の隅々まで轟く館内放送で吹き飛び、僕らはたたき起こされる。それも館内マイクのボリュームはＭＡＸ。「起床！　起床！」。もちろん武宮寮長の声だ。ただ、実際には「起床」の声のちょっと前に皆、起きていた。武宮さんは、しゃべる前に「フー！　フー！」とマイクに息を吹き掛け、マイクがオンになっているかどうか確かめるのだが、この音がいきなり耳をつんざくからだ。

そして、寮生は全員玄関に集合し、隣接するサッカー場（現在は東京ヴェルディのグラウンド）まで散歩に出かける。ジャージのポケットに両手を突っ込んだまま、相手の目を見ず、「ウィース……」なんて緩いあいさつをしたりすると竹刀の洗礼が飛ぶ。

サッカー場に着くと、僕らは武宮さんに指示され、3列縦隊で歩調を合わせて歩く。

まだ朝の8時だが、やがてザッザッザと歩調が合い、立派な行進となった。そして、武宮さんは「ここはお国を何百里……と歌え！」。えーっ⁉　お、お国ぃ？　それって、ぐ、軍歌ですよね？　「ほれ、歌わんか！」。武宮さんはさらに発破を掛ける。モゴモゴとはっきりしない口調で僕らが歌うと「こら、しっかり歌わんか！」とまた怒鳴られた。

軍隊の行進のようだ、いや僕らは巨人軍の人間だから「軍の行進」という表現は正しいのかもしれない。変なことに感心してしまった。

軍隊行進？　が終わると全員で体操。そのあと武宮さんが「岡崎（郁）、お前はどこの出身だ」と聞いた。

郁が「大分県です」と答える。

「大分はどっちの方向だ？」

オロオロしながら岡崎は適当に「こっちです」と指をさした。

武宮さんは「よし、そっち向いて、おかあさん、僕は頑張っていますと叫べ！」。

郁は元気よく「おかあさん、僕は頑張っています」と叫んだ。僕らは笑いをこらえるのに必死だったが、武宮さんを見ると、こんなことをさせておきながら自分もハッハッハーと大きな声で笑っている。

なんかおかしなところへ入って来てしまったなと正直思った。

誰もいないのに木がザザッ……鬼寮長の爆笑肝試し

寮生活は鍛錬の場でもあるが、英気を養う行事もあり、厳しいことばかりではない。イベントとでもいうのか、春には花見、夏には花火大会やBBQ大会、肝試しもあった。肝試しは武宮さんの企てたものだった。鬼寮長はこうした無邪気なイベントが好きだ。寮は川崎市多摩区の丘陵地帯の深い森の中にあり、当時、日本テレビの生田スタジオと巨人軍の寮以外に建物はあまりなかった。人気《ひとけ》がなく、一人で歩くにはかなり寂しく、怖い雰囲気のある場所でもあった。

ある日の点呼のとき、「きょうは肝試しをやる」と皆は集められた。午後10時の門限後にそれは決行された。森の中に定めた折り返し地点にある小さなほこらに各自の背番号の書いたマッチ箱が置いてあるので、各自持って帰ってくるようにというものだった。

先頭に立った入団3年目の名古屋電気高出身の鈴木伸良は「マンモス」というニックネームの大型内野手だった。早々と玄関前に立ち、何を考えたのか両手にバット、両足にはキャッチャーのレガースまで着け、ヘルメットまでかぶる重装備でこの肝試しのトップを切ると息巻いている。本人いわく「ここの山は野犬がいて、危ないんですよ」と強調したが、体の割にはビビッているのがミエミエで皆の笑いを買った。

一人ずつ順に寮を出る。険しい林道が続く道だが、選手は大体その地形は分かっており、道もほぼ一本しかない。それでも目標のほこら付近に差し掛かると周りの木々は背が高く繁り、方向感覚を失って、数名の選手がその一帯で迷ってしまう事態に陥った。

僕が行くと「ザザッ、ザザッ」と音がした。やぶの向こうの人の気配がする。「誰だ?」と言っても返答はなく、また「ザザッ」と木が不自然な動きをした。さすがにこれは怖い。それでも冷静にその場を通過し、ほこらに置かれたマッチ箱をつかむと林道を折り返す。あとから来た選手が「ザザッ」という音に、やはりおびえているのが見て取れた。

あれっ? 僕は吹き出してしまった。林道をわずかに照らし出している小さな電燈の下で武宮さんが両手に長い竹の棒を持ち、身の丈ほどもあるそばにある木々をたたいて選手を驚かせているではないか。

僕が武宮さんの後ろ側から近づいて行くと、そこで目が合ってしまった。いたずらをしてバツが悪かったのか「こんばんは」と僕があいさつをすると、いきなりハハハハッと楽しそうに武宮さんは大笑いをした。これも鬼寮長の愛すべき一面だった。

「宴会をやらせたら一軍より上」と言われた二軍

花見は、よみうりランドの遊園地の敷地沿いに植えられた満開の桜を見ながらの食事、花火は寮の屋上からよみうりランドの花火大会を眺め、BBQ大会は練習後の多摩川グラウンドの一角で肉を焼いた。

ＢＢＱのときは監督、コーチがホストであり、奥さんたちまでわざわざ参加し、僕らへの料理の世話をしてくれた。

このときの二軍監督は国松彰さん、コーチは高橋良昌さん（現善正）、木戸美摸さん、上田武司さん、山本和生さんらで、いつも練習で鬼に見える監督、コーチがカラフルな可愛いエプロンを着けて、僕たちが差し出す皿にどっさりと焼いた肉を乗せてくれた。

この日だけは監督、コーチの顔はニコニコしていた。真っ黒に日焼けした顔に真っ白い歯だけがキラリと光り、まるで歌手の『ラッツ＆スター』の面々のように見え、妙に不気味だったのをよく覚えている。

これらのイベントは寮近隣の地元の皆さんも応援してくれた。皆さんは巨人の若い選手たちにいつも温かく手を差し伸べ、応援してくれ、こうした方たちのためにも頑張ろうとする気持ちが個々の選手の中に生まれる。

僕らは、皆さんに巨人軍に伝わる、あるお礼の替え歌を歌うことが通例となっていた。

〝きょうも楽しく飲めるのは〇〇さんのお陰です。〇〇さんよ、ありがとう、〇〇さんよ、ありがとう。ジャイアンツのために、ジャイアンツのために尽くされた、〇〇さんよ、ありがとう〟

歌手・守屋浩さんの曲『おかげ節』のメロディだった。みんなで手拍子をしながら心を込めて元気よく合唱した。

当時の二軍は「バントシフトやピックオフプレー、ランダウンプレーなどのチームプレーをやらせれば一軍よりもうまい」と言われ、また「宴会をやらせても一軍よりも上」と言われた。こうして強い結束が生まれ、ふさぎ込むような選手はおらず、家族のようなコミュニティーがそこに生まれた。

灼熱の「多摩川地獄」で背中に文字が浮き上がった？

河川敷に鉄製のフェンスで囲まれた広大なエリア、これが多摩川グラウンドだ。一塁側、三塁側にプレハブ製の小さいダグアウトが2つ、一塁側に学校の運動会で見るような白いテントが2つ、雨露をしのぎ、日差しをさえぎるものはそれくらいしかない。当然バックネットはあるが、センターのバックスクリーンは風を通す網製の布スクリーンをウィンチで引き上げた簡易的なものだ。

メインで試合の行われるAグラウンドとサブで使うBグラウンドの2面に加え、人工芝の張り巡らされた内野守備専用のグラウンドを入れると全部で3面、Bグラウンドは使いようによってはもう一面も使えるとても広いものだ。鍛錬の場として使うには申し分ない環境であり、僕らにとっては、恐ろしくもあり、本当に困った場所だった。

当時はシーズンインである2月1日よりも10日ほど前に「合同自主トレ」と称して、

一、二軍選手全員が集合し、トレーニングが開始された。河川敷には寒風が吹き抜け、体感温度は2度も3度も低く感じられる。
なのにだ。ウオーミングアップの1時間半ほどのランニングメニューのすべてを終え、アンダーシャツを取り替えると、選手全員の体から湯気が立ち上がり、まるで銭湯の洗い場にいるようだった。脱いだシャツを絞ると、水道の蛇口をひねったようにジャーッと汗が地面に滴り落ちた。

着替えは屋外だ。僕らは植込みの陰に隠れて見学に訪れている多くのファンの目を避けながら着替える。バスタオルで頭、顔、体を拭き上げると、まるで温泉にゆっくりつかっていたあとのように体が火照り、多摩川の身を切るような寒風は逆に水風呂に入ったかのような心地よささえ覚えた。

二軍の多摩川グラウンドでの練習時間帯は基本的に朝9時半~夕方の5時半だ。早朝の特別な打撃練習（特打）となると、指名された打者は、その正規の時間帯よりも早く別便の車で移動する。夏は陽が長くなり、夕刻になっても練習は続く。

選手は、大体20歳代前半が占めている。皆、強靭でタフな体力を持っていた。やればやるほど体力はついてくることをこの多摩川で学んだ。学生時代は体力がなく、夏場には弱かったが、この多摩川の土手を何度も越えて鍛えられてからは、「バテる」という言葉を忘れるようになる。

とはいえ、真夏はきつい。炎天下、延々と続く猛練習。まさに灼熱の多摩川地獄だ。

ある日、巨人軍寮の風呂場……。真夏の猛練習を終えた選手たちが、壁に備わった6カ所ほどあるシャワーノズルの前に横並びで体を洗っている。彼らを眺めながら湯船につかっていた僕が気づいた。

壁に向かった選手たちの背中……。54、63、69、85。一人ひとりの背番号がクッキリと見て取れる。KINOSHITA、YONASHIRO、YAMAOKA、KITASAKOと名前のスペルもしっかりと分かる。

多摩川の強い紫外線は白地、グレー地のユニフォームを突き通して背中にまで達し、黒い背番号と名前の部分のみ焼けていなかったのだ。

この話を知人にしたところ「いやいや、香坂。いくらなんでも、そこまで話をつくっちゃダメだよ」と言われてしまったが、もちろんホントの話である。

「グランド小池商店」で聞いたジャイアント馬場さんの話

焼け焦げるような真夏の多摩川もやがて台風シーズンを迎える。何度となく川の水位が上がり、川の水が土手を越えてあふれそうになることだってあった。

そうすると、選手も大変だ。グラウンドの倉庫に置いてある練習ボール、打撃マシンなどは、水没すれば使い物にならなくなってしまう。寮生全員が緊急出動し、それらを土手の上まで運び上げる。われわれはやったことがないが、グラウンド上のフェンスの支柱を外して倒さなくてはならないという話も聞いた。先輩方は夜間、すでに腰くらいまで水位が上がっているにもかかわらず川の中に入り、その作業をしたという。今では考えられない危険な作業を選手が行っていた。グラウンドキーパー、コーチ、スタッフ、選手たちまでが、こうして多摩川グラウンドを守ったのである。

台風が去り、全面水浸しのグラウンドは何日も費やし復旧していく。しかし、そのあとには大変厄介な問題が残っていた。グラウンドを覆った川の土、すなわち「ヘドロ」には人体に有害な物質が含まれており、衛生上の問題も降りかかる。ケガ（主に裂傷）をすると、その患部が膿んでしまうケースが増え、なかなかケガが治らず苦しんだ選手もいた。

練習が終わり、寮へ向けての選手専用バスが出発するまで、選手は強烈な空腹感に耐えなくてはならない。その待ち時間に誰もが立ち寄るのが、土手の向こうにある通称〝おでん屋〟、「グランド小池商店」だ。

おでん、焼きそばなどのファストフード的な食べ物しかないが、腹空かしの僕らはとにかく何かを腹の中に入れたかった。味の染みたおでんは夏冬問わず、なんとも絶妙な食感で僕らのすきっ腹に収まり、練習で疲れた心と体はこの温かい食べ物に癒された。

僕のおでん屋の思い出は、おばちゃん（小池まつさん。故人）の語るジャイアント馬場さんのウソのようなホントの話だ。われわれの大先輩である馬場正平さんは1955年、投手として巨人軍に入団。その後、プロレスに転身し、「16文キック」「32文ロケット砲」「脳天唐竹割り」など、その名だたる技で悪役外国人レスラーをやっつけ、プロレスブームをつくった。

長嶋茂雄さんが言っていた。「俺が（巨人軍に）入って多摩川で初めてキャッチボールをした相手は馬場さんだったぁ」。年齢は長嶋さんよりも馬場さんのほうが年下だが、馬場さんのほうが入団は早かった。当時の巨人軍の序列は年齢ではなく、プロ経験年数で決まっていたので、長嶋さんはいつも「馬場さん」と呼んでいた。

おばちゃんは「馬場さんはね、とにかく大きいでしょ。よく食べるし、よく飲んだんだよね。ラムネを飲んだら、飲み干して空になった瓶をそのまま、何本もそこの屋根の軒にズラッと乗せて並べちゃうんだよ。あんなところに置かれちゃ、こっちは手が届かないんだから、あとで片づけるのが大変で困ったよ」。おばちゃんの指さす軒の高さを見て、馬場さんは本当にデカかったんだなぁ思った。

さらに「馬場さんたちがいるころは合宿所が川の向こうにあってね、選手はスパイクを履いたまま、カチャカチャ音を立てて丸子橋を歩いて帰っていったのよ。でも、馬場さんは橋を渡るのが面倒くさいのか、脱いだユニフォームを四角にきれいに畳んで、それを重ねて頭のテッペンに乗せて、ベルトでアゴの下にくくって落ちないようにしてさ、川幅の細い場所をゆっくり渡って帰っていったよ。あれは馬場さんしかできないことだよね」。

えーっ？　ホント？　と言うと「ウソじゃないよ、ホントだよ、馬場さんはホントにおっきかったんだよ」と僕を諭すように力強く言った。

多摩川1周ランニングを終えたあとのすてきな光景

多摩川の土手の上に立てば、この広い河川敷、走るところは至るところにある。川沿いの上流に高速道路「第三京浜」があるが、それを越えて、先の二子橋を左折、橋を渡り左折、向こう側の川沿いに走り、丸子橋に戻り左折、多摩川グラウンドに帰り着く、ぐるりと「多摩川1周」の長距離走もあった。全長約15〜20キロほどのロングランだ。

もちろん僕も経験したが、疲れがたまっているときなどは、無事1周回って帰ってこられるか不安もあった。スタートすると各選手は走力の差に応じ、だんだん差が開いていき、いつの間にか一人でポツリと走っているときもある。

そんなとき、頭の中にあることが浮かんだ。そう、ジャイアント馬場さんが川を渡ったという話だ。もしかすると川を渡れる場所があってズルできるかもしれない……。

僕はダメ元で川に近づいていった。渇水期で水量が少なく見え、対岸が近く見える場所にたどり着いた。川幅は4メートルくらいだろうか。僕の中学校時代の走り幅跳びの記録が4メートル60センチくらいだったから跳べないことはないか……。

しかし、長さは目測だ。落ちたら濡れるな……。当たり前だ。結論は無理だ、危ない、ヤメよ、になった。

すぐに走路に戻る。ただただ走り抜かなくては、この「多摩川1周ロングラン」は終わらないのだ。スピードは乗ってきているのに進んでいるという感覚がない。汗がダラダラと流れ出て、熱い湯につかっているような、血がたぎるような感覚だ。アドレナリンが出てきたのだろう、気持ちがよくなってくる。

すると前の走者が見えた。1984年入団の新人・加茂川重治だった。次の走者も見える。また新人の香田勲男だ。そして、その先に見えたのも新人、阿波の金太郎こと、水野雄仁だ。3人は有望な新人だった。でも、彼らはまだ高校生上がり、体力はプロ経験者の僕のほうが断然あるということを証明する。さらに僕より若い数人の若手を抜き去り、多摩川グラウンドのホームプレート付近に設けられたゴールに走り込み、完走した。

すでにゴールしていた数名の選手、監督、コーチが「ナイス、ゴーイング！」と声を掛けてくれ拍手で迎えられた。ジャイアンツにはこのように最後まで頑張り通した選手に対して「Nice going!」（大したもんだの意味）と皆で称えるすてきな光景もあった。

だから途中で川を渡ってズルしちゃおうなんてことはしてはならない。僕のプロ野球人生はたった5年という短いものだったが、この多摩川で培われたものは貴重な経験になった。それは僕の誇れるものでもある。

スーツ姿で殺人的運搬作業！　二軍遠征の信じられない話

1980年代前半、ファーム遠征は必ずと言っていいほど週末に組まれていた。関東はもちろん、北海道、甲信越、北陸、四国、山陰、九州など日本全国に及んだ。

多かったのは東北だ。特に僕の2年目、1981年には甲子園大会春夏4季連続出場の東北高のエース左腕・中条善伸が入団。東北地方での試合興行が頻繁に組まれるようになる。そして1983年には三沢高時代、「甲子園のアイドル」として沸かせた太田幸司さんが阪神からトレード移籍し、太田さんの地元・青森の遠征にも参加するなど、ますます東北での試合興行は活気づき、二軍戦とはいえ、スタンドは常時満員という盛況が続いた。

僕らは、ほぼ毎週のように東北地方でのファーム遠征に出掛けていった。福島、郡山、仙台、石巻、気仙沼、盛岡、八戸、青森、三沢、弘前、秋田、角館、八郎潟、山形、米沢、酒田などなど、まだまだあった。

東北新幹線は1982年6月に大宮—盛岡間が開通したが、まだ上野まではつながっておらず、例えば宮城県仙台市周辺での試合となれば、前日の金曜日に上野発の特急列車に乗って、大宮で新幹線に乗り換える。現地到着後、練習を行い、土日連戦をして、仙台発の寝台列車で帰京。月曜日の朝に上野駅に舞い戻るという大忙しの日程になっていた。

遠征試合は当然、試合前の打撃練習を行うが、当時はその打撃ケージも東京から二軍選手たちの手で運ばれた。鉄製のポール数本と、折り畳んだとはいえ、大きく膨らんだネット、設営用のロープ、工具などであり、総重量はかなりのものになった。

そう、それに練習球も持っていく。その役割はほぼ入団1年目の新人が務めることになる。それに個人でユニフォームや着替え、身の回りの物も含めて持参。野手はバット、捕手はレガースなどの防具一式もあり、1年生の運搬作業は殺人的なものになった。それに移動時のいでたちは「巨人軍は紳士たれ」の教えに準じて、全員スーツ着用だ。

乗車直前、上野駅のプラットホームには列車がすでに滑り込んでおり、出発を待っているが、鉄製のポールの入った重厚なケース、ネットなどが入った大きなバッグは1年生によってプラットホームに直に置かれていた。そのあと、1年生たちは上野駅構内に止めた球団バスへ今度は自分たちの荷物を取りにいく。

彼らのスーツはポールやバックについた多摩川の泥で汚れ、汗びっしょりでネクタイもワイシャツもヨレヨレだった。やがて一軍で活躍し看板選手になるような選手も必ずこうした下積みの苦労を乗り越えていった。

呉越同舟、ロッテの先輩との車内（酒あり）反省会

二軍遠征の思い出と言っても、当然、遊びにいっているわけではない。移動手段、宿泊場所であるホテル、野球場、そしてその土地の食べ物くらいしか覚えていないものなのだ。

それでも、時には思い出深いこともあった。僕はそれまで寝台列車に乗ったことがなかったので、プロ野球選手になって、この二軍遠征で生まれて初めての体験をした。

遠征地は秋田だった。一時期、なぜか頻繁に秋田で週末の試合があった。日曜日の試合が終わると、秋田発20時30分くらいの寝台列車に乗って僕らは帰京する。翌朝の上野着は確か6時30分だ。乗車する前には食料を買い込むのだが、当時は現在のコンビニのような気の利いたものがなく、いつも秋田駅前の寿司屋さん（『金寿司』と言ったか）へ行き、お寿司の折を頼んだ。そして寿司屋の大将に頭を下げ、氷をビニール袋にゴソッと譲ってもらう。寝台列車での移動には氷は必携品だ。お酒も買い出し品の一つだからだ。

毎週のように訪れるガタイのよい僕らに向かって、寿司屋の大将が「みんないい体してるけど何かやってるの？　ラグビーかい？」と聞くので、かくかくしかじかですと言うと、「おっ、それじゃ、これ持っていきな。みんなで食いなよ」と言って、新鮮なイカのゲソをこれまたどっさりとビニール袋に入れて持たせてくれたりした。

列車はいわゆるB寝台というもので、ベッドは上段、中段、下段と三段階に分かれていて、最上段は揺れが激しくなかなか寝付けない。下段のベッドは双方向かい合う構造になっているので6人ほどが並んで座れ、宴会には最適だった。車両一両丸々がジャイアンツ、そのときは隣の車両は丸々ロッテの貸し切りとなっていた。

列車はゆっくりと秋田駅のプラットホームを滑り出ていく。車内の宴会も盛り上がってくると、隣のロッテの車両から伝令が飛んでくる。「○○選手、ウチの○○先輩が呼んでます」。伝令と言うのはロッテの若手選手で、呼んでるという先輩はロッテのベテラン選手のことだ。僕も指名され、敵？　の車両へ招かれた。

ロッテの車両へ行くと、そこには数人のロッテのベテラン選手がビール片手に野球談議を交わしていた。ロッテのベテラン捕手で、あだ名が「ダンプ」の佐々木信行さんが「香坂、お疲れさん。そこへ座れ」と言って、僕はロッテの先輩たちの間に座らされた。

「お前、きょうの試合のあそこで、なぜあの球を投げたんだ。あれはダメ。ケース的に考えればあの球はないぞ。いいか……」

と言って、さまざまな判断要素を挙げて、正しい配球についてレクチャーしてくれた。佐々木さんの教えてくれたことは大学から入団したばかりのルーキーの僕が知らないことばかりであり、その理論を目からうろこが落ちるような思いで聞き入っていた。

他チームの先輩選手が、その日のゲームの反省を帰路の寝台列車でしてくれる……。二軍の遠征にはこんな素晴らしい横のつながりもあった。

ヒョウ、霧……北海道の仰天話とおいしいワインの悪夢

8月の北海道遠征はペナントレース後半戦の一軍昇格を猛アピールする場だ。主に大洋とともに9試合という長丁場の試合を例年行うもので、試合をしては移動、試合をしては

移動の毎日である。

さまざまなハプニング、予想もできない事態が僕らを襲った。稚内ではヒョウが降った。バチバチと小さい氷の塊が体に当たり、痛い。真夏ではあるが、気温はどんどんと下がり、その寒さにブルブルと体が震えた。近隣に住む方々から借りた毛布で体をくるみ、悪天候の中、なんとか試合を完結させた。

帯広の到着したグラウンドは明らかに「牧場？」と思わせるようなところだった。町の関係者の皆さんが言うには、今から鉄棒を差し込んでネットを張ってフェンスをつくるということだった。構造的な問題などがあると公式戦扱いにはならずオープン戦になってしまうこともあり、実際に球場に行ってみないとその判断が決まらないことも少なくなかった。おいおい……。

釧路では霧だった……。前日の練習中、マウンドに立って外野の方向を見ると、外野手の3人が霧でまったく見えなかった。そのうち、そこに見えていた内野手たちが一人、一人と消えていく。霧が立ち込めていくときというのは真横からサーッとゆっくり広がっていくということを初めて知る。視界数メートル、釧路の霧は有名で、あすの試合開催も危ぶまれたが、不思議なことにその後、やはりスーッと消え、滞りなく試合は行われた。

二軍の北海道遠征はもっぱらバス移動だったが、3、4時間でもこれが過酷だった。疲れとの闘い、移動中選手は泥のように寝る。夏でも気温の寒暖差は激しく、体力を消耗するが、アメリカのマイナー・リーグの長時間のバス移動に比べれば、このくらいで音を上げていてはプロ野球選手は務まらない。

そんな行脚にささやかな息抜きもあった。

プチ観光……。網走では駐車したバスから網走刑務所の前の橋を渡り、門までの数分を歩く散歩観光……。すぐにバスに戻らなければならないから高倉健になりきる余裕もなかった。摩周湖では湖面を山の上からのぞくだけのもので、ドライブインに展示されている「マリモ」の水槽をのぞいたり、登別のクマ牧場もやはり高い塀の上から熊をのぞくだけだった。なんかのぞいてばかりいる……。

遊びにいっているのではないのだからぜいたくは言えないが、それでもどれも興味深く、十分楽しいもので、よい気分転換になった。

勝利投手賞などの賞品も北海道の特産物が贈られることがあったが、北海道ならではの物としては「木彫りの熊の置き物」があった。鮭をくわえた熊の置き物はかなりの大きさで、お土産でも高価なもののようだった。しかし、気持ちはありがたいが、もらってもなぁ、どうしようかなぁと悩んでしまう。

すると、国松二軍監督が「香坂、きょうはナイスピッチング。よく頑張ったから、これをあげるよ」と大きな箱を僕にくれた。「ありがとうございます」と受け取ったはいいが、中身はなんだろう……。ちょっと嫌な予感はした。開けてみると、出たよ……、まったく同じ「木彫りの熊」だった。自分はいらないから僕にくれたのはミエミエだった。

十勝では宿の夕食に「十勝ワイン」が差し入れられた。廊下に置かれた十勝の名産品であるワインは鬼のような数だった。ワインは口当たりがよく、振る舞われた食事ともよく合い、僕らはそのもてなしに感謝した。

しかし、そのワインの口当たりのよさに飲み過ぎたやからがだんだんと酩酊の世界へなだれ込んだ。この夜、この宿で起きた両軍の壮絶な宴の惨状は、その後も巨人、大洋の両チームの間では語り継がれる伝説となった。

元気の良過ぎる酔漢たちの暴走行為？　は筆舌に尽くし難いというか、登場人物たちの名誉にも関わるとも思うので、ここでは書かないことにする。

僕のせいで乱打戦となった試合で、蛇が原因の停電

僕が入団した1980年には西武との九州シリーズ10連戦があった。福岡、久留米、鳥栖、熊本、佐賀、大牟田、伊万里、島原までは地名を覚えている。このシリーズ、僕らジャイアンツは苦戦を強いられた、というか、散々な戦績に終わる。終わってみれば1勝9敗といいようにやられてしまい、屈辱感と疲労だけが残った。

熊本の試合は藤崎台球場、熊本城郭内にある左中間スタンドに大きな楠の樹木が植えられている歴史ある球場で行われた。昔の野球場にしては珍しく、センターが121メート

ル、両翼が99メートルと広い球場である。

巨人の先発は僕。試合はナイトゲームである。マウンドに上がるとホームプレートまでがなぜか遠く感じた。ボールが走らず、コントロールには自信のあった僕が制球を乱す。痛打を許し、3回も持たずに降板。試合は大味で時間ばかりを費やす乱打戦と化していく。

マウンドを降りた僕はネット裏のスコアラー席でスコアを付け、頭を冷やしながら試合を見ていた。西武打線が次々に加点していく。迎えた6回表、西武の攻撃前のイニング間の投球練習中、投手の手からボールが離れたあと、突然、照明が消えた！　そのときの投手が誰であったか思い出せないが、キャッチャーは同期の山崎だった。

当然一瞬で辺りは真っ暗になる。僕もネット裏でジッとしていたが、観客の悲鳴はのちにざわめきに変わり、20分くらいの長い停電のあと、照明に灯が入った。

この停電で潮目が変わったのか、巨人打線が息を吹き返し、西武に追いすがる。そして9回裏、巨人最後の攻撃、得点は11対14と巨人が3点差まで迫っており、なおも二死満塁、一発が出れば「逆転サヨナラ満塁ホームラン、お釣りなし」の場面だ。

バッターボックスには沖縄生まれで宮崎県・都城高出身の捕手、ルーキーの与那城が立った。西武のマウンドは同じ沖縄・石川高出身の糸数勝彦が立ちはだかる。土壇場における沖縄県出身同士の対決になった。

停電、乱打戦ということもあり、試合時間はすでに4時間を超えている。さあ、勝負！

そして、与那城が糸数のボールをとらえた。放物線が描かれ、打球は一直線にレフトへ！　大きい！　レフト後退、なおも後退、そしてレフトがフェンスにへばり付き塀際でジャンプ！……。入ったぁ？　か……どうだ！

こちらからは一瞬入ったように見えたが、アンパイアはレフトの捕球を確認し高々と右手を上げて力強く「アウト！」とコールした。残念！　藤崎台という両翼が深い球場でなかったら、勝利の女神はほほ笑んでいたのかもしれない。球場が広くなかったら……。僕がもっとしっかり投げておけば……野球は「タラレバ」を言ったほうが負けである。

疲労困ぱいの負け試合になった。重い足を引きずり、藤崎台球場をあとにし、あすの試合開催地の島原へバス移動する。長崎県・島原の宿に到着したのが夜中の2時を回っており、風呂に入り、食事を取ると時計の針はもう夜明け近くになっていた。勝負事は勝たなくてはいけない。特にこの日のような試合を振り返ると、勝つと負けるのとでは大違いということを痛感する。

でも、あす、いやきょうも試合だ。ちなみに、熊本の試合のナイター照明消灯事故の原因だが、あとで聞いたところによると蛇が電線に絡んで、ショートしたためだったそうだ。蛇が絡んでなかったらなぁ……。

もうよそう……。二軍の地方試合興行ではありがちなことでもあった。

まさかのユニフォーム間違いで「コシャカ」になる？

巨人軍寮の自分のロッカー前で「これでよし！」と、僕はあしたからの東北遠征の荷物の準備を終えた。あさっては秋田県田沢湖に完成した新球場のこけら落としでイースタン・リーグの試合が行われるため、羽田から秋田まで空路で移動する。相手チームは西武で、両チームとも飛行機は羽田からの同じ便だ。

機内で着席しようとしたとき、ふと見ると、西武のウグイス嬢の女性が目に入った。

「あれ？　待てよ、西武の放送係の女性が乗っているということは……」

しまった！　試合は西武の持ちゲームなので放送係の女性が来ている。西武のユニフォームは白色のホーム用、僕たち巨人のユニフォームはグレー色のビジター用だ。僕は勘違いをし、白地のホーム用のユニフォームを持ってきてしまった。離陸直前の機内ですぐにマネジャーの健さんこと藤本健作さんに失態を報告する。

翌日の試合前練習は、沖縄の星こと赤嶺ケンちゃん（赤嶺賢勇）のユニフォームを借りてグラウンドに出た。上半身は練習用のグラウンドコートをまとっている。

ただ、この日の先発投手は僕なのだ。飛行機の中で健さんに報告をしたときは、すぐ離陸したこともあり、指示を受けていなかった。

すると、トレーナーの尾山末雄さんが「もう少し待ってろよ、今つくってもらってるから」と僕に言った。「つ、つくる？」。半信半疑で球場ネット裏のトレーナー室に行ってみると、かわいらしい2人のお嬢さんが2着のユニフォームと向き合って縫い物をしている。赤嶺ケンちゃんのグレーのユニフォームの名前と背番号の部分の糸を外してはぎ、一方の僕の白地のユニフォームの名前と背番号もはいで、縫い変えるという作業をしていたのだ。

試合開始間際に僕のユニフォームはなんとか完成し、それを着てマウンドに立った。急造ユニフォーム作成に関わってくれたお嬢さんたちは、セレモニーのために来ていた『ミス田沢湖』のお二人だった。

試合が始まる。巨人が先制し、僕も失点を許さず中盤までジャイアンツリード。次の回も0点に抑えて颯爽とベンチに戻ると、ナインが声を掛ける。「ナイスピッチング!」「いいぞ、頑張れ!」「いいぞ、コシャカ!」。コシャカ?? 何のこと? と思った。が、試合中であり、僕は投球に集中していた。

試合は7回に差し掛かっていた。好調だった僕にアクシデントが襲う。西武のスラッガー・駒崎幸一の打ったライナーが右腰あたりにダイレクトに当たった。こけら落としの試合のスタンドを埋めた多くのファンからは悲鳴が上がった。しばらく動けず、当たった箇所はしびれ、痛みもあり、一度ベンチに下がる。

体内にはアドレナリンが分泌されているのだろう、しびれ、痛みをものともせず、再びマウンドに上がり、観客の大きな拍手に迎えられ試合は再開した。ただ、終盤の8回、またも走者を許し、迎えたバッターの山本隆造さん（のちにNPB審判員として2000試合出場達成）に逆転打を喫して降板、負け投手となってしまった。

自分の準備ミスでさまざまな人にまで迷惑を掛けたのだからバチが当たったのだろう。よい結果がついてこないのは当然かもしれない。

試合後、球場をあとにしたバスの中では、健さんが「賞金が出てますので渡します」と言った。二軍戦、特に地方興行ではホームラン賞や猛打賞など金一封が出たりする。しかし、呼ばれたのは先発の僕。負け投手なのに……。それも3封もの敢闘賞をもらった。

「なんでやねん！」「ウソだろー！」

ナインは大ブーイングだった。健さんに聞くと、この日は球場の落成式ということもあり、各方面から来賓が多く足を運んでいたが、「打球を受けたにもかかわらず、また投げ続けた巨人の投手に敢闘賞を出したい」という方が複数いらしたということだった。

「負け投手なのに金一封かよ。帰り道でみんなに何かおごってくれてもいいよな」と健さんが言い、バスの中は盛り上がったが、僕の気持ちはちょっと複雑だった。

そうそう、「コシャカ」の真相。僕の急造ユニフォーム作成作業はトレーナーの尾山さん、ミス田沢湖のお二人が大急ぎで間に合わせてくれたが、名前のKOHSAKAのスペルがHとSが逆で縫い付けられてしまい、KOSHAKA（コシャカ）になってしまったのだ。試合開始までに急がせてしまい、本当に申し訳ないと思っている。

僕は東京に帰っても、しばらくはみんなに「コシャカ」と呼ばれていた。

1球の大切さを知った世界の王さんとの唯一の対戦

プロ1年目の1980年限りで王さんが現役を引退された。偉大な先輩の王さんと、1年間だけ同じユニフォームを着てプレーさせていただいたことはとても光栄であり、野球人生の中でも貴重な経験になった。これまで巨人の投手としてマウンドに立ち、一塁を守る王さんをバックに投げた投手はたくさんいるが、この年の新人でただ一人、一軍登板を果たした僕は、その中の「一番最後の投手」ということになる。

現在では、オープン戦と言えば開幕前の2、3月に行われているが、僕が入団したころはシーズン後の秋にもオープン戦が組まれることがあった。それは1980年11月、場所はまたも藤崎台球場、相手は阪神だ。この試合がこの年の巨人の最後のゲームで、王さんの引退試合だった。

球場は満員のお客さんで埋まった。僕は二番手投手として登板。オープン戦とは言え、2回を0点に抑え、王さんの引退試合の勝ち投手になった。9回に王さんが生涯最後のホームランをライトスタンドに運び、僕はその放物線を目に焼き付けた。ゆっくりダイヤモンドを1周する王さんを僕たちナインはグラウンドに一列で並んで迎えた。

その試合中にベンチで西本聖さんが王さんに声を掛けた。

「王さん、記念に王さんのファーストミット、僕にいただけませんか」

王さんは「ああ、いいよ」と爽やかに快諾した。

試合後のセレモニーでは、王さんは愛用の『JUN ISHII』製のバットを左打席に静かに置き、一塁へゆっくり歩き、今度は愛用のファーストミットを一塁キャンバスの上にそっと置いた。

世界の王の最後の雄姿を同じユニフォームを着て、しっかりと目に焼き付けることができ、胸がジーンと熱くなったのを今でも忘れない。試合後、約束どおりファーストミットを王さんから手渡された西本さんは、「もらっちゃったー！　やったー！」とほかのナインにも自慢し、ロッカーで一人大騒ぎをしていた。


僕は王さんとの実戦での対決が一度だけある。

新人1年目の宮崎春季キャンプの紅白戦だった。僕は新人ながら紅組の先発を命じられた。白組は一軍レギュラー組だ。一番が松本匡史さん、二番が高田繁さん、三番がジョン・シピン、そして、四番、ファースト・王！　テレビでしか見たことのないスターたちを前に「ウワッ、全部本物だ」と一気に緊張した。

「プレーボール！」

審判のコールがかかり、試合が始まった。この年からスイッチヒッターに転向した松本さんが左打席に入った。内角のストレートで見逃しの三振に打ち取り、続く高田さん、シピンをサードゴロに打ち取り三者凡退、初回を0点に抑える。

そして2回、王さんとの対戦だ。王さんは身長177センチだが、マウンドからはその姿はもっと大きく見えた。特に太ももの太さ、下半身の大きさに驚いたことを覚えている。一本足打法で右足を上げてタイミングを取ったときには、さらにその構えが大きく見えた。

カウントは2—2、追い込んだあとだった。捕手の杉山茂さんの勝負球のサインは内角のストレート。スギさんはインローにミットを構える。王さんのような大打者に対して、自分の力を試すことができる絶好のチャンスだ。僕の闘志は駆り立てられ、体が震えた。そして腕を振る。

その1球は内角寄りには行ったものの自分の狙ったところよりもやや高めに浮いてしまった。王さんがボールを強くたたいた。放たれた打球はライトへ。「しまった」。ライトの中井康之さんが後退し、ライトフェンスの前でこちら向きの体勢になり、ボールは中井さんのグラブの中に収まった。

ホッとした。王さんの迫力はすごかった。意識するなと言うほうがおかしい。相手は「世界の王」そして「あこがれの王さん」なのだから。

2023年、ワールド・ベースボール・クラシック（WBC）で日本チームが世界一に輝いた。アメリカとの決勝戦の前のミーティングでナインに向かい、大谷翔平選手（当時エンゼルス。現ドジャース）が「きょうだけはあこがれるのはやめましょう」と言った。でも、王さんと対戦した僕は、あこがれという気持ちを捨て切れず臨んでしまった。

2イニングを無失点に抑え、マウンドを降りた僕は多くの記者から質問を受けた。筆頭の記者の質問は「シーズン中だったらホームランだったね」。はたから見てもそう映るのだろうとも思い、僕は正直に「そうですね」と答えた。

1球の大切さを知り、本番ではこれでは許されないということを再確認した。最初で最後のたった一度きりの「王さんとの対戦」……。僕の野球人生の素晴らしい宝物になった。

南国のヤシの木の下で反省。今でも王さんに謝りたいこと

王さんに今でも謝りたいくらい、とんでもないことをしてしまった思い出がある。王さんが助監督2年目の1982年だった。今年こそ頑張るぞと意気込んだアメリカ第1次グアムキャンプは、灼熱の島で若手選手の猛烈なアピールが繰り広げられた。

僕はシーズンオフからの体づくりを怠らず、このグアムキャンプのメンバーにも選ばれ、順調な仕上がりをしていた。グアム島には観光も兼ねて日本からキャンプ見学に来るファンも多く、特設ブルペンなどは黒山の人だかりになっていた。8人ほどが一度に投げられるブルペンでは「バシッ！」という捕球音、そして「ナイスボール！」の捕手の大き

な声が響きわたる。

最高気温が33度にもなる中、吹き出る汗を拭い、僕の調子はすこぶるよかった。そこへ背番号1の王助監督が現れる。王さんは投げている投手たちを一通り見ると、僕のボールを受けてくれている所憲佐さん（当時サブマネジャー）のところへ近づいていった。そして所さんと一言二言、言葉を交わすと、ホームプレートの左打席に立った。

「ハイ、いいよ」。王さんが構えた。

ホームプレートからは離れているが、いきなりの王さんの行動に僕は緊張した。「ヨッシャー、さあいこうか！」。威勢よくキャッチャーの所さんが腰を下ろした。外角中心に数球投げる。そして王さんのつま先がホームプレートに半歩近づく。そして、「ここだ」と内角の低め、「インロー」を要求した。

次の球は内角コースよりもやや外角に逃げる球になった。王さんの要求するコースではなく、「オイ、大丈夫だよ！　思い切ってこい。もっとこっち（内角）に投げろ！」と手のひらを自分のベルトのほうに向け、もっと際どいコースを要求した。練習ではあるが、打席には世界の王だ。僕の緊張は沸点に達していた。その半面、ぶつけたりしたら大変だという意識がチラッと頭をよぎる……。

王さんの「もっと、内角に投げろ」の命令どおり、さらに僕は厳しいコースにボールを投じた。王さんが今度は右ヒザを小さく上げるフラミンゴ打法のポーズをした。しかし、ボールは狙ったコースよりやはり甘く、真ん中寄りに行ってしまった。

「ダメダメ、そのコースじゃ打たれるぞ」

またまたダメ出しを食らう。僕はもう試合で投げているような心境だった。そして、王さんは「もっと、こっちだ！」と、また僕に発破を掛けた。さらに内角へ厳しく投じた次の球だった。「バッチーン！」。僕の投げたボールはフラミンゴ打法で軽く上げた右ヒザをかすめて、片方の左足のスネの内側にもろに当たった。

「あっ！」。僕は叫んだ。ブルペンにいた所さん、捕手の山倉和博さん、笹本信二さん、投手コーチの中村稔さんだって、「うわっ！」と声を上げた。
ド、ドエライことをしてしまった！　すぐ王さんに駆け寄り、帽子を取って謝る。王さんは足を引きずりながらブルペンの隅まで行き、しばらくの間、痛みをこらえていた。大丈夫なのか……。大丈夫じゃないのは分かっていた。しっかり当たってしまっていたのが僕には分かったからだ。
あー、どうしようー、炎天下の中、とてつもない寒気すら感じ、冷汗をたっぷりとかく。僕はピッチングを終え、ブルペンから全力で走って本球場のトレーナー室に行き、「申し訳ありませんでした」とまた頭を下げて謝った。

王さんは表情一つ変えず「おっ、大丈夫だ、気にしなくていいぞ」と言ってくれたが、その後の練習でもやや足を引きずるように歩いている王さんを見ると、「俺はなんてことをしてしまったんだ」と悔やみ、それからしばらく南国のヤシの木の下で反省をした。

これを実戦とは言えないが、王さんとの対戦成績が1打数無安打（右飛）、1死球であることは間違いない……。

怒ると怖い藤田監督はとても優しい人でもあった！

1980年限りで長嶋監督が退任、次の監督になったのが藤田元司さんだった。現役時代に巨人軍のエースナンバー18を着けて歴史に名を刻んだレジェンドだ。プロに入って間もない僕は、それまで藤田さんという大先輩と接することがなかったので、キャンプインのときに、とても緊張しながら顔を合わせたのを覚えている。

1981年は、例年行われていた宮崎でなく、米国フロリダ半島にあるドジャースのキャンプ地ベロビーチで約1カ月間の海外キャンプを張ることになった。僕はこの異例のキャンプのメンバーに選ばれ、あこがれのアメリカ野球を目の当たりにできるチャンスに胸がときめき、ワクワクしていた。参加メンバーの数が限られていたこともあり、練習の準備や打撃投手も頻繁に務め、そのほか洗濯当番などの雑用もしなければならなかった。年齢から言えば、選手で一番歳下が21歳の鈴木康友、その一つ上がルーキーの原辰徳、そしてそのまた一つ上が僕だったからだ。

藤田監督は「球界の紳士」と呼ばれ、僕にはスマートなイメージしかなかった。しかし、一方では「瞬間湯沸かし器」と言われるほどの短気で怖い人と言われており、僕はいつもビクビクしていた。

練習は少数精鋭で効率よくテキパキとメニューはこなされる。守備のフォーメーションプレーなどの練習では投手もランナーとして駆り出されたが、挟殺プレーの走者をしているとき、三塁と本塁の間で挟まれ、タッチをかいくぐったと同時にバランスを崩してしまい、転倒。その際、右手の甲と捕手・福島知春さんのレガース部分が接触し、裂傷を負ってしまった。レガース部の小さい留め金がとがっていて、それに引っ掛かった手の甲の皮膚はきれいに削り取られ、傷口からは鮮血が流れた。

傷は幸い浅かったが、切った傷口が長かったので多量の血が出てしまった。特にトレーナーに報告もせずにいたが、自分で止血しようとしていた僕を見た藤田監督が駆け寄ってきて「おい、ケガしているじゃないか？　すぐにトレーナーに見せろ」と言ってトレーナーを探してくれた。しかし、その場にはトレーナーがいなかったので、僕は「大丈夫です」と言って、次の練習場へ移動しようとした。

すると藤田さんは「おい、ダメだ、ダメだ。しっかり消毒をしないと、破傷風菌とかが傷口から入ったら大変だぞ。特に外国に来れば土が変わるんだ。それにお前ピッチャーじゃないか、右手は大事にしろ」と言って自らトレーナーバッグを開け、消毒液とガーゼ、薬品、包帯などを取り出し、治療してくれた。

思いがけない監督の行動に僕は驚き、感動し、感謝した。

期待の大型新人・槙原が食らったビンタ

藤田監督就任以降、選手の世代交代も一気に進んだ。1980年秋のドラフト会議では原が1位指名を受け、駒田徳広が2位。駒田は翌年入団した槙原寛己、吉村禎章とともに活躍し、1983年には「50番トリオ」と騒がれた。毎年、続々と有望新人が入団し、選手間の競争は激化していく。

少し前になるが、その一人、槙原のYouTube（『ミスター・パーフェクト槙原』）を見た。巨人のオジー・スミス、バントの神様こと川相昌弘（1983年入団）との対談だった。テーマは、この本でも書いている「多摩川グラウンド」だ。僕はまさに、その時代をともに過ごした仲間として懐かしく、その面白い話を楽しんだ。

マキが言う。「グラウンドに着くなり、いきなり『ハイ、一列に並んでー、石拾い！』ってのは驚いたよなぁ。一応俺たちプロだよぉ?-」。草むしりから始まることだってあった。マキよ、俺だって、同じことを思っていたよぉ。

そう言えば思い出した。監督、コーチ、選手、スタッフ全員で石拾いをしている最中、マキは急におなかがゴロゴロしたのだろうか、モソモソとズボンのベルトを緩めながら、多摩川の土手の階段を勢いよく駆け上がり、クラブハウスにあるトイレに飛び込んだ。

しばらくしてホッとした表情で戻ってきたマキだったが、僕らは嫌な予感がしていた。グラウンドでは「槙原はどこに行ったんだぁ！」とサングラスを掛けた高橋投手コーチがイライラしていた。そこへ戻ったマキは高橋さんにグラウンドを離れた理由を問い詰められ答えた。弱々しい声で「すみません。トイレに行ってました……」。

その瞬間、高橋さんのビンタがマキの右頬に振り下ろされた。無断でグラウンドを離れたというのが鉄拳の理由だったらしいが、マキは災難だった。朝、サングラスを掛けてグラウンドに来るときの高橋さんは決まって二日酔いのときが多く、こういうときは近づかないほうがいいというのは誰もが知っている鉄則だったからだ。

今ではこうした行為はコンプライアンス上、あってはならないものだが、この時代は特に珍しいものでなかった。だって、ここは「地獄の多摩川」なのだから。

日本ハムベンチを一瞬で静まり返らせたストレート

藤田監督は将来のエース候補として期待されていた新人・槙原を二軍でしっかりと鍛え上げ、体づくりをしてからデビューさせるという方針を立てていた。

体は細く、まだ高校生の体でしかなかった槙原は俊敏性、柔軟性には欠けていたが、持久力には長けており、長距離を走らせると目を見張る馬力を見せた。典型的な投手タイプの体つきをしており、投手をするために生まれてきたと言ってもよい期待の逸材だった。

ピッチングとなると度肝を抜く抜群に速いストレートを投げた。ややボールは荒れ気味ではあったものの、誰もがその球速に驚いた。全身の関節の使い方がうまく、打者はボールが見えにくい。最高の投球スキルも持っていた。

スロー調整で仕上げていった新人・槙原が二軍戦で二番手として登板した。相手は日本ハム、場所は多摩川日本ハム球場だ。河川敷にあるこの球場はセンター後方に東急線の電車が通る鉄橋があり、東急電鉄の車両のラッピングは銀色だ。投手の後方にある鉄橋を銀色の車両が通過すると、打者はまぶしくてボールがとても見づらくなり、その都度審判がタイムを掛けて試合が中断される厄介な球場でもあった。

試合は巨人が先行されていた展開。日本ハムベンチはリードしていることもあり、活気があった。ここで「ピッチャー、槙原」のアナウンス。すると「いいのかぁ、こんな若いのに投げさせて」と日本ハムベンチからヤジが飛んだ。さらに「大丈夫かぁ、このルーキーは？　ストライク入るのかぁ」と相手をナメたようなヤジも飛んでくる。

19歳の若者、長身でりりしい槙原は帽子のつばを人差し指と親指でつまんで、キリリとかぶり直してから、ゆっくりと左足を上げて始動し、投球練習の第1球を投じた。空気を切り裂くようなキレと速さで、捕手の構えたアウトローのコースに一瞬で球が吸い込まれる。「ズッパーン！」。その一投で日本ハムベンチがシーンと静まり返った。

僕ら巨人ナインは口々に言う。

「おい今、ハムのベンチ、見たか？　黙っちゃったぞ……」

2球、そして3球とマキは投球を続ける、日本ハムベンチは静まり返ったままだ。速かった……、本当に速かった。僕もちょうど一軍から落ちてきたばかりなので、それは忘れることのできない〝生マッキー〟の強烈な第一印象になった。

マキはもう10年もプロで投げているようなマウンドさばきで、日本ハム打線を軽くほうきで掃くようにさらりと抑え、予定されていた2イニングが終わると、ゆっくりとマウンドを降り、次の投手にバトンタッチをした。

ようやく挙げたプロ初勝利！　対戦相手は同級生だった

プロの投手としてなかなか実績を残せずにいた僕だが、プロ4年目の1983年8月26日、ようやく初勝利を挙げることができた。とは言っても僕の生涯成績は1勝0敗だ。一勝懸命……？　やったけど、プロは厳しい世界だった。

この日はヤクルト相手に巨人がリード。試合は9回を迎え、ストッパーの角盈男さん（当時は三男）がマウンドに上がり、あとは守護神がピシャリと抑え、試合は完勝、という流れだと誰もが思った。しかし、いつもなら空振り三振の山を築くはずの角さんの様子がどうもおかしい。連打を浴び、制球まで乱し、気が付けば同点になり、二死ながら走者は一、三塁となっていた。

そのとき、けたたましくブルペンの電話が鳴った。投手兼任コーチの堀内恒夫さんが受話器を取る。

「香坂、いくぞ!」

一瞬驚いた。あと1アウトというところだが、9回の土壇場で、同点だ。こんな大事な場面での起用は初めてで、一気に緊張モードに入る。でも、準備はできていた。

リリーフカーに乗り込み、約5万人の観客が見守る後楽園のマウンドへ僕は運ばれた。マウンドにいた角さんが一言、「すまん」と言って僕にボールを手渡す。そのとき角さんの左手の指先が小さく痙攣《けいれん》していたのに気がついた。

角さんはこのとき、左ヒジにアクシデントを抱えていたのだ。マウンドには藤田監督がおり、僕に「一人アウトにすればいいんだからな。アイツ、知ってるだろ」と次の打者を指さした。中大の同級生、小川淳司がそこにおり、ブンブンとバットを振っていた。

相手が誰であれ関係なく、僕は平常心を保つことができていた。集中し、なんの感情も抱かず、全球勝負球を投げることだけを考えた。空振り、空振り、ファウル、そしてセンターフライ……。小川を仕留め、無事役目を終えた。

その裏の巨人の攻撃。一死満塁のチャンスからレジー・スミスのデッドボールでサヨナラ勝ち。あの大事な場面で同級生対決として小川に僕をぶつけた藤田さんの采配でチームは勝利を引き込み、プロ野球人生の貴重な成績を残すことができた。

加藤さんの鼻歌『真室川音頭』を今は僕が口ずさむ

ここで僕が現役時代にお世話になった2人の先輩の話を書きたい。

1人目は加藤初さんだ。残念なことに2016年に亡くなられた。しばらくご無沙汰していたところで訃報を聞き、びっくりした。

あだなは「鉄仮面」。無口でいつも表情を変えないからだ。でも、本当に優しい先輩だった。野球用具メーカーの玉澤のグラブを「投手用の用具では一番いい」と勧めてくれたのも加藤さん。それからずっと玉澤を使い続け、今も大切に保管してある。

同じ右投げであり、加藤さんは目標とするピッチャーだった。僕が入団したときはもうベテランだったが、コントロールがよく、キレがあって、低めの球の精度が高い。変化球の数も多く、誰よりも勝負師の大投手だった。

けん制球を投げるテクニックも抜群だった。まさに職人芸であり、最高のお手本だった。当時は現在とはボークの判定基準が違っていて、一塁へ体を向けるタイミングを自在に操って、走者の逆を突くようなボークギリギリのけん制を多くの投手が試みていたが、加藤さんは、それが絶妙だった。

加藤さんはキャンプの休日はいつも温泉に行っていた。かわいがってもらっていた僕はいつも「行くぞ」と声を掛けられ、お供をした。宮崎であれば霧島温泉にもよく出掛けた。

最初は「よほど温泉が好きな人なんだな」と思っていたが、そうではなかった。そのとき加藤さんは右肩血行障害に苦しみ、温浴治療として通っていたのだった。加藤さんはそのことについて何も言わなかったので、僕もまったく知らずにいた。

何回か温泉巡りをしたが、あるとき温泉につかりながら加藤さんに「触ってみろ」と言われ、中指を触ってみると、その指はとても冷たくてびっくりした。そこで初めて「俺、血行障害でさ」と加藤さんが教えてくれた。加藤さんは、その後、血管の移植手術を受け復活。見事によみがえり、チームに大きく貢献する。

温泉に入ったあとは息抜きとして、カラオケにもよく行った。加藤さんは、お酒は飲まないけどカラオケが好きで、これまた抜群にうまかった。当時の野球選手が出るシーズンオフの歌番組でも加藤さんは優勝を総なめにしていた。『霧子のタンゴ』『柳ヶ瀬ブルース』『宗右衛門町ブルース』など数々のレパートリーがあり、その曲を知らなかった僕も加藤さんの歌を聞き、すべて覚えてしまった。歌い終わって、大きな拍手をするとあまり笑わない「鉄仮面」加藤さんがにっこりと笑い、ピースサインをするひょうきんな面もあった。

加藤さんは練習中の合間にはよく鼻歌を歌っていた。『真室川音頭』が多かった。

私ゃ〜、真室川の梅のぉ〜ぉぉ花〜、あ、こぉぉりゃ……。

僕は今もこの節を自分で口ずさむ……。

プロがすごいのではなく、ホリさんがすごかった

もう一人はホリさん、堀内さんだ。われわれの子どものころのジャイアンツのエース、まさにあこがれの存在だ。

一番最初にホリさんに会ったのは入団して間もない宮崎キャンプ行きの飛行機だった。飛行機に乗り込み、チケットを握り締めて自分の座席を探していると、窓際の席にはホリさんが座っていた。

座席番号を見ると僕の席はホリさんの隣だった。緊張しながらその場ですぐ頭を下げ、「中央大学から来た香坂です。よろしくお願いします」とあいさつした。

が……、ホリさんはまったく無反応、顔も上げず完全無視で微動だにしない。それで僕はさらに緊張してしまう。失礼がないはずなのに何か自分に落ち度があったような気分になり、宮崎までの空路、ホリさんの隣で、ただただ無言で固まっていた。

昔テレビで見た堀内恒夫は野球センスの塊だった。僕が中学生のときだったろうか。テレビでホリさんのプレーを見て、こんなことができるんだと思った。

打者・堀内、無死一塁の送りバントのケース。ホリさんはバントの構えから一転、ヒッティングの構えにサッと切り替える。バスターだ。しかし、ホリさんは相手投手が投げたそのボールがホームに届くまでのわずかな間に、またまたバントの構えに戻し、コツンと

一塁前に絶妙なバントを決めた。相手のバントシフトに応じて、自分で自在に技を操るなんて、これでは守備のしようがない。プロってすごいなぁと思った瞬間だった。

のちにプロってすごいのではなく、ホリさんがすごいということに気が付く。それは僕が以後の野球人生で、このようなプレーを二度と見たことがなかったからだ。

また一方、同じ無死一塁の送りバントのケース、今度はマウンド上にホリさんが立つ。初球、相手打者がバントした。ボールは小飛球となり、投球後にホーム方向へ猛然とダッシュしてきたホリさんの頭上へ。ホリさんは即座に落下点に入ると両手を大きく広げダイレクトキャッチの姿勢を取る。しかし、次の瞬間ホリさんはそのボールをキャッチせず、わざと地面にバウンドさせ、ショートバウンドでグラブに収めると、振り向きざまにセカンドへ矢のような送球。ボールは一塁に転送され、併殺が成立。頭脳的なプレーであり、野球センスがないとできない。頻繁にあるプレーではないが、成功すれば試合の流れを変えるビッグプレーになり、失敗すれば大ピンチを自らつくり出してしまうことになる。

あれから数10年たったころ、東京ドームに解説の仕事で来ていたホリさんに聞いたことがある。「あのケースでホリさんはセカンドに投げたんですけど覚えていますか」。するとホリさんは「そりゃ、バッターが一塁へ向かって走ってなかったのが見えたからな」とさらりと言った。ホリさんの野球センスをあらためて感じたときだった。

それはホリさんだからできる。僕らはできませんよ！

1982年からホリさんがコーチ兼任になり、僕も指導を受けたが、その指導はホリさん自身の感覚で表現されるものが多かった。もちろん口に出しては言わなかったけれど、正直言って「分からないな」と思ったことが多々あった。

投手の一塁へのベースカバーの練習のときもそうだった。一塁手がゴロを捕って自らベースを踏めないとき、投手が一塁ベースに入るプレーだ。江川卓さんや西本さんらも含めた投手全員での練習で、何人かの投手がそのプレーがなかなかうまくいかずポロポロやっていた。堀内コーチがあの太い声で怒鳴る。「何やってんだ。お前ら、どけ！」と言ってノックバットを置き、一塁ベースカバーのプレーを自ら手本を見せる。

このプレーは投手と一塁手がベース上でタイミングを合わせるのが難しい。投手は一連の動作でベースを踏めるのが好ましいが、一塁手だってかなりの苦労をしている。

ホリさんは、こう言った。

「いいか、この辺まで（一塁ベースの2メートルくらい手前）走ってきたら、この辺（自分の体の右側辺りの地面を指でさし）にベースを感じておくんだ。そして、ボールを捕ってベースを踏めばいいんだ。ポンとね」

と言って、無駄のない動きで実演し、打球を処理した。

そして「なっ？」とドヤ顔……。

この辺？　感じる？　ポンとね？？　僕は一瞬、ポカンとしてしまったが、江川さんをはじめ先輩投手たちは、どっと笑いながら「それはホリさんだからできるんですよ、僕らはそんなうまくできませんよー」と一斉に声をそろえた。僕は年齢が一番下だったので笑いはしなかったけれど、やはり分からないものは分からなかった。

「捕って、踏む」のタイミングはその人の感覚になる。あとは練習あるのみだ。ホリさんは「野球センスの問題よ。ま、俺はできるけどな」とこれまたサラリと言うに違いない。

天才のホリさんから投手の足元を抜けるヒット性の打球に「足を出せ！」と言われたこともある。「ケガしますよ」と言ったら「（スパイクの）裏でいけばいいんだ。硬いところに当てるんだよ」。サッカー選手じゃないんですけど……。でも、ホリさんが右足のスパイクの底で打球を微妙にはじき、ショートゴロに打ち取ったプレーを見たことがある。

やっぱり天才なんだ……。

最後にホリさんに初めて会ったときの飛行機内の話のオチを披露する。入団から何年かがたち、怖い堀内さんをやっとホリさんと呼べるようになったころ、「覚えていますか。ホリさんに初めて会ったとき、宮崎行きの飛行機で僕があいさつしたのに完全無視したんですよ」と言ってみた。

「ウン？　そうだったかぁ」

ホリさんはまったく覚えがない様子だったが、すぐに怒られてしまった。

「バカヤロー、俺は飛行機が大嫌いなんだ。いつも飛ぶ前から手のひらにびっしょり汗をかいて、体が動かなくなるんだ！　お前に返事なんかできるか！」

あっ、失礼しました。ホリさんの愛読書は軍事雑誌の月刊『丸』で、特に軍用機のこととなると、とても詳しい。でも、自分自身が空を飛ぶというのは絶対嫌なのだ。

天才は謎である。

鬼寮長の「巨人の香坂で終われ」の言葉で決意

僕の話に戻そう。よくあるプロ野球選手の負け組の話だ。

入団間もない宮崎キャンプでは、大学時の感覚どおりにボールを投げ、順調なスタートを切れたと思っていた。しかし、少しずつ感じ始めていたフォームのゆがみを修正できなくなっている自分に気が付く。おかしい……、ストレートが走らない。空振りが取れず、ファウルにさせるストレートがとらえられてしまう。相手打者はもうアマチュアではなく、皆がプロだ。当然かもしれない。そして、また全力で腕を振る。でも違う……。

結果的に三振や凡打に打者を退けていても、自分の納得する感覚で打ち取っていないことが多かった。これではダメだ……。焦っていた。「江川のようなストレートがあるならまだしも、お前の球威では低めに丁寧に投げなくては打たれてしまう」。コーチにはいつもそう言われた。誰よりも低めのゾーンにボールを集め、その技術に長けていると自負していたのに、それができなくなっていた。2年目にはパームボールを覚えろとコーチから言われ必死に取り組んだ。

前述のとおり、プロ4年目、1983年にリリーフでタナボタの初勝利が転がり込んだが、正直言って満足いくものではなかった。

あの年、僕は8月に一軍に上がるまで、二軍戦では先発で7勝6敗の成績、勝ちはすべて完投勝利だった。一軍に上がると巨人担当記者には「いつ先発するの？」という質問をされ続けたが、僕は先発はないだろうと思っていた。

当時は江川、西本、定岡正二、加藤、槙原の先発陣、セットアッパーには鹿取義隆、ストッパーには角、ほかにも堀内、浅野啓司、新浦壽夫のベテランも控えるという12球団でもトップクラスのピッチングスタッフだった。コイツなら勝てるだろうという確かな印象を首脳陣に与えていないと使ってはもらえないことを自然に感じ取っていた。

今なら、その時点でダメだったことが分かる。「絶対に成功してやる」というがむしゃらさが、そのときの僕にはなかった。

プロ5年目、最後のシーズンはサイドハンドスローにフォームを変えた。腕をシャープに振れるからだ。まずは制球力の高い質のストレートの体得だった。すぐにはフォームが固まらず試行錯誤の繰り返しだったが、結果的にイメージどおりのボールが投げられるようになってきた。二軍ではショートイニングの起用ばかりだったが、失点することがなくなり、投球は安定してきた。夏場を迎えようとしていたころ、木戸二軍投手コーチに「近々、上（一軍）に上がるつもりで調整しておけ」と声も掛けられる。その矢先、突然の右肩痛に襲われる。フォーム改造が肩に負担を掛けたのか……。

もちろん一軍昇格は消滅した。よりによってこのタイミングでケガか……。野球人生でもっとも落ち込んだときだった。

肩の痛みが癒えると、もうシーズンは終わりに近づいており、練習でも打撃投手ばかりを命ぜられるようになった。やがて10月の声を聞くころ、来季は僕を戦力として必要としない旨を球団から告げられる……。

もがき苦しんだ現役選手時代の5年間だったが、プロ野球選手は一軍での成績をしっかりと残し、それを続けられなければ成功者とは言われない。降りかかった苦難を自分自身の力で乗り越え、結果を残せなかった僕はプロ野球選手の負け組だ。まだやれるという淡い希望にもすがりそうになったが、中途半端な気持ちでは渡っていけない世界であることは嫌と言うほど学んだつもりだ。屈辱的な経験だったが、正面から受け止めなくてはいけない。「プロは言い訳をしない」。僕は巨人軍でそう教えられた。

それでも進路には悩んだ……。

そのとき鬼寮長の武宮さんが僕にこう言ってくれた。

「球団職員として迎えたい話がある。ほかのチームに行ってもお前ならまだできると思う。しかし、ほかのチームに行ってプレーを続けて、もしダメだった場合、そのときには球団には、お前の座る席はないかもしれない。だから、お前は巨人の香坂で終われ」

このままやめれば早い引退になるが、こうして人生の分岐点でさらに手を差し伸べていただいた。球団にお世話になれば、これからも野球に携われる喜びがある。

悩んだ結果、僕は球団からいただいた話を受けさせてもらおうと思った。これまで高校、大学、ジャイアンツと、さまざまな人たちに素晴らしい御縁をいただき、導いていただいた僕は幸せだと思っている。武宮さんのとてもありがたい言葉にも本当に感謝した。第二の人生はお世話になった方たちに恩返しさせていただこうと決心した。

現役に未練がないと言えばウソになる。実際にプロ野球に未練を残してやめていった選手たちのほうが圧倒的に多いのがこの世界だ。

やめてみると選手という立場が一番ということを感じさせられた。何も考えず一心不乱に野球に打ち込めるからだ。それが幸せだったのに……そのことに気が付いたときはもう遅かった。

きっぱりと過去のことは忘れようと努力はしたが、心の底にはやはり悔しさが残っていた。マウンドに立ち、三振を取り続ける夢、と思いきや、投げても投げても打たれ続ける夢……、引退してからも何度もそういう夢を見た。夜中にうなされて目が覚めてしまうこ

多摩川で黙々と走る現役選手時代の著者（写真は著者提供）

ともあった。

朝起きると家内に「また、野球してたみたいよ」とよく言われたものだった。あのとき肩が痛くならなかったならと考えてしまうこともあった。

そんなことは62歳で退団する数年前まで時々あった。

第4章

楽しかった
先乗りスコアラーの仕事

小松さんの大きなペンダコに驚きつつ覚悟

引退後、1985年に球団職員となり、初めに就いた仕事がチーム付スコアラーだった。ただ、僕の場合はチームに付いて打撃投手も兼任するという形であり、実際は打撃投手をしながら、スコアラー業はお手伝い程度という仕事内容だった。

当時のチーフスコアラーは高橋正勝さん、そしてチーム付スコアラーとしての一軍の一切を担っていたのは小松俊広さん、先乗りスコアラーとして井上浩一さん、樋澤良信さん、映像担当として穂満正男さんの5名の先輩の一番下に僕がいるという構成だった。

小松さんは投手として巨人軍に入団、高校時代は高知商高のエース左腕としてセンバツ甲子園大会決勝で早実のエースであった王貞治さんと投げ合ったこともある。右も左も分からない駆け出しの僕にチーム付スコアラーとしての仕事を丁寧に教えてくれ、僕は小松さんの仕事の補佐を忠実にこなす毎日を送った。

小松さんの右手中指にはびっくりするほど大きいペンダコがあった。パソコンなどない時代で、こうしてスコアラーともなれば書くことが多くなるのだと思った。小松さんのペンダコを見て、新しい仕事に臨む覚悟みたいなものを決めたのを覚えている。

打撃投手兼スコアラーの1年間が過ぎ、次のシーズンから先乗りスコアラーを命ぜられる。公式戦でチームが次に対戦する相手チームの「偵察」をするために一人で先にその試合に乗り込むスコアラーだ。自チーム戦に先発が予想される相手先発投手の登板間隔は中

5日か中6日が多く、先のワンカード（3連戦）よりも、もうワンカード前の対戦チームの試合に乗り込んで、主に先発予想の投手から偵察を開始する。その先のツーカード前に乗り込んで主に投手を見るのを先々乗りスコアラー、略して「先々」と呼んだ。

行動は常に単独であり、球場は主に神宮、横浜、ナゴヤ、甲子園、広島市民のセ・リーグチームのフランチャイズ、地方興業試合があれば北海道から九州まで日本中どこでも足を運んだ。また日本シリーズの偵察ともなればパ・リーグチームの球場へも足を運ぶ。

月の半分くらいは東京を離れ、自宅を空けることが多かった。視察すべき試合が横浜、神宮であれば自宅に帰れるが、名古屋、大阪、広島での試合が続くと、長ければ1カ月半くらい出っ放しというときもあった。家族ともろくに会えず、あまりに家を空けることの多い生活に、まだ小さかった長男には仕事に出掛けるとき「また来てね」と言われた。

選手時代は電車、飛行機のチケットなどはすべてマネジャーが手配してくれたが一人旅の先乗りスコアラーは移動や宿泊の手配もすべて自分で準備しなければならない。食事や健康面など、すべてのことを考えながら毎日を送ったが、最初のころ、それはなかなかの苦労だった。

現在のようにさまざまな食品がすぐ簡単に手に入り、それも十分おいしいという時代ではなく、どうしても外食になりやすく、必ずしも健康的にとはいかなかった。特に、遠征時のナイトゲーム後には帰宿してすぐに、その日の分のデータ作成に取り掛からなくてはいけない。夕食は試合前にデパートの地下などに行き、あらかじめ弁当などを用意することが多かったが、夏場の暑い時期には困った。試合前に買った弁当をカバンの中に忍ばせていると、5回が終了した時点で球場内のアナウンス……。

「食中毒警報が発令されました。お手持ちのお弁当などはお早めにお召し上がりになるようお願い申し上げます」

おいおい……。万が一、夜中に急に腹痛に見舞われて、などと考えると、怖くて憂鬱《ゆううつ》になった。

孤独な遠征での日々も〝寂しいことは悪いことではない〟

先乗りスコアラーの1日を簡単に紹介してみよう。

朝はまずスポーツ紙の朝刊に目を通す。僕らは相手チームに目を向けているので、巨人系の報知新聞ではなく、日刊スポーツ、スポーツニッポン、サンケイスポーツ、デイリースポーツ、東京中日スポーツなど、そのときのターゲットチームに応じて各紙を手にする。

当時はアナログの時代、毎朝スクラップもするが、スクラップのノートは実にかさばる。筆記用具や他の書類などを合わせるとカバンは膨れ上がり、移動の際はカバンのショルダーストラップが容赦なく左肩に食い込んだ。着替えなどの荷物を入れたもう一方のバッグと2つ抱え込んで移動するのは、とても体力を消耗するものであった。

偵察は試合前の練習視察から始まる。相手チームの練習を見て、まずは欠員がないか、体調などが悪く、戦線離脱している選手はいないかを確認。一、二軍の入れ替えも同時にチェックする。試合前に他球団のスコアラーがネット裏に集まってくれば、それなりに情報交換も行う。先乗りスコアラーというのは単調な生活リズムになりがちで、人に会う機会があまりない。他球団のスコアラー同士の会話は、いつも新鮮だった。

一人で偵察チームを追って、日本各地へ出向くこの仕事は孤独であり、寂しくないと言えばウソになった。僕の尊敬する作家の〝寂しいことは悪いことではない〟という言葉をいつも思い出しながら、やりがいのあるこの先乗りスコアラーの任務に当たっていた。

データ作成は試合に出場した選手一人ひとりを1枚ずつの紙にする。先発候補の投手が3、4名、リリーフが6名程度、うち抑え投手が1名。打者は一番から九番までの先発ラインアップ、それ以外に投手によって先発起用される打者、代打、守備要員、代走もいる。

投手に関しては、どのボールがよくて好結果につながったか、どこが悪くて結果が出なかったか、対戦したチームに対してどのような対処法をしていたかなど、スコアをにらみながら、1球1球を拾い、チャート用紙に記していき、コースや変化球などを分類し、投球の傾向や特徴は細かく言葉で書き込む。さまざまな切り口で分析し、攻略すべくポイントを探し、さらに書き加える。

打者もそうだ。状態はどうか、警戒度は高いか低いか、打線は誰がチャンスメーカーでポイントゲッターは誰か。配球とコースをチャート用紙に記入し、どのボールをどの方向へ打ったか、攻める上での徹底すべき点、球審のストライクボールのゾーン傾向やそれぞれの審判の性格までも、必要に応じて触れ、記すこともある。

作戦面では攻撃の特徴、作戦として行ったプレーの羅列、サインミスの有無も含めてすべて書く。そして先発投手予想を含めた投手起用法、選手のケガ情報、投手のクセ、選手の性格、天候や球場の環境の変化によるプレーへの影響など気が付けばなんでも書いた。6連戦の最終日は徹夜で資料を仕上げ、チーム付スコアラーの小松さんに届け、一通りの仕事は完了する。そしてまた、次の対戦チームが試合をする場所に移動していくのだ。

広島渾身の先発予想かく乱にまんまとだまされる！

予告先発がなかった時代、チームでは、小松さん以外のチーム付スコアラーが試合前に相手の先発投手の練習の動きをじっと観察する。誰が先発するかによって、打線を変えるからだ。これは先乗りスコアラーの管轄ではないが、一度、相手チームの先発候補の試合前の練習をほかのスコアラーたちと観察したことがある。

場所は後楽園、相手は広島だった。その年のシーズンの優勝候補にも名前が挙がっていた広島は攻守走のバランスの取れたチーム力があり、優勝の行方は事実上、巨人と広島の一騎打ちと言われていた。第1戦は、左腕なら大野豊さん、右であれば北別府学と、登板間隔から言っても、どちらも先発できる状況だった。

球場の2階席にあるゴンドラ席に潜み、双眼鏡を手にこの2人を徹底的に目で追う。大野さん、北別府はともにグラウンド上にいた。すると大野さんはレフト側のブルペンへゆっくりと向かい、こちらから、その姿は見えなくなった。

1時間ほど経過したあと、大野さんがブルペンから出てきた。頭からバスタオルをかぶり、時折顔の汗を拭いながら、ブルペンから三塁ダグアウト方向に向かってグラウンドの端をゆっくり歩いていく。スパイクは履いたままで、左ヒザから足首辺りに掛けて真っ黒な泥が着いており、まさにピッチングが終わったという様子だった。

一方の北別府は簡単なランニングと体操をするが、ブルペンには行かず、打撃練習の球拾いをし、試合の1時間くらい前に三塁側のダグアウトに引き揚げる。2人の動きを見る限りでは「きょうの広島先発は北別府」というふうに見えた。

僕は先乗りのデータをすでにチームに預けていることもあり、お役御免と球場をあとにした。水道橋駅から乗った電車の車中で試合開始時刻ごろにラジオを聴き、広島の先発が大野さんだということを知る。

えっ？　ジャイアンツは明らかに右投手の北別府を予想した左打者ばかりの打線が組まれていた。やられた……。

広島の先発予想かく乱のからくりは、のちに僕の耳にも入ってきた。大野さんはブルペンには入ったが、ピッチングはしなかった。後楽園球場のレフト側ブルペン内にはモニターカメラが設置されているが、広島はこのカメラにバスタオルを掛け、映像を遮断していた。ピッチングが終わる程度の時間が過ぎると、大野さんは左ヒザから足首の辺りまでわざと泥を擦りつけ、水道の水を顔に掛け、バスタオルを頭からかぶり、あたかもピッチングをしたあとのようなそぶりを演出したというのだ。

広島の渾身の作戦だった。

楽しいくらい夢中になって相手投手のクセを探した

僕が先乗りスコアラーとして初めてデータ作成作業を任されたのは、1986年の開幕戦から7カード目の大洋の試合からだった。大洋は近藤貞雄監督の時代、打線には屋鋪要、加藤博一さん、高木豊のスーパーカートリオ、カルロス・ポンセ、田代富雄さん、山下大輔さん、若菜嘉晴さんらがおり、投手陣は遠藤一彦さん、木田勇さん、門田富昭さん、欠端光則、中山裕章、斉藤明夫さん（現齊藤明雄）らというメンバーだった。

僕はこの初仕事に緊張しながら臨み、1球1球に目を向けた。3連戦の最後の試合が終わると自宅に帰り、早速作業に取り掛かる。次の試合までに1日だけ空きがあったが、予想以上にデータ作成の作業は大変なものだった。2夜連続で徹夜をしたにもかかわらず、その日の朝までにデータを仕上げることができなかった。翌日資料をコピーするために球団事務所に行っても、まだ出来上がっていなかった。自分の机に座ってさらにペンを走らせ、なんとか提出時間ギリギリでデータを仕上げることができた。

チーフスコアラーの高橋さんにまずデータを見せると、目を通す前に、「大変だったろう、ハハハ」と笑われてしまった。2夜連続で徹夜しましたと言うと「ご苦労さん、まあ、やってるうちに慣れてくるさ」と軽くいなされてしまった。これからもこんなことを続けていくのかと思ったときは、さすがに気持ちが落ち込んでしまった。

ただ、人間必死に物事に臨めば、なんとかなるもので「慣れ」の次には「要領」が付いてくることも知る。

そのころの他球団のベテランスコアラーの方たちは僕の貴重な先生でもあり、若い僕にさまざまなことを教えてくれた。西のほうにある、あるチームのベテランスコアラーは試合中、僕の隣の席で「カーブ……、スライダー……、シュート……」とつぶやき、ピタリとその球種を当てた。

「グラブが立っとるやろ、ストレートや。少し横に寝とったら多分カーブやな」とボソッとつぶやく。えっ、ホント？ そんなこと教えちゃっていいの？ 僕は心の中でつぶやいた。ほぼ100パーセントと言っていい確率で、その球種は当たっていた。

「しっかり見とれば分かるもんや。でものぉ、次にまた放ったときに、またこのクセが出る思とったらアカンで。味方も自分とこのピッチャーのクセを見とるんやからな」

そうか……、勉強になった。僕もそれからクセを探すのが楽しいくらい夢中になって相手投手を見るようになった。

ただ、このベテランスコアラーが言っていたように、僕がクセを見つけて、それをチームに報告しても、自チームとの対戦時にはしっかりそのクセが直されていたことなどはいくらでもあった。さらに、相手投手のクセが分かっていても、それに頼らず打席に立ちたいという打者もいる。相手投手も、自分のクセを知っており、いざ勝負というときにその自分のクセを逆に利用して相手を打ち取る技を見せる投手だっている。

18・44メートルの間で対峙する投手と打者の戦いは奥の深いものだ。スコアラーはそれをできる限りサポートすることが大切であって、「あのときは相手投手のクセが分かっていたから打てた」などと打った打者を差し置いて発言したりしてはいけない。スコアラーはしょせん裏方なのだから……。

先乗りスコアラーの仕事は楽しかった。僕はこの仕事にひかれていった。

雨天用の秘密兵器を開発？　みんな称賛はしてくれたが

オールスターブレークとシーズンオフ以外は基本的に決められた休みなどはなく、日程的に空き日が出れば、そこが休日になるという多忙なサイクルだった。

在京チームの先乗りスコアラーは首都圏での試合であれば帰宅は可能だ。阪神、中日のスコアラーは名古屋、新大阪間は新幹線で1時間の距離なので、これも比較的帰宅は可能。だが、広島カープの先乗りスコアラーだけは違った。1カ月、2カ月出っ放しは当たり前。季節が変わってもスーツケースには冬物と夏物が入ったままで、「荷物だけが行く先々のホテルへグルグル回ってるよ」と話していたのを覚えている。

急な雨での試合の中止は飛び上がるほどうれしく、天気予報で「まとまった雨」などと聞くと、他球団の先乗りスコアラーといつもウキウキしていた。しかし、試合が始まる前に中止が決まればいいが、試合が開始されてから降り出す雨にはいつも苦しめられた。当時はまだ屋根付き球場は日本にはなかった。僕らがまず雨から守らなければいけなかったのがスコアカードだった。

他球団のスコアラーを含めて、僕らは一般的に市販されているスコアブックは使わず、各チームが独自に自作した物を用意している。ジャイアンツの場合はこれを「スコアカード」と呼んでいた。各チーム、さまざまなひな型の物を使っていたが、ジャイアンツの物はいわゆる「ヤンキーススタイル」と呼ばれていて、記入の仕方が独特だった。試合開始から終了まで1球たりとも落とさず、1プレー、1プレー正確に記入をしていく。

このスコアカードがなければ、われわれスコアラーは仕事にならない。だから、雨で濡れ、記入した部分が分からなくなってしまわないように、それぞれ雨対策としてさまざまな工夫をしていた。

当時はシャープペンシルと赤鉛筆の両方を右手だけで持ち、記入するときに指先だけの素早い操作でこの2本を使い分ける。雨が降ってスコアカードが濡れると、この赤鉛筆の部分が水分で溶け、書いたところがすべてが真っ赤に染まってしまった。

少々の雨ならば、ハンカチのような乾いた布を用意し、スコアカードを覆い、書き込んでは覆い、書き込んでは覆いという作業を繰り返せばいいが、雨量が多くなり、断続的な雨になるとタオルやハンカチというわけにはいかない。

当然、自分も濡れてしまうので、レインハットをかぶり、レインウエアをカバンから出して着込んだりと、入念な準備をする。

傘は差さないのか思われるかもしれないが、傘はやはり観客の視線をさえぎってしまうし、片手がふさがってしまい、仕事にならない。傘は雨が本降りになり、試合が中断したときに初めて差せる。ただ、気温の高い時期はレインウエアなどを着ていると、蒸し暑くて、体中から汗が噴き出てくる。僕は人一倍汗かきだったので、なんとか、この蒸し暑さを解消できる方法はないかと考えていた。

ある日、床屋で髪を切っているときにハタと思いつく。「これだ!」。僕は、キッチン用品が置いてある店に行き、透明のビニール製の大きなテーブルクロスを買った。テーブルクロスを大きく広げ、ちょうど真ん中あたりの部分を自分の頭の大きさに丸く切り取る。そして、その穴にスッポリと頭を通す。テルテル坊主だ。

しかし、こりゃ、ちょっと恥ずかしい……。

でも僕はこのアイデアに勝るものはないと確信していた。そして、梅雨時に入ったある日の試合、中盤にやや強めの雨が降ってきた。われわれ先乗りスコアラーたちはそれぞれ用意してきた雨対策の支度を手際よく行う。元プロ野球選手の大男たち数名が、ネット裏のスコアラー席で一斉に立ち上がり、汗をかきながらやっと雨具を着けた。

そのとき僕は、すでに戦況を追っていた。頭にはレインハットをかぶり、透明のテーブルクロスをスポッとかぶっただけだった。瞬時に降雨に対応していたのだ。テーブルクロスはよく雨をはじき、全身を包み込み、蒸れも感じなく、体もまったく濡れない。テーブルクロスは透明なのでナイターのカクテル光線を通し、ヒザの上のスコアカードも明るくハッキリと見える。

その場にいた他球団のスコアラーに「よく考えたなぁ」とは言ってもらえたものの、このテルテル坊主スタイルに皆、失笑していた。雨が止めば頭からテーブルクロスをサッと抜いて畳み、ビニール袋に入れれば、すぐに自分の目を戦況に戻すことができた。僕は名案だと思ったが、誰一人、僕のアイデアをマネする他球団のスコアラーはいなかった。

「野球の原点」を感じた忘れられない選手、ホーナー

僕の先乗りスコアラーのキャリアの中で忘れられない選手がいる。

それは１９８７年、先乗り2年目だった。日本中を驚かせた男、アメリカからやって来た「赤鬼」、ジェームス・ロバート・ホーナー、そう、ボブ・ホーナーだ。

前年在籍したアトランタ・ブレーブスの中心選手、バリバリのメジャー・リーガーであり、まさに本物がヤクルトでプレーするということになった。その年のアメリカでの契約がどのチームとも折り合わず、日本でのプレーを選択したのだ。

日本でのデビュー戦は5月5日、こどもの日だった。僕はヤクルト―阪神戦で阪神をマークして、神宮球場を訪れていた。「三番サード、ホーナー」のアナウンスコールでホーナーはゆっくりと打席に入った。特別体が大きいという印象はなく、ネクストサークルでのスイングも目を見張るような鋭いものとは映らなかった。ただタイミングの取り方が小さく、体の軸がまったくブレず、無駄な動きがまったくない。特にアメリカ人選手で、このようにとてもコンパクトなスイングをする選手はあまり見たことがなかった。

迎えたホーナーの3打席目、阪神のマウンドは左腕の仲田幸司だった。この日はストレートが走っており、神宮球場のスピードガンは「１４８㎞」の表示をコンスタントに映し出していた。だが……、ホーナーが仲田の外角のストレートをコンパクトにとらえると、一瞬、ライトフライかと思わせた打球がそのまま伸び、来日１号となってライトポール際のヤクルト応援席に突き刺さる。

えっ？　あれで入っちゃうの?!　あとでスローでその打撃を見ると、バットのヘッドが負けておらず、しっかりとフェアゾーンにボールを押し込んでいた。

翌日の第2戦の初回、マウンド上は阪神のエース・池田親興だった。まずホーナーは真ん中やや外寄りのスライダーをレフトへ来日2号、四球を挟んで続く打席でもレフトに3号、そして第4打席はセンターバックスクリーンへ4号と、この日3本のホームランを固めて打ち分けた。2、3、4号のホームランを目の当たりにした僕は、3号を打った時点で、その圧巻のホームランの衝撃に体の震えが止まらなかったのを今でも覚えている。

ホーナーは強く振っても目が動かないので、選球眼がこれまたすごくよく、ボール球を一切振らない。試合後、池田が「もう投げる球がない」と言ったのは無理もなかった。そして、ホーナーのバットの芯でとらえた打球は思いのほか飛距離が出た。理想的なスイング……、バッティングの教科書と言える打撃だった。

忘れてはいけないのは全力疾走だった。たとえ打ち損じた打球でもホーナーは襟足まで伸びた金髪をなびかせ、一塁キャンバスを一心不乱に駆け抜ける。一流のバリバリのメジャー・リーガーの全力疾走はホームランを打つことより大切なものを感じさせた。当たり前のことを当たり前に行うことの重要性、「野球の原点」だ。

ジャイアンツのスコアラーの「赤鬼包囲網」って何？

神宮球場でのデビュー戦を偵察し、次に偵察対象の広島を追い掛ける。広島戦は佐世保、長崎での地方試合となり、主催者チームが、なんとまたヤクルトだった。佐世保でホーナーはまたも2本のホームランを打った。ちまたでは「ホーナー旋風！」「ホーナー効果！」などとマスコミ報道が熱を帯びていく。

続く長崎市民球場での試合前、ヤクルトのチーム付スコアラーである佐藤博さんがネット裏に陣取った僕らの前で悩ましげな表情をしていた。どうしたんですかと聞くと「いや、ホーナーがね、この長崎の試合が終わって東京に戻ったら、その足でアメリカに帰るって言い出したらどうしようかと思ってね……」と言うのである。

僕は冗談だと思い、最初は笑ってしまったが、どうやら冗談でもなさそうだった。

神宮球場という都会のど真ん中にある球場から、この小さめの古い地方の球場に来てプレーをすれば、その環境のギャップはバリバリのメジャー・リーガーにとっては大きなカルチャーショックだろう。現在の長崎ビッグNスタジアム（当時は長崎市営大橋球場）も佐世保野球場も充実した競技設備を持った県を代表する野球場ではあるが、当時はまだ古かったという感は否めず、さぞヤクルト球団関係者はハラハラしたに違いない。

「ホーナーを見に神宮球場へ行こう！」

電車の中刷りもこのキャッチフレーズでにぎわい、ヤクルトはチケット販売促進キャンペーンを精力的に行っていた。連日、ファンはこぞって神宮球場のチケットを買い求める。そんなときにホーナー帰国などとなってしまえば、球団は大打撃を受けてしまう。

ホーナーはもはや「神」のような存在になりつつあった。

ヤクルト関係者の思いが通じたのか、ホーナーは帰国せず戦線に残る。しかし、連戦を重ねていくうちに、少しずつ調子を落としていった。シーズン前のキャンプでの調整が不十分であったことがマスコミに報道され、腰痛や手首の痛みを訴えるようになった。

僕は長崎の試合後、偵察対象チームを転々と変えていったが、不思議なことにその後、偵察した試合のすべてにヤクルトが絡んでいて、それからヤクルトが巨人と対戦するまでの間、ずっと僕はホーナーを見続けていたことになる。

ヤクルトと巨人の対戦がやってきた。十分過ぎるほどホーナーを見てきた僕は満を持して先乗りデータを準備した。「現在の状態は日本デビュー時の好調なホーナーではない。腰痛の影響もあるようで、ボール球に手を出す傾向が強い。警戒し過ぎないように、コースや低さを意識して丁寧に投げられれば、決して怖い打者ではない」という旨の報告を書き込んだ。

そして、巨人投手陣は丁寧な投球でホーナーを封じ込める。のちの新聞報道で「巨人、赤鬼包囲網！」という見出しが載った。旋風を起こしているホーナーに対して、巨人が専属のスコアラーを派遣し、対戦試合までの数試合、徹底マークをしたという記事だった。

えっ、この専属スコアラーって誰？　僕がヤクルト戦をずっと見てこられたのは、たまたまヤクルトとマークすべきチームとの対戦が続いていただけのことで、それはただの日程の偶然だった。でも、このときマスコミはとにかくホーナー、ホーナー、ホーナーだった。打っても打てなくてもホーナーなのだ。

ホーナーは1年限りで退団。途中から旋風は弱まったが、それでもそのシーズン、93試合で31本のホームラン、73打点、打率・327という素晴らしい数字を残した。

雨中の「幻のホームラン」と「屈辱のノーヒットノーラン」

もう一つおまけにホーナー絡みの話を書いておく。

しっかりと日付まで言える、1987年8月9日、今はもうなくなってしまった福岡県平和台球場での阪神―ヤクルト戦に僕はいた。先乗りと先々乗りの仕事がこの試合で重なって、先輩スコアラーの樋澤さんと一緒にスタンドのスコアラー席に陣取る。季節は夏、ナイトゲームとして予定されていた試合だったが、福岡の空は昼ごろから入道雲が湧き立ち、夕立が予想される天気であった。

携帯ラジオのイヤホンを耳に差し込むとアナウンサーが天気予報で「雷雨」という言葉を繰り返している。やがて試合開始間近になると、真っ青だった夏空に黒い雲がモクモクと立ち込めてきた。「あー、こりゃ来るなぁ」。他球団のスコアラーたちも今にも降りそうな土砂降りを覚悟していた。

プレーボールが掛かり試合は始まる。まずは阪神が1点を先制。そのときすでにレフト後方の空は暗くよどみ、それぞれの雲がドンドンつながり始めた。次の瞬間！「ピカッ！」。稲妻だ。数十秒後に「ズドン！」という落雷の音。だが、なかなか雨粒は落ちて来ず、試合は1対0のスコアのまま淡々と進んでいく。

ここで僕の隣でラジオのイヤホンをして座っていた樋澤さんが言った。

「オイ、中日の先発は新人の近藤（真一。現真市）だぞ」

えっ、近藤？　このときナゴヤ球場で行われている中日―巨人戦で、中日・星野仙一監督が、その年のドライチ高校生を巨人戦にぶつけてきたのだ。他球団偵察に来ている僕たちも、自チームの試合展開はとても気になっていた。

現状に目を向けると、打席に入ったのはヤクルトの杉浦享さんだった。杉浦さんが阪神先発のマット・キーオのボールにタイミングを合わせ右足をスッと上げた。その瞬間「ピカッ」、そしてすぐに「ズドン！」と落雷。杉浦さんは思わず飛び上がって打席を外すが、アンパイアのコールは「ストライク！」。杉浦さんは「ちょっと、待ってよ」と言わんばかりの表情だ。しかし、アンパイアは無言、スタンドからは笑いがこぼれた。ヤクルトのスコアラーの佐藤さんが「杉浦が雷ダメなのは有名なんだよ」と笑いながら言った。

すると「おい、巨人はまだノーヒットだぞ」と樋澤さんが言う。

3回、4回、5回……、依然として巨人は1本のヒットも近藤から奪えていない。ナゴヤ球場の試合進行は早く、平和台球場の試合を追い越してしまった。そしてまた「まだ、ノーヒットノーランは続いているぞ」という樋澤さんの声に僕は「ヤバいっすね」と言うだけだった。

平和台は7回表にホーナーが同点のソロホーマーを左翼スタンドに打ち込んだ。福岡の燕ファンも曇天の中、がぜん盛り上がる。そのとき、とうとう平和台の空が泣き出した。ポツポツと大粒の雨が降り出し、そして突然のスコールになる。

僕は例によって頭からかぶったビニールシートの中に設置していたビデオカメラをさっと抱き込み、必死に機材を守った。グラウンドではアンパイアがフィールド上にいる選手たちにダグアウトに戻るよう指示を送り、試合は中断した。

観客は雨をしのぐためにコンコースに殺到、屋根のある入り口付近はすぐに人であふれ返り、動けなくなった数百人の観客は豪雨に打たれるしかない。もちろん、僕らも例外ではなかった。避難ができない……。雨具の隙間から冷たい雨が少しずつ染みてきた。

そんな状況の中、僕は耳にぶら下がったままのラジオのイヤホンをもう一度耳の穴に差し戻した。そのとき、「篠塚(利夫。現和典)三振ー! 近藤、ノーヒットノーラン達成! 初先発でルーキーがプロ初完封、それもノーヒットノーランでの達成です!」。アナウンサーの絶叫が飛び込んできた。

踏んだり蹴ったり、最悪だった……。

雨は降り続き、試合はコールドゲームとなった。ルール上、7回裏の阪神の攻撃が完了していないため、ホーナーの同点ホームランはスコアされず1対0のコールドゲームで阪神が勝った。

試合後、ホーナーは一人で憤慨していた。自身が打った7回表の同点ソロが無効となったからだ。「アメリカではなかったことだ……」（ホーナー談）。

ホーナーの「幻のホームラン」と「屈辱のノーヒットノーラン」の思い出が重なったのが8月9日だった。

予想しなかった近鉄の優勝でデータは圧倒的に不足……

そして、忘れられない試合……いや忘れられないシリーズがジャイアンツ3連敗のあと、4連勝の逆転日本一、1989年の近鉄との日本シリーズだ。僕はスコアラーとして5年目を迎えていた。この年に復帰した藤田元司監督指揮の下、ジャイアンツは6月から首位に立ち、2位・広島に9ゲームの差をつけてペナントを奪回した。

ただ、パシフィック・リーグは混戦であり、ペナント終盤を迎え、首位・西武、2位・オリックス、3位・近鉄の順で、僅差の三つどもえの戦いをしていた。この3つのチームのうち、どのチームにも優勝の可能性があった。シリーズのための偵察の命を受けたのが先乗りスコアラーである樋澤さんと僕だ。2人で3チームを見ることになったが、どのように動きを決めて見ていくかがとても難しかった。

偵察に乗り出したところは、誰もが優勝は西武と思う展開だった。しかし、西武が波に乗れず、そこにグイグイと追い込んできたのがオリックスだ。オリックスが逆転優勝の様相を呈し、僕らもオリックスが来るという目で追う。しかし、近鉄も三つどもえから脱落することなくオリックス、西武の両チームをぴったり追っていた。

迎えた10月12日の西武球場、西武―近鉄ダブルヘッダー。僕はこの2試合をネット裏で偵察していた。1試合目が終わると席も立たず、用意した弁当をスコアラー席で食べ、第2試合に臨んだ。その2試合で近鉄逆転優勝の立役者、ラルフ・ブライアントのホームラン4連発（4打数連続）を目の当たりにする。

ジャイアンツは最後に勝ち残った覇者、近鉄との日本シリーズで、その年の日本チャンピオンを懸けて対戦することになった。ただ、3チームを対象に偵察をしてきた僕らだったが、実は近鉄戦を偵察していたのは僕だけで、西武、オリックスを中心に見ていた樋澤さんは近鉄戦を1試合も見ていなかった。

つまり、僕一人で近鉄のデータづくりをしなければならなかった。ジャイアンツは近鉄との日本シリーズに向け、川崎にあるホテルでシリーズ合宿を行い、僕はホテルの一室に一人閉じこもり、2日間徹夜で、データをつくり上げた。このときの本音は「足りない、もう少し近鉄の試合を見たかった……」だった。

後手を踏んだと言われてもしょうがなかった。ただ、近鉄は言わずと知れた「いてまえ

（やってしまえ）打線」であり、小細工はしない豪快な野球、分かりやすいと言えば分かりやすいチームであったのが救われたところだった。

3連敗で驚きの記事。「近鉄のデータを詰め込み過ぎ」？

まず、第1戦は近鉄の本拠地、藤井寺球場。前日、藤井寺での練習では、まずコーチほか選手は全員で球場の「状態」を確認した。これまでオープン戦などでプレーしたことはあっても、普段から慣れている球場ではない。風向き、日差しの角度に始まって、マウンドやインフィールドの傾斜、土の硬さや質、人工芝の状態、ファウルエリアの広さ、フェンスの高さ、硬さ、ボールの跳ね返りなど、細かいところまでチェックをした。

われわれが使うレフト後方のブルペンに行くと、入り口は鉄製の分厚い扉があり、投手たちはその扉を開閉して中に入ることになる。見るとその扉の横に小さな看板が……。「指詰め注意」とあった。確かに、ここに指を挟もうものなら、大ケガを負うことになる。

投手コーチの高橋一三さんに「ここ危ないですね。指、気を付けないと」と言うと、一三さんは真剣な表情で「こりゃ、何人かやってるな……、香坂、悪いがきょうはずっとここに立っていてウチの選手が指を挟まないように注意していてくれないか」と言った。

猛牛の野武士たちが立ち回るこの近鉄の本拠地の藤井寺球場は異空間に見えた。

試合当日、ジャイアンツは兵庫県芦屋にあるホテル竹園からデーゲームのタイムスケジュールに合わせ、チャーターした観光バス2台で決戦の場へ向かった。JR芦屋駅前を出発し、阪神高速道路を東に向かってバスは進んだが、渋滞に巻き込まれた。当然、時間に余裕を持って芦屋を出発していたが、本来1時間程度の道のりをプラス30分以上要して現地に到着。決戦前の移動としてはちょっと間延びしてしまったように感じていた。

速やかに試合前の練習を始めようとしたとき、近鉄の仰木彬監督と中西太ヘッドコーチが巨人軍ベンチにやって来て、中西さんが藤田監督に「エラい混んどったようやね」とニコニコしながら話し掛けてきた。その笑いは僕には不敵な笑いに見えた。

近鉄・阿波野秀幸、巨人・斎藤雅樹の先発で決戦の火ぶたは切られ、いきなり近鉄の一番・大石第二朗（現大二郎）がソロホームランで先制する。試合展開は互いにホームランによる応酬になったが、1戦目はシーソーゲームを近鉄が制し、第2戦は巨人が先行するも、すかさず近鉄も同点から勝ち越して、この試合も制す。

東京ドームに舞台を移した第3戦は近鉄・加藤哲郎の好投で近鉄が3連勝とした。さすがに巨人の雰囲気は重いものがあり、新聞はこぞって巨人シリーズ3連敗に至った検証が行われる。

そんなとき僕の目に飛び込んできた記事はこうだった。「巨人は近鉄のデータを詰め込み過ぎ」。えっ？　詰め込み過ぎって……。ち、違う……。

地獄を見た男、香田勲男の快投で大逆転日本一！

東京ドームに舞台を戻してから、僕らは九段下にあるホテルグランドパレスでシリーズ合宿をしていた。第4戦目を控えていた前日のミーティング、藤田監督がナインを前に「ここまで3つまでは負けられたが、あすからはもう一つも負けられないということになっただけだ」という言葉で始まり、開き直っていくしかないという旨の話をした。

このときマスコミは、第3戦に先発し、巨人打線を7回途中まで零封した近鉄・加藤の試合後の話をこぞって報道していた。「ロッテより弱い」……。加藤本人はのちにこの言葉を否定している。今日に至るさまざまな報道でも、この言葉は存在しなかったと言われているが、加藤の発言とされたものが第4戦以降の巨人の戦いに火をつけることになったのは事実だった。

さらに、ナインの間に流れたあるウワサがあった。「このまま4連敗に終われば、優勝旅行はない」「藤田監督は辞表を出す」。この2つのウワサのほうがナインの心を大きく揺さぶった。特に藤田監督辞任というウワサは、それを聞いた巨人軍のすべての人間に衝撃を与えた。

ミーティングを終えようとしたころ、投手コーチの中村稔さんが立ち上がった。

「俺にも一言言わせてくれ。あすは香田が投げる。香田は一度地獄を見た男だ。だから、あすはみんなで香田を精いっぱい援護してやってくれ……」

香田勲男は1983年秋のドラフトで2位指名され、佐世保工高から入団。同期の水野雄仁と並んで期待された。3年目の1986年にはプロ初勝利、順調に成長を遂げた。しかし、その年のシーズンオフに右肩の手術を受け、翌年は治療に専念。1年間は練習生扱いでつらい日々を耐えた。稔さんが言う一度地獄を見たというのはこのときのことを言っていたのだ。

そして、日本シリーズの第4戦の先発を任されるほどの信頼を取り戻した香田は独特な大きく縦に曲がり落ちるカーブを駆使し、強振してくる猛牛打線のタイミングをことごとく外し、凡打の山を築く。打線は先制、中押し、ダメ押しと理想的な得点で援護した。香田は3安打完封、シリーズの潮目がここで大きく変わる。

「勝ったぁ、勝ったぁ、また勝ったー、近鉄電車で早よ帰れぇー!」と3連勝に沸いた近鉄応援団の威勢のよさには陰りが見え、巨人は東京ドームでの第5戦、藤井寺での第6、第7戦と制し、劇的な逆転日本一に輝いた。

正直、僕の役割としては反省が残ったが、勝利はチームプレーの結晶だ。どんなことがあっても、チームのために全力を尽くすことが大事であり、その絶対的な教え、精神は巨人軍の伝統だ。

先乗りスコアラーを命ぜられ、仕事も身の回りのこともすべて自分一人で行い、しっかりと自立しなければならない環境に身を置けたことは幸せだった。僕はスコアラーという仕事が天職だと思っていた。決して楽な仕事ではなかったが、とても充実した時が過ごせたと思っている。

うれしかったことと言えば、1992年にまったくの畑違いの部署、広報部への異動があったときに当時球団代表だった湯浅武さんに言われた言葉だった。

「お前を広報にしたときに『俺の許可なしに香坂をスコアラーから外しやがって……』って、(藤田)監督に、えらく怒られちゃったよ」

第5章
広報時代、松井秀喜という男

まつい・ひでき●1974年6月12日生まれ。石川県出身。星稜高時代、3年生夏に出場した甲子園での1試合5連続敬遠でも話題になった。ドラフト1位で93年巨人入団。1年目の途中から外野のレギュラーとなり、退団まで1250試合連続出場を果たす。MVPは96、2000、02年の3回。本塁打王、打点王は3回ずつ、首位打者は1回。02年オフ、FAでMLBヤンキースに移籍した。その後、エンゼルス、アスレチックス、レイズを経て12年限りで現役引退。13年には恩師・長嶋茂雄とともに国民栄誉賞受賞。愛称は「ゴジラ」

野球のうまい兄ちゃんと世間に影響力を持つスターの差

巨人軍はプロ野球界でも特別な球団であり、その創立期から諸先輩方がフロント、チーム一体となって築き上げてきた球界の盟主とも言われる伝統、歴史がある。常に注目され、巨人軍の取材を担当する報道関係者は、通信、一般紙、スポーツ紙、ラジオ、テレビ、雑誌各社を合わせ通常60～70名くらいが登録されている。常にメディアのほうから取材に来てくれるのはありがたいことだが、交通整理は簡単なものではない。

現場の広報は依頼された取材などを受けてもらうために選手に掛け合う立場でもあるので、その選手に対するアプローチの仕方も気を使う。まずは選手のコンディショニングやプレーに差し支えのないように気を配り、その上で、選手にスポットを当ててもらう。

積極的に自分をPRしようとする選手もいれば、人前に出るのは苦手という選手もおり、マスコミ嫌いという選手もいるが、選手がインタビューを受けているのを見ていると、彼らの性格などがよく分かる。声の大きさ、姿勢、視線の位置、言葉使い、気遣い、理解力、受け答えの柔軟性など、単なる野球がうまいだけのお兄ちゃんなのか、はたまた世間への大きな影響力を持つスター選手なのかの差がそこにある。

広報時代の選手で、一番スター選手の能力を兼ね備えていたと思うのが、ゴジラこと、松井秀喜だった。入団時はまだそういった雰囲気はあまり感じさせなかったが、接していくうちに感じたのは、どん欲にどんな物事でも積極的に吸収しようとする姿勢だった。

彼が一番悩んでいたのは入団3年目くらいだったと思う。松井は1995年のこの年、自分の思うような結果がなかなか残せず悶々《もんもん》としていた。試合後のロッカールームで、松井秀喜はどうあるべきか、みたいな雑談をし、僕は「お前には、最高のお手本がいるじゃないか」と言った。

当時の監督・長嶋茂雄さんのことだ。周囲からの大きな期待にどう応え、ジャイアンツの中心選手として、どう振る舞っていくか、僕は松井にとって最高のお手本がそばにいるじゃないかと言いたかった。松井もまた、それは分かっていることだと思っていた。

だが、彼はとぼけた顔で「えっ、誰？　すか」と即答する。

そのときに偶然、長嶋監督が腰にバスタオルを巻き、スリッパのままパタパタと音を立てて松井の前を通り過ぎシャワールームへ歩いていったので、僕は顔を監督のほうへ向けて、「あの人だろ？」と合図をした、それでも松井は、きょとんとした顔で「え？」と不思議そうな顔をするだけだった。

あの時点では、松井の頭の中に目標の人は長嶋さんという考えはなかったのだと僕は思った。しかし、松井が現役引退の記者会見で「巨人軍での最高の思い出は」という記者の問いに「監督との素振り」と答える関係が築かれた。

松井はそれからどれだけのものを監督から吸収し、大きくなっていったか。松井がのち、「松井秀喜を演じるのは難しい」と長嶋さんと同じようなことを言っていたのを思い出す。

今さらではあるが、松井に一つ言っておきたいことがあった。巨人軍の「ジャイアンツ時間」についてである。ジャイアンツ時間とは集合時間や練習開始時間の30分前には現地に来ておくという巨人軍の暗黙のルールである。僕が入団をした40数年前にもジャイアンツ時間は存在した。いつごろからのものか定かではないが、定時に来たら「ジャイアンツ時間だぞ、遅い」と言われたものだった。

今はそれほどきっちりとしていないようだが、暗黙の了解としてしっかりと守られていた時代から「ジャイアンツ時間」が守れなかったのが松井だった。僕は入団間もない彼によく言った。「先輩より早めに来るように」。でも、素直に「ハイ」と返事をしてきたことはなかった。

2001年のシーズン中のことだ。遠征先の球場へ向かうバスがホテル前に待機しており、出発時間になろうとしているときだった。車内はすでにナインは着席、あとは松井が乗車すればバスは出発だ。松井が乗り込み、前方の席にドカッと腰を下ろす、僕の目の前の席だった。すかさず目の前の松井の頭のてっぺんを軽くたたくと小気味よいパチンという音が車内に響く。「こらっ、おっせーよ!」。ゴジラは「イテッ」とつぶやき、恥ずかしそうにこちらを振り向く。

だが、そんなものが通用する男ではなかった。すぐ何ごともなかったようにふてぶてしく前を向く。でも、一瞬うろたえたところがかわいい。

その日の試合も終了、ナインは帰りのバスに乗り込む。試合後のマスコミ対応もあり、最後にバスに乗り込んだ僕も、やれやれと最前列の席に腰を下ろした。

するとすかさず、後ろの席から誰かが僕の頭のテッペンをパチンとたたいた。「おっせーよ！」。そこにはしてやったりという顔をしたゴジラがうれしそうに座っていた。

松井の交渉権獲得！ ドラフト会場でへたり込んだ？

1992年8月16日、僕にとっては広報1年目の夏、5打席連続敬遠を受けた石川県・星稜高校の四番打者・松井秀喜が、4球目の投球を見送り、顔色一つ変えずバットを置いて一塁ベースに走る。甲子園球場はファンの罵声に加え、メガホンなどがグラウンドに投げ込まれ、騒然となっていた。

この日は神宮で試合だったが、たまたまビジターロッカーのテレビで、そのシーンを見ていた。高校野球も勝つためには手段を選ばないなぁ……。甲子園大会の開会式では球児を代表しての選手宣誓があるが、あの文言は確か「われわれ選手一同はスポーツマンシップに則り、正々堂々と試合をすることを誓います」だったはずだ。今思うと、僕はそのころ高校野球を少し斜めに見ていた。だから、そのときは「松井」の名も頭の中に強くはインプットされなかった。

季節は秋……、その年のドラフト会議の会場で、巨人担当のテレビ局ディレクターが僕に言った。「香坂さん、これで長嶋さんが松井あたりを引き当てたりしたら、メチャクチャ忙しくなっちゃいますね」。確かにそうなれば一大事だ。でもこのとき僕は、まだ「まさかね」という軽い気持ちのほうが強かった。

長嶋監督をはじめ、入札希望者が会場の壇上に登る。それぞれが封筒を持ち、並びそろった。「どうぞ、お開けください」の司会者の声のあと、白い封筒を各自が開けていく。次の瞬間、親指を立ててニコリと笑った長嶋監督のサムアップポーズが全国にオンエアされた。ドッと沸く会場、大きなざわめきが会場内に響き渡る。

そのときドラフト会場に隣接する広い報道関係控室の片隅で、僕は人知れずへたりこんでしまった。同月に長嶋監督が13年ぶりにジャイアンツに復帰となり、秋の宮崎キャンプにはマスコミが大挙して押し寄せた。これで松井入団となれば、僕ら広報担当者の対応は多忙などという言葉では足りない事態になることが分かっていた。

こうして将来の巨人軍の四番打者候補の期待を背負ってゴジラ松井がジャイアンツにやってくることになった。それから10年、2002年オフにフリーエージェントの権利を獲得した松井が日本を離れるまで、僕は現場の広報担当者として、彼のそばで何かと立ち回ることの多い日々を送った。

初対面の印象は「確かにゴ、ゴジラだぁ……」

「香坂、金沢に行ってくれ」

松井の入団仮契約が石川県金沢市内のホテルで行われることになった。その記者会見対応で広報部長から出張命令が出た。前職の先乗りスコアラーの仕事で旅慣れていたこともあり、身軽に前日移動し、記者会見場となるホテルの下見をし、準備を済ませた。

慌ただしくマスコミが会場でスタンバイし、会見は始まり、滞りなく終了。即日帰京予定の僕に、松井担当スカウトの加藤克巳さんと関東孝雄さんが「わざわざ来てくれてありがとな、ご苦労さん」とねぎらってくれた。

ここで通された控室で僕は学ラン姿の松井とあらためて対面することになる。第一印象は「確かにゴ、ゴジラだぁ……」だった。高校生とは思えぬ大きな体に圧倒されたが、それでもニキビ面であどけない穏やかな表情に人柄のよさを感じた。一言で言って「気は優しくて力持ち」という言葉がぴったりだと思った。松井のご両親と星稜高野球部監督の山下智茂先生も同席されていたので、畳の上にキチッと正座をし、頭を下げた。

加藤スカウトが「香坂、わざわざ金沢まで来てくれたから、これをお前にやるから持って帰れよ」と言って、1枚の色紙を差し出した。「巨人軍　松井秀喜」と書かれている。僕は「われわれフロントはファンになってはならない。フロントのFはファンのFでない

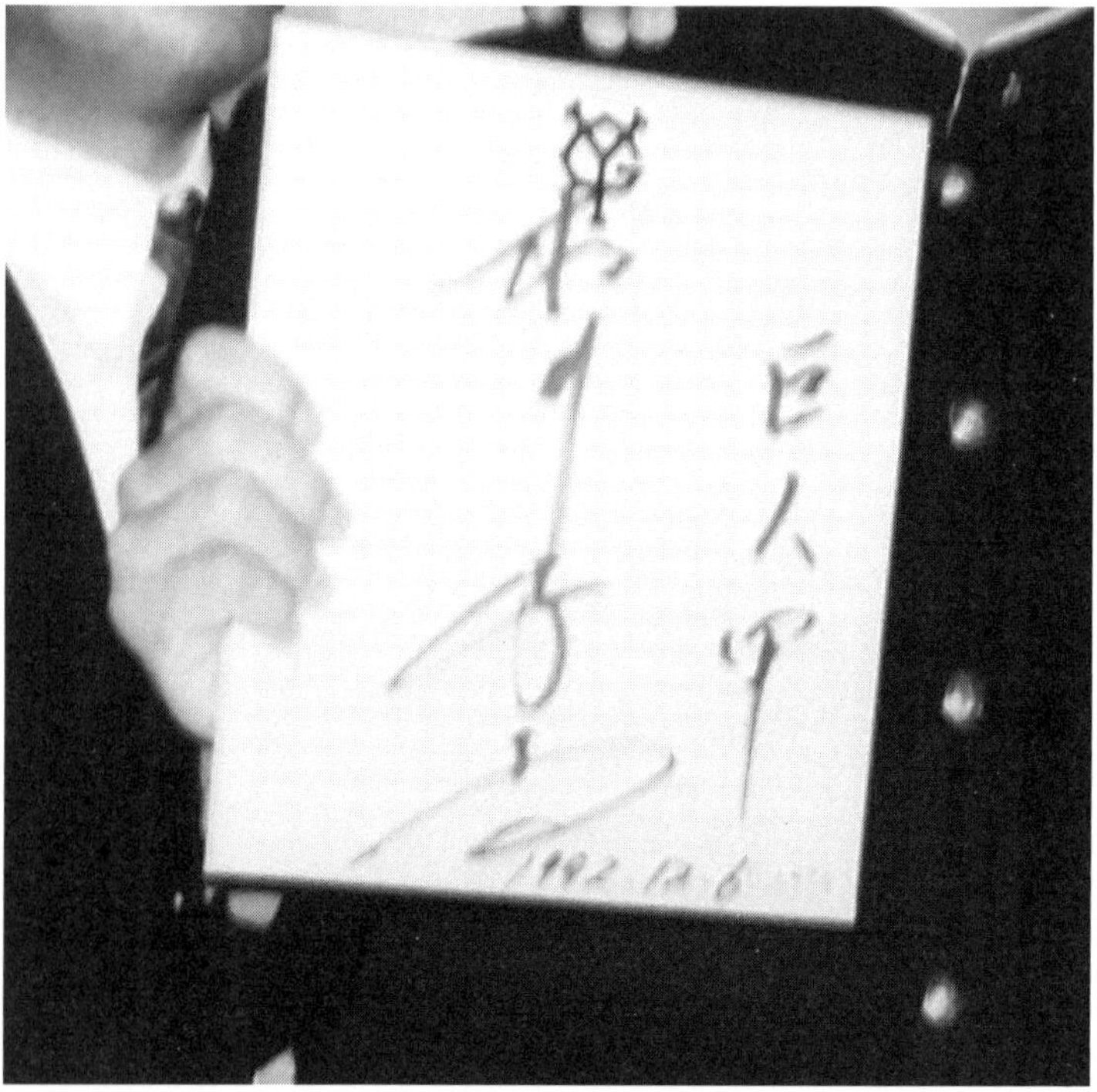

記念すべき松井の巨人第１号サイン色紙が今、著者の家にある（写真は著者提供）

のだ」というアメリカのメジャー球団職員のマニュアル本にあった格言とも言える言葉を信条としていたので、サイン色紙なるものを選手からもらったことがない。しかし、ご両親や先生、もちろん本人を目の前に、さすがにいりませんとは言えず、お礼を言って、その色紙をカバンの中に速やかに忍ばせた。

帰京後、球団事務所で「香坂、あの色紙は松井の巨人軍入団第1号サインだからなぁ」と関東スカウトから聞かされる。そうか、そういえばあの日、自らの筆で「巨人軍」と入れた色紙を持った松井の写真がニュースで盛んに報道されていた。あらためてその写真を見て、色紙の意味や重みを知らされることになる。

この話をのちに、ある新聞社のカメラマンにしたところ、第1号サイン色紙を持った松井本人、松井のご両親、山下監督、そしてスカウトの加藤さん、関東さんらが一緒に写った写真を僕に進呈してくれた。あれからずっと、果たして僕がこの色紙を持っていていいのだろうかと気にはしていたが、年月がたち、巨人軍を退団した今も、こうして懐かしい一品を自宅で眺めている……。

18歳がはっきり口にした信念。まさに「継続は力なり」

僕と松井の初対面はそれほどの言葉を交わすこともなかったが、これを機に当然多くの接点を持つことになる。そのたび石川県にまつわること、星稜高にまつわることなども松井本人から丁寧にレクチャーされたものだった。

そのころ学ラン姿の松井が言っていた言葉を思い出す。

「野球選手になるために毎日していたことがあるんです。それは、夜寝ているとき以外は『俺は絶対に野球選手になるんだ』と思い続けることです。1日たりともそれを忘れることはありませんでした。だから、僕は野球選手になれたと思うんですよ」

まだ18歳の高校生がこうして自分の信念をハッキリと言えることに驚き、継続は力なりということも再認識する。とても貴重な話だ。僕は野球少年や野球少女たちに話す機会があると、いつもこの話をすることにしている。

ゴジラは入団発表のために上京。慌ただしい日々の始まりとなった。入団発表はまさにゴジラフィーバー。ほかの新人選手とは異なり、多くのメディアの取材をこなすのがプロ野球選手としての最初の仕事になった。いきなり分刻みのスケジュールはかわいそうだとは思ったが、この道を選んだのだから、その自覚を早く持ってもらうしかない。

東京滞在中、読売新聞のお正月用のインタビュー企画で長嶋監督と松井の対談があった。ホテルのスイートルームを借り切っての取材で、金沢での仮契約のとき同様、松井のご両親、星稜高監督の山下先生も同席していた。長嶋監督と同席したことで、松井のご両親や山下先生のほうが、松井より数段緊張しているのを僕と監督付広報の小俣進さんは感じていた。僕たちだって、監督がそばにいるときはいつも緊張する、無理もない。

対談が終わり、監督がご両親らと歓談。監督は山下先生に向かって、「ここにいる小俣も元プロでピッチャーだったんですよ！」と言うと、山下先生は背筋をピンと伸ばし、「ハイ！　知っています、左（投げ）の！」と左腕を振るポーズまででした。そして監督がさらに「それと香坂もね、ピッチャーだったんですよ」と言うと、山下先生はまた背筋を伸ばし、同様に「ハイ！　知ってます。左の！」と同じ格好をした。

僕の隣にいた小俣さんがこらえられず、プッ！　と吹き出す。

「山下先生、右投げです……」。僕は心の中でつぶやいた。

山下先生は長嶋監督の前でカチカチに緊張していた。僕が左？　口から出まかせで言っちゃったんだろうなと思うと、今度はおかしくてたまらなくなった。

ただ、この話、本当はゴジラには聞かせたくなかった。僕の現役時代を知らない松井がこの笑い話をのちにナインにしゃべりまくり、僕は左利きということになっているみたいなのだ。僕がプロ野球選手だったことを知らない若い選手たちに向かって、高橋由伸などは「知らないの？　いいピッチャーだったんだよ、左の」と必ず口を挟む……。

誰とも似ていないふてぶてしきルーキー

松井がチームの一員として初めて本隊と合流したのが、１９９３年の宮崎春季キャンプ。一軍スタートだった。

松井に対する取材攻勢は激しく、スポーツカメラマンのファインダーは常にゴジラを追い掛けていた。僕の仕事は変わらず、キャンプ運営に支障をきたさぬようにメディアの交通整理をすることだが、このときのキャンプは、注目のルーキー「ゴジラ松井周り」のことで、いつも以上に僕はナーバスになっていた。なぜならば僕は松井のことをまだよく知らないし、年齢は17も離れていたからだ。一体どんなヤツなのか、どのように接すればいいのかなどと考えていた。

練習が終わり宿舎ロビーに戻ったタイミングで「囲み」と言われる立ったままで行われる共同取材をし、これを終えて松井は解放され、自室に戻る。疲れただろうな……。僕もホッと一息だ。ところが、ホテルの近くの喫茶店で、松井が松井番記者を集めてお茶を飲んでいるという情報が耳に入った。

フリータイムなので、何をしようと選手の自由だが、ルーキーが初日の練習後に番記者数名とティータイム？　ウソだろ……。

僕は番記者の一人に言った「松井との取材は球団がタイミングを見て設定するので、それ以外で松井を連れ出すようなことはしないでほしい」。するとその記者は「でも、お茶を飲もうと言ったのは松井のほうなんですよ」。

練習後に記者団を連れてお茶を飲むなんて、ベテラン選手がやることで、ルーキーがキャンプ初日にそれをやるなんて聞いたことがなかった。

高校出のルーキーは松井一人が一軍スタートとなった。当時のキャンプ宿舎は、選手は全員1部屋2人が原則であり、松井はベテラン・篠塚和典の部屋子となったが、いきなり篠塚が僕を自室に呼び、「おい、松井はなんとかならないのか」と目を三角にしている。聞くと「朝は俺が起きても起きない。カーテンは開けない。あいさつもしない」と言う。

ふーん、そういうヤツなのか、この松井という男は……と思った。

インタビューなどを聞いていると「プロに入ってきて、驚いたことは」という質問に対して、松井は「特にありません」。また「ジャイアンツで尊敬する選手は？」の問いには「特にいません」と答えた。それでも、ファンへのメッセージは？　の問いには「子どもたちのあこがれになれるような選手になれるように頑張りたい」とコメントした。普通のルーキーとはまったく違った大物が現れたと僕は感じていた。

孤独なゴジラとの距離を縮めた風呂場での激闘？

しかし、松井はいつも一人ぼっちだった。同期入団には村田善則らがいたが、村田ゼンちゃんは二軍スタート、松井は気心が許せる友達がそばにはいなかった。口では大物ぶりを見せるような言葉を発していたが、実際は孤独だったのである。

僕はこの孤独に耐えて一人頑張る青年のために少しでもリラックスができるように努めることにした。練習の行程も新人なので順番は一番最後であり、練習後には毎日マスコミの囲み取材を受けなくてはならない。僕も松井も当然同じサイクルで動くことが多くなった。宿舎に帰り、大浴場では同じ時間帯で必ず一緒になるが、疲れもあるだろう松井は体を洗う動きも鈍く、ゴジラの背中は小さく見えた。

僕は元気づけようとちょっかいを出した。「お疲れさん、どうだ、大変かい？」などとありきたりの言葉を掛けるようなことはしない。ゴジラが一人で体を洗っているときにそっと静かに近づき、サウナ用の水風呂の水を洗面器いっぱいにくんで、背中目掛けてぶっ掛ける。

「ギャァァォォォー！」

おお、これぞゴジラの雄たけび！　腹が引きつるほど笑った。松井の「コラー！」と言う大声が大浴場にこだまし、ゴジラも素っ裸で大笑いだ。

翌日も練習後、風呂場で僕より先に、一人、体を洗っているゴジラの背中が目に入った。気付かれないようにそぉーと近づき、サウナの冷水を洗面器にすくおうとしたときだった。松井が突如振り返る。

むっ？　応戦！　右手にはシャワーのノズルをつかんでニッコリ笑い仁王立ちだ。見るとシャワーのノズルの先からは勢いよく熱湯が噴き出し、もくもくと湯気が立ち上がっているではないか。「うわっ！　こりゃヤケドする」。僕は裸のまま一目散に逃げるしかなかった。一体、な、なんてヤツだ、コイツは。

再び洗い場をのぞくとゴジラはざまぁみろと言わんばかりに満足そうに湯船につかっている。こちらから先に冷水をぶっ掛けておきながら、「まあまあ、仲良くしようぜ」などと言うのもアンフェアだが、それからゴジラと湯船につかりながら数々の巨人軍にまつわる「笑い話」を披露した。

こんなことをしながら僕は17も年の離れた後輩との理想的な距離をつかんだ。まずは冷水作戦だったが、少しずつ松井は心を開いてくれるようになっていった。

松井の心の芯の強さに触れ、僕は恥ずかしくなった……

ゴジラが入団してきたのは広報担当になって2年目のことだった。実は、僕はこの広報という仕事に移る前に、その異動の内示を二度もお断りをしている。ここまで7年を務めてきて、脂が乗り切ってきて面白くなってきた先乗りスコアラーの仕事をそのまま続けたかったのと、日本のスポーツのトップメディアを相手にする巨人軍広報という重要なポストで仕事をする自信がないというのが理由だった。

案の定、現場の広報業務の大変さは想像を超えるものであり、当時もできれば早くこの仕事から変わりたいと思いながら日々を送っていた。

松井が時間にルーズなところがあることは紹介したが、あいさつも中途半端だった。先輩に対する礼儀も不十分と思われるところがあり、正直言って決してかわいがられるタイプではなかった。

僕ら裏方は選手をただ応援することしかできないものだが、あまりにもマイペース過ぎる松井に対して、こう言ったことがある。

「もう少し人の言うことも聞いたらどうだ」

すると19歳の青年は静かにこう言った。

「香坂さん、僕は人に言われて自分のやり方を変えるようなことは絶対にしません」

その表情は憤りさえ感じさせるものだった。反抗するような言葉は僕の心に突き刺さった。遅刻するなとかあいさつをしっかりしろとか言われて、いつもうっとうしいと思っていたかどうかは知らないが、少し突っ張っていた松井はクワッと両目を見開き、言った。

さまざまな至らないことがあっても、この若者の一番大事な心の芯は揺らがない。「このバットで道を切り開く」と言わんばかり、自分の将来を見据えていた。

慣れない新生活の中で、それも世間の大きな注目の真ん中で、こんな若者が一人悶々としながらも、ひたむきに戦っている。それを支えているのがこの言葉だと感じた。

それに引き換え、自分はどうだ……。裏方としてチームを支えるのはスコアラーでも広報でも同じではないか。あれがやりたいこれがやりたいなどと言っていられるのか……。選手としてはモノにならなかった自分が、大好きな野球に携わる仕事を与えられた。そのありがたみを忘れてはいないか……。

僕は自問自答した……。そして、何かが吹っ切れる。松井が頑張っているんだ、俺も中途半端な気持ちで仕事をするのはやめよう。いい大人が恥ずかしかった……。

最初から自分自身を第三者的に見る目を持っていた

この日も期待のルーキー・松井秀喜のインタビュー取材に隣で耳を傾けている。

聞き手「松井さんのコレクションはなんですか」

松井「腕時計集めです」

聞き手「いくつくらいお持ちですか」

松井「まだ、3個くらいです。これからはもっといろいろと集めたいです」

松井はまだ高校を卒業もしていないのに、比較的高そうな腕時計を持っていたのを覚えている。僕は正直に自分の意見を言った。

「腕時計集め？　なんかイメージじゃないなぁ、オジン臭くねぇ？」

軽い気持ちで言ったのと、実際、ちょっとスケールが小さいなと思ったのだ。しかし、ゴジラの反応はなかった。

あるときは、お金についての話もした。「お金は大事ですよね」と松井が言うので、なぜだと聞くと「将来のためです」。理屈としてはそうだ。しかし、このときも僕は正直に自分の意見を言った。

「お前なら、金なんていくらだって稼げるぞ」

これだけの素質があって、志を高く持ち、一心不乱に野球に打ち込めばいくらでも稼げるじゃないかという意味だった。あえてお金が大事、将来のためなんて言わないでほしい、そんなスケールの小さいことは言わないでほしい、松井はそんなことを期待させる男でもあった。偉そうに言うつもりもまったくないが、僕にはとてつもない将来性を持っている松井がもう見えていた。ただ、驚いたのはこのあとのことだ。

松井はどこで聞かれても、コレクションが腕時計集めなどとは一言も言わなくなった。そして「将来のための貯蓄」的な言葉どころか、お金に関する話も一切言わなくなった。

インタビューのとき気を使って何か言わないといけないと思って、無難な時計のコレクションというものを口にしたのかもしれないが、当時の松井はさまざまな自分の周りにある事柄や事象についてそしゃくし、自分自身を第三者的な目で見るように努力していたような気がしていた。松井の理解力、吸収力、そして、有能なアスリートが特に長けていると言われる記憶力が素晴らしかった。

その後、松井は中心選手としてその言動に厚みを増していく。僕は相変わらず忙しい毎日を送っていたが、こんなに興味深い人物がそばにいることの面白さ、楽しさを感じるようになり、仕事に一層身が入る。

深夜の電話は松井に一切しゃべらせない？

松井が入団してからの3年間は彼にとってつらいことの連続だった。特に1年目はシーズンを乗り切る体力など兼ね備わっておらず、体調万全で試合に臨むことができないことが多々あった。下痢、発熱、花粉症も重度だった。年ごろでもあり、顔に吹き出すニキビにも悩んでいた。また頸椎痛、ヒザ痛など、試合に出ながらケガとも闘っていた。

二軍行きも経験する。注目度が高いだけに、体調面の理由で本隊と同じ練習行程を行えず、離脱するようなことになれば、マスコミはワッと騒ぎ出した。

僕はプレー以外のことでこの若者がメディアにニュース扱いされるのが気になり、僕自身が神経質になってしまうこともあった。

松井の伸び伸びさが薄れ、言葉を選んでマスコミ対応する日も多くなる。しかし、松井はメディアの前から逃げることはせず、いつもしっかりと対応していた。そのけなげな姿を見ている担当記者たちも若い松井に敬意を払った。

僕は「松井番」と言われる担当記者を前に言ったことがある。

「みんなは、若い松井にとっては人生の先輩なんだから、いつも彼に接していて彼が至らないことがあったら、遠慮しないでなんでも本人に言ってあげてほしい」

マスコミが選手を育てるのである。というのは、僕が現役時代に接していた当時の年上の新聞記者の方たちが、何かと選手たちに指導をしていたことを覚えているからだ。

松井は2年目も苦しんだ。チャンスで打てず、打率も下がる、ホームランもしばらく出ない日が続いた。そんなときは決まって深夜に僕の自宅の電話が鳴った。用事なんかないのは分かっている。その日だって4タコ（4打数無安打）だった。

一方的に僕がしゃべる。僕はスコアラーをしていた、打撃内容の分析はできる。しかし、そんなことは言わない。松井にはしゃべらせない。しゃべることなんかないはずだから……。

「きょうもやられたなぁ。今打率どれくらいだっけ？　えっ、0割7分2厘？　それじゃどこかの市外局番みたいだな」「目の前の結果なんて気にすんな、切り替え、切り替え！あした、あした」。

深夜に威勢よくしゃべる。あとは得意の「笑える話」だ。松井も「フフフ」と笑い出す。ただ、僕はこうも言った。

「きょうの試合、たくさんのファンが来てくれたよな。でも、そのファンの中にはきょう1日だけしか東京ドームに来られないという人だっていたかもしれない。そんな人のためにもホームランを見せられたら一番いいが、勝負の世界はそんなに甘くない、相手もプロだ。でも、そんなファンのためにもできることはある。きょう一塁まで全力疾走したか？打球を追うのも全力で追ったか？　全力でプレーしたなら、その姿はファンに伝わる。できることはやったんだ。それでいいと思う、それは続けよう」

これは「きょう1日だけしか球場に来られず、きょうしか巨人の試合を見られないというファンが一人でもいたら、その人のために全力プレーをしろ」と報知新聞のコラム『激ペン』の筆者であった伝説の新聞記者、故・白取普さんが、ふがいない試合をした巨人ナインを奮い立たせるために紙面で書いたものだ。藤田元司監督も試合前のミーティングでそのままこの言葉を引用し、ナインを鼓舞したことがあった。

3年目のオフ、松井は言った。「もう遊びは終わりです」

松井は高卒1年目には57試合に出場、2年目、3年目には130試合以上出場をクリア、ホームランも両年20本をクリアするという立派な成長を示した。

しかし、3年目のシーズンの最終戦の後、松井は東京ドームのロッカーで言った。

「香坂さん、もうお遊びは終わりです」

松井は自分の残した成績に不満を持っていた。さらに「今年のシーズンオフは1日も休まず練習するので、取材や出演などは全部断ってください」と自分自身への怒りとも取れる表情で言った。

僕はマスコミ各社に松井の意向を伝えて、シーズンオフの練習に集中できるように完全なディフェンス体制を取ることにした。

日々のニュース取材はともかく、シーズンオフはテレビ、ラジオ、さらにサイン会やトークショーなどのイベントを含めた案件がたくさん押し寄せる。ましてや松井はホープ中のホープだ。メディアは放っておくわけがない。

ただ、特にシーズンオフはスポーツ系の番組以外では野球選手であっても芸能人と同じような扱いをされることがある。プロ野球界や巨人軍との取り決めやルールがあることにはお構いなしで、出演依頼なども、先輩、同僚、挙げ句の果てには巨人のコーチを介してまで松井に直接頼み込むようなことが少なくなかった。松井が断れない方法を取るのだ。これが一番たちが悪く、若い松井を嫌がらせた。

松井が「広報を通してください」と言えば窓口は僕になるが、知ったことではないと言わんばかりに強引な方法をとるやからも悲しいかないた。

これをただひたすらに断るのがこのシーズンオフの僕の仕事になった。ただ、断るのなら、それはすべて平等な対応をしなくてはならない。嫌な思いも散々させられた。そういうストレスは半端なものではなかった。

松井は北野明仁打撃投手をシーズンオフ期間に専属で契約し、一人で連日バットを振り込む。それはまさに並々ならぬ強い自立心の表れだった。

「心が変われば行動が変わる、行動が変われば習慣が変わる、習慣が変われば人格が変わる、人格が変われば運命が変わる」

入団して間もないころの松井が僕に言った言葉だ。翌1996年は大学4年生と同じ年齢で打率・３１４、ホームラン38本、99打点の堂々とした数字を残し、胸を張って、クリーンアップを任せられる若き大砲となる。

小樽の夜のどっさりのごちそうと、お姉さまたち……

毎年恒例の北海道札幌シリーズ、心が洗われるような、爽やかな緑に囲まれた札幌円山球場は毎年のように超満員となる。北海道のファンの皆さんもわれわれの試合を心待ちにしてくれ、選手の誰もが楽しみにしている地方ゲームの一つでもある。

３連戦の最終ゲームがデーゲームで終われば、名残惜しいが、僕たちは早々と身支度を整え、夕刻の飛行機で、この北の地をあとにするのが通例だ。しかし、このときは日程の関係で札幌にもう一泊し、翌日に移動というまれなケースになっていた。第３戦が終わるとナインはもう一泊、札幌に滞在できるということで、笑顔で皆、外出をしていく。

僕は特に外出する予定もなく、ホテルでゆっくりしようと思っていた。そのとき廊下ですれ違ったトレーナーの鴇田忠男さん（トキさん）に「香坂、予定ある？　ないなら、知り合いと食事に行くから一緒に来るかい」と声を掛けられた。トキさんは「誰かほかに行く人いるなら、声を掛けてよ」とも言った。そこにゴジラが通り掛かる。結局、鴇田トレーナー、小俣進監督付広報、松井、そして僕の４人で出掛けることになった。

鴇田さんの知り合いは小樽に住んでいるとのことで、僕たちはタクシーに乗り込んだが、タクシーは中型一台だった。体の大きな僕らが乗ると車はギュウギュウ詰めだ。後部座席の両サイドは体をややくの字型に曲げないと座れるものではなかった。そのままに姿勢で声も出ず、小樽まで運ばれる。運転手さんは「小樽まではほんの40分くらいです」と言うが、時間も長く感じた。現地の方の感覚で「すぐそこ」とか、「信号一つ」などという表現はくれぐれもそのまま受け止めないほうがいい。

到着。「フゥー」と息を吐き、解放された。鴇田さんのお知り合いの方は小樽で葬儀屋さんをされており、社員総出で迎えてくれた。そりゃ松井が来るとなりゃ、こうなる。

僕らが案内されたのは寿司屋さんだった。テレビ番組の『TVチャンピオン』で優勝した絶品寿司のお店だ。僕らはおいしい北海道の海の幸を堪能させてもらう。「では、次に行きましょう！」の先方の方の言葉でお店を変えるようだ。でも、僕はすでにおなかがいっぱいだった。次に通されたお店は、ま、また寿司屋だった。

「ま、また？」。松井が驚いた表情で言った。

実は、1軒目の寿司屋で先方の方に僕は聞かれた。

「香坂さんは北海道の食べ物では何がお好きですか」。「ジャガイモとトウモロコシですかね」と答えると「せっかく北海道にいらしたんですから、カニとか夕張メロンとか言ってくださいよ」と言われてしまう。僕は1軒目のお店でカニも夕張メロンもごちそうになったので、それ以外でという意味で「ジャガイモとトウモロコシ」と言ったのだった。

本当に僕はジャガイモとトウモロコシが大好きだったので口から出まかせで言ったのではないが、2軒目の入り口の前で先方の方は「ここのお店はジャガイモとトウモロコシを使った料理がナマラうまいんですよ」と胸を張った。なるほど、そういうことか……。

確かにここのお料理もとてもおいしかったが、連チャンで寿司を食べ、ジャガイモとトウモロコシの追撃を受けるとは……。こんな歓迎を受けているのに本当に申し訳ないが、僕の本音を言えばおいとましたいという気持ちだった。動けないほどおなかが……。

だが時計の針は門限の夜10時にはほど遠かった。隣で鴇田さん、小俣さんが小さな声で「腹いっぱいだ」とささやいた。すると、ここで先方の方が今度は「次は少し飲みに行きましょうか」とご機嫌で僕たちに言う。僕は思った。ヨシ！　もう、食べなくていい。

場所を変えた先は、少し広めのパブのような、少し暗めの照明のお店だった。店内にはまだ誰もおらず、僕たちは中へ通されると、先方の方が「今から女の子を呼びますからね。もう少し待ってくださいね」と言った。

この方もゴジラ来訪でウキウキ、今夜も最高！　という感じだ。

この日は日曜日であり、本来お店はお休みというところが多く、わざわざ女性を集めるとはいかがなものかと、いらぬ心配をしてしまう。

しばらくするとワイワイとにぎやかに女性たち10名ほどが出勤？　された。店に入るとすぐ女性たちは「キャー！　松井さんよぉ！」と歓喜の渦。

しかし、オイ、ちょっと待て、ウン？　薄暗い店内ではあるが、お嬢さん方をよーく見ると、ん？　お、お嬢さんじゃないなぁ……。オバ……いや、失礼！　全員が明らかに僕たちよりも、かなりお年を召したお姉さま方ばかりだった。

僕は一言、「ヒェー！」となった。ゴジラを見ると、そこは松井君、ニコニコと笑顔の受け答えでお姉さま方と歓談している。

おなかは依然として苦しいままだったが、また先方の方が「おなかのほうは大丈夫ですか。おなかが空いたなら、この先に美味しいラーメン屋さんがあるので行きませんか」と言った。僕は「ありがとうございます。でも、もうおなかがいっぱいでして、何も食べられそうもないです」という言葉を振り絞った。

そのときゴジラが僕の言葉をさえぎらんばかりの勢いで、「僕、ラーメン大好きです！」と大アピール！　僕は先方の方に聞こえないように小声で、「何言ってんだよ。お前、ラーメン好きだったっけ？」。すると松井は僕の腕をグッとつかみ、小声で「香坂さん！このままここにいるの？」。

まさに究極の選択だった。松井の選択はラーメンだった。そこで僕はよーく周りを見回し、慎重に考えてから「う、うん、確かに……。ラ、ラーメンだ」とうなずいた。

僕たちはお姉さま方の笑顔に送られ、ラーメン屋に移動する。でも、僕は本当に何も食べられず、失礼だがラーメンのスープだけをいただくことにした。ラーメンの味は醤油べースで北海の幸をふんだんに使った濃厚な出汁の素晴らしい味だった。ゴジラは若いだけある。ラーメンをペロリと完食した。

小樽の皆さま、大変ごちそうになり、ありがとうございました。そしてお姉さま方、歓待ありがとうございました。そして、トキさん、お声を掛けていただき、ありがとうございました。

帰りのタクシーは2台に分かれてゆったりと座り、おなかをさすりながら帰館する。

フゥーッ!、ホント苦しかったぁー(いろいろな意味で……)。

首相官邸前の囲み取材で危機一髪!

2000年のシーズンオフ、松井は第33回の日本プロスポーツ大賞を受賞した。あらかじめ送られてくる式次第を見ると、内閣総理大臣杯とうたわれており、ホテルでの受賞セレモニーを終えたあと、永田町にある首相官邸内で首相と贈呈式、歓談と書いてあった。

贈呈者は当時の内閣総理大臣・森喜朗さんであった。森さんは松井の故郷である石川県能美郡根上町の出身でもあった。式次第に僕の名前がなく、首相官邸までアテンドはしなくてもよいと思い込んでいた。「ホテルで待っているからな、頑張ってな」と松井に告げ、一息つけるとほくそ笑んでいた。

しかし「オッチャン、なんで来ないの?」と、松井はけげんそうな顔をし、打ち合わせでもう一度話を伺うと、やはり僕が官邸までアテンドすることになっていた。

それを聞き、ゴジラはニンマリとし、先輩の僕に対して「ふふふ、働きなさい！」と偉そうに言った。

官邸に着き、贈呈式を終えると地下にある別室に移り、森総理と歓談をする。めったにこんな場所には入れないので、僕もとても緊張していた。歓談をする前には松井と一緒にトイレに行く。「まさか官邸のトイレで連れションするとはな」。その格好のまま2人でハハハと笑った。

森総理は松井に大きな期待をしていると激励の言葉を掛け、石製の大きな「虎」の置き物を松井に贈呈した。歓談も終わり、官邸をあとにする。

官邸の玄関口で松井の囲み取材があった。森総理から贈呈された置き物は風呂敷に包まれており、それを松井から手渡され、取材が終わるまでその隣で待たなくてはいけない。当然、僕の耳だけは囲み取材の内容をチェックしている。これも広報の仕事だ。

ただ、ちょっと待て！　この置き物、むちゃくちゃ重いぞ！　松井は両手でガッチリ抱えるように持っていたなぁ……と思ったときはもう遅かった。ウーッ、重いわ、こりゃ。いつもよりも慎重に囲み取材の受け答えをする松井。実はこのころ、森総理の失言なるものがマスコミによく取り上げられることがあり、松井も丁寧な対応を心掛けていた。

取材時間は長くなり、刻々と時は刻まれていく。やがて僕の前腕、上腕部がプルプルと震え出した。うっすらと額ににじんだ汗が頬へ伝わっていく。「早く終わってくれぇ」。祈る気持ちだ。両腕の感覚がなくなりそう、もう限界だと思ったとき、帰りの黒塗ハイヤーが僕の目の前に滑り込んできた！　「助かった！」。まずはすぐに車内へ荷物を置き、なんとか失態を回避することができた。

迎えの車にゴジラと乗り込むと、フゥーと大きく息を吐く。汗がワイシャツの首周りを濡らしていた。両腕はまだブルブルと震え、12月だというのにハンカチで顔や首の汗を拭った。隣に座った松井はそんな僕を見て「オッチャン、何、汗かいてんの」と聞いた。

「あの虎の置き物、ムチャクチャ重いだろ、もう腕がちぎれそうだった」

「そうそう、確かにあれは重いわ。でも、よくずっと持ってたねぇ」

ゴジラは楽しそうに言った。人の気持ちも知らないで……。

囲み取材の内容チェックなど、できっこなかったのは言うまでもない。

松井へのはなむけの言葉は「骨は俺が拾ってやるよ」

2002年10月31日、時計の針は24時近くになるころだったろうか。携帯電話ではなく、家の電話が鳴った。球団本部の原澤敦広報部長からだ。

「松井君がFAを表明する。すまないが、今からすぐ出社してくれ」

タクシーで球団本部に飛んでいくと、役員ほか数名がおり、詳細について説明を受ける。

「会見はあす午前10時。場所は帝国ホテル。未明から会見場設営が始まるので、早朝には現地に行き、会見場など諸々の最終チェックを頼む。なお、松井君には承諾を取っているが、今後のマスコミの窓口は香坂にやってもらうということになっている。日米野球などもすべて帯同し、彼の保有期限まで対応してあげてくれ」というものだった。

時刻はすでに明け方近くになっていた。僕はそのままオフィスで仮眠を取り、朝方5時ごろには帝国ホテルに入った。記者会見の準備は完了しており、特に慌ただしいものに追われることはなかった。

会見の設定人数から設営した会場は報道関係者ですぐさま埋まり、異様な雰囲気でスタートした。会見が終わると殺気だったマスコミ陣が松井を追い掛ける。僕は速やかに松井を誘導し、あらかじめ用意していたハイヤーでホテルをあとにする。行き先は都内の松井の自宅だ。マスコミは一斉に僕らの乗ったハイヤーを追跡した。カーチェイスだ。

松井の自宅に到着。松井はさすがに疲れた様子だった。人生の大きな分岐点に立ち、大いに悩んだことは痛いほど分かった。

僕は何も声を掛けられなかったが、松井が「俺、なんて言ってた?」とボソッと言うので、「しっかりとしゃべっていたぜ」と言うと「頭の中……、真っ白でさ、何しゃべってたか全然覚えてないんだよね……」。計り知れない苦悩があったことを知らされる。

「自分で勝ち取った権利じゃないか、自分の人生をしっかり考えて決めたんだ。立派だよ」と思ったことをそのまま言った。松井は「裏切り者と言われるかもしれないが……」という言葉を会見で口にした。何か悪いことでもしてしまったような暗い表情で会見に臨むなんて……。

やっぱり松井は「気は優しくて、力持ち」という言葉がぴったりだとしみじみ感じた。

初めて松井と会った金沢での仮契約記者会見から、長いようで短い、あっという間の10年間だった。松井は海を渡り、新天地ニューヨーク・ヤンキースでその力を発揮し、ヤンキースに数々の勝利を呼び込み、そのあと球団が変わっても、多くのファンに感動を与え、その愛されるべき人間性は今も異国の地で称賛され続けている。

松井のメジャー挑戦、その門出に際し、TBSラジオでジャイアンツナインのメッセージを収録するインタビューが行われた。ラジオの担当者が「ぜひ、香坂さんからも松井選手へ一言お願いします」と言うので僕は応じた。

「ありとあらゆる苦難が君に降り掛かることを祈る。大丈夫、骨は俺が拾ってやるよ」

これが僕のはなむけの言葉だ。

2024年、松井が巨人軍のユニフォームを脱いでからすでに20年以上になる。松井を愛する多くのファン、いや、松井のファンでなくても、松井のユニフォーム姿を再び日本で見たいと願っているだろう。もし再び松井がグラウンドに立つそのときが来たら、もちろん精いっぱい頑張ってほしい。
僕がそのときに松井に掛けるはなむけの言葉は同じだ。
ただ、僕が骨にならないうちに……な。

第6章
愛すべき、そして素晴らしい選手たち

高橋由伸編

唯一、松井秀喜の尻に火をつけた男だった

1997年オフ、東京六大学の通算ホームラン記録23本を引っ提げて、慶大・高橋由伸がジャイアンツに入団。大物ルーキーの高橋が、どこの球団に入るかはプロ野球ファン注目の話題だった。ただ、「高橋由伸逆指名！　巨人軍入り！」と報道各社が一斉に報じたとき、正直、僕は「これでまた忙しくなる……」と思った。実際、甘いマスクもあってキャンプ前からプリンス由伸フィーバーは過熱する。実力、人気でチームに新風を吹き込み、取材の申し込みが殺到した。

打撃はもちろん、守備でも潜在能力の高さを感じさせた。由伸は外野手であっても指の長い、いわゆる「外野手用グラブ」を使っていなかった。僕が「なぜ」と問い掛けると、「少しでも指の長いグラブを使ったほうが打球がグラブの先に引っ掛かり、際どい打球を捕れる確率が上がるかもしれません。でも、僕は足を使って早く落下地点へ走ることを優先することを心掛けているんですよ」と答えた。「落下点へ早く」は外野手の基本だ。僕は彼の野球に対する強い信念というものに触れた気がした。

また、外野の間を抜けていく長打コースの打球を追う由伸は、フェンス際で跳ね返って

くるボールを素手でつかみ、ステップすることなく、一連の動作で中継プレーのカットマンに素早く正確にスローした。藤田元司監督第1期時代のヘッドコーチだった牧野茂さんは、このクイックスローを春のキャンプで、連日、外野手全員に課していた。「あのクイックスローはいつから続けているの？」と由伸に聞くと「いつからと言うか、別に……。それが一番早いと考えたときからです」という言葉が返ってきた。

彼は多くは語らず、端的に言った。野球は当たり前のことを当たり前にやれれば勝てるとよく言われる。由伸は攻守ともまさに天才だったが、基本に忠実であり、常に考えながら野球に向き合っているという印象があった。

1998年、由伸はシーズン開幕から打ちまくり、中盤まで松井秀喜の成績を上回る活躍をした。そのシーズン半ば、試合後のロッカールームである光景を目にする。

その試合でも由伸は打ちまくり、ヒーローインタビューを終え、ロッカーに戻ってきた。そんな由伸を横目に、その日も結果を残せなかった松井は試合後一人ロッカーで椅子に腰掛け、自分のスパイクを磨いていた。

その表情が明らかにいつもの松井ではなかった。

このままでは由伸に負ける……。大きな危機感を感じている松井がそこにいた。もちろん「そうなのか？」とは松井には聞けないが、僕は強くそれを感じていた。

由伸が、あの松井秀喜に「ヤバイ」という気持ちを持たせた。松井の尻に火を付けた選手は由伸以外にはいなかったのではないかと僕は思っている。

金髪のプリンスの即席へアメイクと孫悟空事件？

入団初年度から即戦力として活躍した由伸に、当然シーズンオフは各方面からのさまざまなオファーが殺到した。

その一つ、警視庁からの依頼であった「一日通信指令本部長」のアテンドを務めた。由伸を桜田門にある警視庁正門に車で向かわせ、僕は事前に現地に到着。警視庁関係者が警視庁正門前に整列して由伸を出迎える列の端に立った。

「おはようございます」。正門前で車から降り立った由伸を見て、あぜんとした。

き、金髪……？　通信指令本部長ほか、お出迎えいただいた警視庁の方々の顔を見ると、僕以上にあぜんとした表情だ。

庁内の応接室に案内され、あいさつを済ませ、用意された一日通信指令本部長の制服と制帽を僕が受け取り、着替えのために控室へ。入室した僕の第一声は「オイ、ノブ、いくらなんだって金髪はないだろぉ」。だが、由伸は到着のときからうれしそうで、「何がですか」という返事。「その頭でやるつもりじゃないだろうなぁ」と聞くと、自分のカバンから何かを取り出し、僕の目の前に差し出した。

黒色の髪染め用のスプレー缶だった。なるほど……。ホッとし、胸をなで下ろしていると、「ほら、香坂さん何してんの。早く……」とスプレー缶を僕の目の前に近づける。「え？　俺がやるの？」と言うと、由伸は「じゃ、ほかに誰がいるんですか」とずいぶん偉そうな言い方をして笑った。

なんだ、コイツ、ずいぶん人使い荒いなぁなどと思いながら仕方なくスプレーを手にする。こんなことはやったことない。変なプレッシャーを感じながらスプレーを吹き掛けた。でも、やはりハミ出した。よく見ると、襟足、こめかみの辺りに点々と黒いスプレーが飛び散っている。僕は「ま、いっか」と笑顔でごまかし、任務？　は完了。通信指令本部長ほか、皆さんが待つ部屋に戻ると、警視庁関係者の方々は由伸の髪の毛を見てホッとした様子で僕たちを迎えてくれた。

関係者の方が僕の耳元で「高橋さんの髪、どうされたんですか」と聞くので、「水溶性のスプレー缶を高橋が用意してきました」と言うと、その方は「そうなんですか、さすが高橋さんですね」といたく感心していたが、僕は「何がさすがなんだろう」と考えてしまい、おかしくて笑いをこらえるのが大変だった。

そのオフシーズン、引く手あまたの由伸が金髪姿で登場した、もう一つのイベントがあった。『第11回日本ジュエリーベストドレッサー賞』の表彰だ。この賞は「一年間でも最も輝いた人、宝石が似合う人」という選考理由で選ばれる。会場は確か東京ビッグサイトだったと思う。

異業種のイベントということもあり、僕はぎこちなく会場でキョロキョロしていたが、由伸はＴＰＯをわきまえて、しっかりとこのイベントにふさわしいフォーマルな衣装を自分で用意してきた。こういうところはスター選手としての資質が問われるところだ。

女優の加藤あいさん、歌手の安室奈美恵さんらが受賞されており、男性部門の受賞者は若きプリンス、由伸一人だった。周りの人より体は大きく、金髪に髪を染めた由伸は洗練されたアスリートとしてひと際目立っていた。

会場に設営されたステージの中央で由伸はジュエリーの数々を贈呈される。僕はステージ前の会場の最前列に座り、その様子を見ていた。宝石などが散りばめられた豪華な品が次々と由伸に手渡され、その中でペンダントが由伸の頭から掛けられようとしたときだ。頭からスッと首元へ収まるはずのペンダントが、なんと由伸のこめかみの位置で止まってしまったのだ。そして、ペンダントはその場所からしばらく動かない。

その間10秒ほどか……。贈呈者の方はさすがに困った表情。僕も当然ハラハラしてしまう。金髪頭に鉢巻きのようにキラキラ光るペンダント、まさに西遊記の孫悟空だった。

僕は、周りの観客に悟られないように必死で笑いをこらえた。しかしその「孫悟空状態」で由伸は首を小さく何度も縦に動かし、うなずくような仕草をしており、事態にうろたえない。会場もざわつき出したそのとき、こめかみのペンダントはおとなしくスッと由伸

オフの選手のアテンドも大切な仕事だった（著者は左）。奥左がすでに黒髪の高橋氏（写真は著者提供）

の首元の位置に収まった……。

ステージから降りてきた由伸に「よかったな」と言うと、何事もなかったように「最初から入る感じでしたけど、贈呈者の方が入らないと思ったらしく、途中で手を止めちゃったんですよ。だから僕は大丈夫ですって、ずっと言っていたんですよ」と言った。

なるほど、だからウンウンうなずいていたのか……。

由伸は大学時代からずっと腰の持病に悩まされ、晩年には長く戦列を離れる時期もあったが、腰の状態が芳しくないことはひた隠しにしていた。イケメンの天才打者と言われたが、その実像は常に自分との戦いであり、まったく息の抜けない、忍耐のプロ野球人生だったのではなかったかと思う。

2016年から由伸は、巨人軍の監督を務めた。3年間の苦しいシーズン、結果を残すことはできなかったが、そのときに育てた若い選手たちがのちに成長し、花を咲かせた。

僕は由伸が指揮官として頂点を極め、プリンスからキングになる日をずっと待っている。

清原和博編

質問をさせない強烈な「話し掛けるなオーラ」

「甲子園は清原のためにあるのかぁー!」

夏の甲子園大会実況でのアナウンサー・植草貞夫さんの名セリフである。清原和博の甲子園でのホームラン、植草さんが絶叫した1985年夏の大会決勝、そのとき僕は後楽園球場にいた。グラウンドでは試合前の練習が行われており、打撃投手としてひたすらボールを投げ続けていた。

PL学園高で1年夏から四番打者となり、5季連続甲子園出場。清原は〝怪物〟の名を欲しいままにし、暴れまくる。当然、この年のドラフトの注目選手として脚光を浴びた。

しかし、小さいころからあこがれ続けた巨人軍入団の夢はかなわず、彼は涙を流した。

1986年、清原はパ・リーグの西武でルーキーとしてプロ野球人生のスタートを切る。いきなり1年目からの大活躍。実力、人気ともにプロ野球界の中心に君臨する若きホープとなった。

そして1996年オフ……。清原はFA権を行使し巨人軍入団。同年11月24日、広報部所属の僕は広報部長からの命を受けた。

「新橋第一ホテルの地下駐車場から清原君を会見場へアテンドしてくれ」

僕が清原と初めて会ったのはその地下駐車場だった。

「広報部の香坂です。巨人軍、入団おめでとう」

キヨは「清原です。よろしくお願いします」と緊張している様子を隠しきれないまま丁寧に頭を下げた。

記者会見場に案内すべく、2人でエレベーターホールに向かうと、すぐさまスポーツ紙の巨人担当記者ら10名ほどがサッと清原を取り囲む。僕たちは無言で進む。数歩歩いたところで清原がいきなり「目薬忘れた」と言って、自分の車にいきなり引き返した。

僕はその不自然な動きを見て、不穏な空気を感じた。とは言っても、特に一人の選手の対マスコミへのケアはそれほど苦労にはならないだろうなどと安易に考えていた。

しかし、その考えは甘かった。

巨人・清原が誕生したあと、スポーツ紙は連日、清原ネタで紙面をつくる。だが、清原自身は原稿づくりに積極的に協力するタイプではなく、マスコミに対応するのが逆に嫌いだった。ところがドッコイ、ここはジャイアンツ、マスコミ対応こそが大事になる。

清原始動。1997年1月の自主トレ。主力選手であれば、通例として自主トレ初日は皆、共同記者会見を行う。今年は清原始動ということでジャイアンツ球場での初日自主トレには数十名のマスコミが集まった。

会見は形式的な質問に終始し、清原はややよそ行きの表情で言葉を選ぶようにマスコミ対応した。テレビカメラ数台に囲まれ、代表質問を受けるときも表情は硬い。その後、記者が清原を囲んで話を聞くが、質問も1つ、2つを終えるとあとが続かず、誰も質問しようとしない。

なぜかって？　それは清原が怖いだからだ。

その人相で無言の「話し掛けるなオーラ」を放っていた。

しかし、それでは新聞の原稿は出来上がらない。

ある日のジャイアンツ球場の自主トレ、清原はいつものように長時間にわたる入念な練習を行っていた。そこにある人物がグラウンドに入ってくる。巨人軍元寮長の武宮敏明さんだ。僕は近くのベンチに腰掛けた武宮さんにあいさつに行き、「きょうは新加入の清原が自主トレをしています。清原にもすぐにあいさつをするように言います」と言うと、武宮さんは「いやいや、練習が終わってからでいいから」と言ってくれた。

清原はすぐに「どなたですか。あいさつしたほうがいいですか」と僕に問い掛けた。

「あの人は伝説の鬼寮長と言われた武宮さんだ。大丈夫だ、いきなり竹刀でたたかれたりしないから。あいさつは練習が終わってからでいい」

武宮さんについて簡単にレクチャーをし、ジョークも交えキヨをリラックスさせた。すると清原は「いや、すぐに（あいさつに）行きます」と礼儀正しいところを見せた。

僕はちょっと清原を待たせ、報道陣のほうへ行き、「これから清原が武宮さんのところへあいさつに行くので、速やかに皆さんもその付近へ移動してください」と誘導した。

公式練習ではなく、グラウンド内は清原一人の自主トレだ、報道陣も比較的自由に移動は許される。清原が武宮さんの前に行き、立礼した。武宮さんは自分の信念を貫き、巨人に入団してきた清原を歓迎し、ぜひ巨人軍のために頑張ってほしいと激励した。そして、その模様がニュースになった。

清原が何かをすればニュースになる。しゃべれば必ずニュース、動けばニュースだ。

力ずくで清原をお立ち台に上げようとしたが……

話し掛けるなオーラを出す清原をよく思わず、悪意に満ちた報道をするメディアも存在し、清原が不快に思っていたのも事実であるが、独特の存在感を持つ清原というキャラクターの魅力は多くの野球ファンの心をわしづかみにしていた。

シーズン中、夏の暑い日だった。練習中にセミがキヨの近くに飛んできて樹の幹に止まった。「おっ、セミや！」と言っただけなのに、あくる日のあるスポーツ紙の一面の見出しが「セミや！」である。セミや！　の一言で新聞の一面を飾れる選手を僕はいまだに清原しか知らない。

春季キャンプで清原が足に自打球を受け骨折、宮崎空港から車椅子で急きょ帰京したときも「ポルシェやフェラーリは乗ったことはあるんやけど、車椅子に乗ったんは初めてや」とつぶやくと、あくる日のスポーツ紙の一面は清原の車椅子の写真がドカンと載って、独特のユーモアのセンスを持つノリのよいこの関西弁のコメントが紙面をにぎわす。

担当記者の面々は「清原さんの一言はメチャクチャ面白い。申し訳ないですが、ほかの選手とは比べものになりません。ただ、怖いっス」と絶賛した。

僕はキヨ自身、常にウケを狙ってコメントしていたのではないかと思うようになっていた。なぜならば、考えを巡らせたネタを披露するタイミングがなかったりすると、僕に対してボケたりしていたからだ。やっぱり関西人だ。

キヨの存在感は長嶋茂雄監督の次に大きいと言ってもよいものだった。

清原と僕の距離が少しずつ縮まっていることを感じてきたころ、監督担当広報の小俣進さんが僕に言った。

「おい、香坂、清原のことをしっかり見ておくようにって、監督が言ってたぞ。監督はキヨのことはものすごく気に掛けているんだ」

これは監督命令だった。


あれは東京ドームでの一戦、その試合はチーム全員が機能して勝った素晴らしいゲームであったが、僕の管轄であるヒーローインタビューの該当者が決まらないでいた。

勝利打点や印象的なホームランもなく、投手も継投で特に光る投手がいなかった。その中で、断然貢献度の高い存在として光ったプレーヤーがキヨだった。攻撃ののろしを上げる2本の二塁打で出塁し、スリリングな2度にわたる好走塁でグラウンドを駆け回った。何よりも球場を埋め尽くした多くのファンが、お立ち台の清原の登場を待っていた。

しかし、「キヨ、お立ち台だ」と言うと、「僕はいいです」と下を向き、2本のバット、ファーストミット、スパイクを持ってロッカーへ戻ろうとした。

「ちょっと待て、いいですってなんだよ？　キヨ、拒否はダメだ！　拒否は」と言いながらキヨの前に立ちふさがった。キヨは僕に体当たりして、力ずくで押しのけようとする。すごい力だ。突き飛ばされそうになったとき、後ろから小俣さんが僕の体を支えてくれ、「キヨ、拒否はダメだ」と加勢してくれた。

2対1で相撲を取るような格好でぶつかったかいがあり、清原はようやく僕らの頼みを分かってくれ、そのままお立ち台に上がってくれた。

スタンドは割れんばかりの大歓声、キヨが拳を握り締め、「ありがとうございました！」と右手を高く上げると、さらに歓声が沸き上がってファンはその雄姿に酔いしれた。小俣さんにも助けられ、僕は任務を果たせたことにホッとしていた。

ただ、なぜ清原は、かたくなにお立ち台を拒否しようとしたのか……。

実は、清原はシーズンオフのゴルフのときに一緒に撮った写真の人物が反社勢力の関係者ではないかという週刊誌の疑惑報道を気にしていたようだった。僕は当然そのことは知っていた。しかし、多くのファンが待っているお立ち台に乗らないということはプロ野球選手としてあってはならない。お立ち台拒否は絶対ダメだ。

ヒーローインタビューが終わり、ロッカーに戻ってきたキヨは僕のところにやってきて「ありがとうございました」とすまなそうな顔で軽く会釈した。

「キヨ、見たろ、すごいだろ。あのスタンドは」と言うとキヨは小さくほほ笑んだ。

体を張ってよかった。僕たち裏方はこの選手の「ありがとう」の言葉に支えられながら仕事をしている。監督命令が背中を押してくれたのも忘れてはならない。

清原との〝対戦〟で死球もみんなに褒められる？

清原と投打の対戦をしたことがある。とは言っても草野球の話で、当時の『とんねるずの生でダラダラいかせて!!』という日本テレビの番組内でのことだ。

巨人チームと元プロ選手チームで対決をするという企画だった。巨人の主力選手も多く出演したことで、僕も収録場所の東京ドームへ広報の仕事として足を運んだ。選手のケガなどがなく、なんのトラブルもなく、滞りなく収録を終えることを見届けるのが仕事だ。

巨人チームは現役の巨人軍選手中心で構成し、対戦するのは、定岡正二さん（元巨人）、江夏豊さん（元阪神ほか）、オレステ・デストラーデさん（元西武ほか）というそうそうたるメンバーで構成される元プロチームだ。

控室には元プロ選手のためのユニフォームが並べてあったが、んっ？　ＫＯＨＳＡＫＡ？　あれっ、なんだこりゃ？　と思っていると番組のプロデューサーがやってきて「香坂さん、早く着替えてください」と言うので「聞いてないですし、僕なんか入っちゃダメですよ」と言うと、プロデューサーは「香坂さんも元プロじゃないですか」と言われ、そばにいた巨人の先輩である山倉和博さんが「いいから早く着替えろ。先輩たちが疲れたらお前が代わりに出るんだ、人手不足なんだよ」と言われた。

仕方なく、用意されたユニフォームに着替え、試合は始まる。僕はやったことのないキャッチャーなどもやらされ、フーフー言っていた。

そのとき元プロチーム監督の定岡さんが「ピッチャー、香坂」と告げる。

「サダさん、待ってくださいよ。軟球とは言え、ボールなんか投げてないんですから、ストライク入るかどうか……」と言うと、定岡さんは「大丈夫、大丈夫、なんとかなるよ」と笑いながら一蹴した……。「どうなってんの？　これ」など思いながら、マウンドから打席を見ると右打席には番長・清原が……。

ハァ？　キヨに投げるの……。しかし、テレビカメラは回っている。仕方ないと心に決め、投球練習。プレーボールが掛かるとセットポジションから初球を投じた。「ドーン！」。僕の投げたストレートは清原の尻の真ん中あたりに鈍い音を立てて当たった。「あ、しまった！」。ボールが当たった瞬間、キヨは一瞬笑ったが、すぐ本物の乱闘試合のように、バットを投げ捨てて僕に向かってポーズを取った。どう立ち回っていいか分からないうちに、両軍が入り乱れてのふざけた乱闘の形になった。

こうして僕と清原の対決は1死球の記録に終わった。試合後、キヨには「しかし、ケツの一番ヤワくて痛くないところに一発でぶつけるなんて、さすが、香坂さん、元プロやね」と感心された。

僕はきっぱり言った。

「キヨよ、違うぞ、あれ偶然だ。お前の言うように、寸分の狂いもなく、ケツの柔らかいところに一発でぶつけるコントロールがあれば、現役時代、俺はもっと大成している」

後日、番組はオンエアされた。番組内ではあの乱闘シーンがしっかりと使われていた。番組プロデューサーからは「香坂さんは、陰のヒーローでしたね。ありがとうございました」とお礼を言われた。

清原を怒らせた「ワシ事件」の真犯人は……

今さらだがキヨには、謝らなければいけないことがある。これは新聞報道でもあった話だが、キヨがマスコミ相手にある注文を付けたことがあった。「清原の3カ条要求」と言われたもので、

1、柵越えの数を数えるな。
2、打順のことは聞くな。
3、自分のことを「ワイ」と書くな。

という3つのものだった。そのうちの3番目に当たることなのだが、マスコミは確かにキヨ自身の言葉として「ワイ」もしくは「ワシ」と表記している社があった。キヨは僕にも抗議し、「ワイとかワシとか言わんですよ、俺って言っていますよ」と言われたのを覚えている。そういえば写真週刊誌フライデーの『番長日記』というコラムでも「ワイ」を使っていたのを思い出した。本人がそう言っているのにもかかわらず、なぜ「ワイ」、「ワシ」と書かれることになったのか……。

僕は試合中にホームランなど、活躍したプレーがあると選手の談話をすぐに聞きにいき、それを原稿にして記者席に速やかに配布するのが仕事の一つだ。キヨは僕がコメントを求めると、しっかりと標準語で答えるようにはしてくれていたが、何か物足りないような乾いた感覚をいつも覚えていた。

キヨは公式コメントではない普段の会話に絶妙な味があった。その「素」の言葉にも耳を立て、キヨらしい表現があれば、それをそのまま談話にすることがあった。当然、大阪弁なのだが、僕の記憶では確かにその雑談の中で、キヨが「ワシ」という表現を使っていたのを覚えていた。それがそのまま報道陣への談話として流れていた可能性がある。

つまり……、白状すれば「ワシの犯人はワシだ」。いやいや、ではないかなと、ずっと思っている。キヨ、すまんかったな。あっ、大阪弁になってる！

しかし、キヨとの距離の取り方は難しいもので、キヨが切れ、僕も納得できないと、お互い言葉を交わさない日が何日も続くことだってあった。堀内恒夫監督との確執もささやかれた2005年ごろ、キヨは何をしても気にくわず、不機嫌な毎日を送っていた時期があった。

あるとき球団がファンサービスの一環として300枚のベースボールカードを作成した。それぞれの選手があらかじめそのカードに自筆でサインを入れておき、サインをする時間がないときなどには、それをファンに直接渡してほしいというアイデアを提案し、選手全員に配布していた。

僕はキヨにこのことを説明し、渡そうとしたが、怖い顔で「いりません」と、その場で突っ返されてしまった。せっかくつくったものであるし、ファンサービスとして行うものと理解してもらうのも球団フロントの役目だ。まあ、あとでタイミングを見て、また掛け合おうと思っていたが、そのカードはキヨに受け取りを拒否され続けた。

2020年、僕は退団。自室の荷物を整理する。目に入ったのは梱包されたままのキヨの300枚のベースボールカードだった。

なんとか手段を講じ、僕が巨人在籍中のプロスカウト時代に西武ドームで会って以来、10数年ぶりにキヨと電話で話すことができた。

「これはキヨが使うべきだ。応援している人たちに差し上げるとか、活用できればいいんじゃないか」と言うと、「今さら、僕が使っていいんですかね」と申し訳なさそうに言い、戸惑っていた。懐かしい話も長くなったが、最後は「ありがとうございます。そうさせてもらいます」と言ってくれた。

長い時間が掛かってしまったが、僕の残された一つの仕事がここでようやく完結し、肩の荷が下りたことにホッとしていた。

阿部慎之助編

恩人である先輩の息子との不思議な縁

僕がプロ野球界に身を置き、選手としてはモノにはならなかったが、大好きな野球に携われる仕事をずっと続けさせてもらえたのも人との縁があってのことだった。

まずは中大時代だ。前述のように入学と同時に野球部に入部したものの、ほぼ練習の手伝い、雑用に追われる毎日。そして、怖い先輩もいた。1年もたたないうちに「もうやめよう」と思うようになっていたが、ある日、何週間ぶりにグランドに行ったときに、宮井勝成監督に僕を推薦してくれ、投球を披露するチャンスをある先輩がつくってくれた。

その先輩というのが阿部東司さんだ。僕にとっては大恩人だったが、阿部さんはまあ、この時代、どこにもいた血の気の多い、すぐに手が出る先輩だった。できればあまり関わりたくない怖い存在でもあり、卒業後はほとんど接点がなかった。

一方、1999年ごろ、アマチュア球界ではある有望な大学生捕手がドラフトの候補選手として、がぜん注目されているというニュースがスポーツ報道をにぎやかす。2024年から指揮を執る第20代巨人軍監督、中大の阿部慎之助、東司さんの息子でもある。

僕の大学時代、捕手の阿部さんにボールを受けてもらっていたころは、まだ慎之助はこの世に生を受けていない。その慎之助が有望選手としてジャイアンツに入団する可能性があるという。このとき、僕は不思議な縁を感じた。

当時、ジャイアンツは長い間、守備の要としてマスクをかぶっていた村田真一の後継者を模索しており、ジャイアンツのチーム編成の大きな課題だった。大卒の即戦力、慎之助を獲得できればチーム強化の展望が開けてくると誰しもが思っていた。

「阿部慎之助、巨人軍入団」関連の記事が連日、スポーツ紙をにぎわした2000年末、僕の自宅の電話が鳴った。声の主は「怖い先輩」阿部さんだった。電話に出た家内が取り次ぐ。ついつい留守だと言ってくれ、と伝えてしまった。

しかし、居留守はバレバレだった。それでも阿部さんはまた電話をくれ、僕が電話口に出ると神妙な様子で言った。

「居留守を使ったのは分かってたよ。だが、一言お前に頼みがあった。今度、俺のせがれが巨人で世話になることになった。くれぐれもよろしく頼む……」

驚いた……。まさかあの鬼のような先輩がそんな電話を僕にくれるなんて……。

阿部さんは千葉県浦安市で建築関係の会社を経営し、地元の祭りなどの催事にも昔から積極的に参加するような人だ。僕の母方の祖父も東京葛飾区で大工の棟梁をしていたが、ともに口調はべらんめいで、性格的に荒っぽいところはあるけれど、根は気のよい下町気質の頑固おやじだった。僕はこのとき、少しでも慎之助の力になれるように頑張らなくてはと、心に決める。

阿部先輩からの電話には、いつもギョッとしてしまう……

広報部時代、東京ドームで試合前の練習中は報道対応で忙しい。グラウンド上にいた僕のポケットの携帯電話が鳴る。ガラケーの小さいディスプレイ画面には「阿部東司」の名前が見て取れ、一瞬、ギョッとする。

その着信を取れないほど忙しいタイミングではなかったが、逆にその電話を取って話すほど余裕があるかと言えばそうではなかったので、とっさにその着信を見送ってしまった。いや無視と言われれば無視だ……。

と、また電話が鳴る。緊急？？　今度はガラケーの緑色のボタンを押した。

こんにちは……、

「こんにちはじゃねーよ、お前なんで電話に出ねぇーんだよ」

いやいや、すみません、今仕事中で着信に気がつかなかったもんで……。

「何ぃ、忙しい？　全然忙しそうじゃねーじゃねーか」

えっ？？　あのぉ……、阿部さんは今どこにいるんすか？

「俺かぁ、俺はお前の右後ろのほうだ、ずっとスタンドの上のほうだよ」

ス、スタンド？……。背筋がヒヤッとするのを感じながら、ゆっくりと振り向く……。

ゲゲッー！　東京ドームの開場時間は過ぎ、すでに観客は球場内に案内されていたことを僕は忘れていた。そこにはニッコリとほほ笑み、なぜか僕に人さし指と中指を広げ、謎のピースサインを送る阿部さんがいた。

「コノヤロー！　また居留守みたいなマネしやがったなぁ！」

す、すみません！　ヤバい！　昔だったら鉄拳制裁間違いなしだ。季節は夏だったが、背筋が凍ったあの感覚は今も忘れない。先輩後輩の関係はいつまでたっても変わらないものである。

そんな阿部先輩からまた電話が掛かってきた。２００６年、今からもう18年も前のことだ。「慎之助が沖縄で自主トレをやるんだが、お前も来ないか」というものだった。

この自主トレには同じ巨人で慎之助の中大の後輩でもある亀井善行（当時は義行）、そして慎之助と同じ千葉県出身の若手左腕・林昌範の2人が帯同するという。

自主トレの場所はどこなんですか？　阿部さんに聞く。「沖縄の伊江島という離島だ。ウチの会社の社員の郷里なんだよ。とてもよいところで練習をする設備もあるらしい」。

伊江島……？　行ったことはないが、聞いたことがある名前だった。

浮き球野球で縁があった伊江島に

伊江島は沖縄北部の本部（もとぶ）という港からフェリーで30分のところにある島で、偶然だが、僕の友人で現在、新宿三丁目にある沖縄居酒屋「海森」を経営している名嘉元三治さんの郷里でもあった。

名嘉元さんは20年以上にわたって親しくさせていただいている人物だったが、知り合うきっかけはやはり野球だった。野球と言ってもその野球は「浮き球野球」という草野球のようなものと表現したほうがいいのかもしれない。

僕はファンサービスの部署にいたこともあり、この団体から指導を依頼された。つまりは三角ベースの草野球だが、簡単に説明すると、ボールになる浮き球は漁網を浮かせるために使う漁具で、7人同士のチームで競う。作家の椎名誠さんが、旅先で出会った漁師たちが砂浜で三角ベースに興じていたのを見たことがきっかけで始まった。

浮き球は軽いため大の男さえも「投げる、捕る」の力加減がなかなか難しいが、逆に力のない小学生や野球経験のない女性などにも適しており、全国規模で活動が展開されている楽しいコミュニケーションツールと言えるものだった。

名嘉元さんのお店では、この「浮き球野球」の精鋭たちが夜な夜な集まり、野球談議を交わし、伊江島では浮き球野球の全国大会も行われた。

伊江島の主な産業は農業、漁業だ。島にはスポーツ施設として伊江島野球場があり、この暖かい気候の下でジャイアンツの3選手は打撃練習を含め春季キャンプ前の体づくりのための自主トレーニングを開始した。

第二次世界大戦中、激戦の地として知られ、兵士、島民を含め、とても多くの尊い命が奪われた。「伊江島での戦闘は沖縄戦の縮図」とまで言われた悲しい歴史がある。島に乗り込んだ慎之助は、島の東部にある「反戦平和資料館」を訪れ、並んだ兵器の残骸、戦時中の遺品、戦争の悲惨さを物語る数々の品の前でそっと手を合わせた。

3人は島の中央にそびえる標高172メートルの城山（グスヤマ。愛称タッチュー）にも登る。この山を含めた島全体の伊江島のシルエットは、皮肉にもちょうど一隻の軍艦のように見える。島の中央にそびえ立つシンボルであるこのタッチューは、島民からは信仰の対象とされた聖地であり、パワースポットでもある。

慎之助は頂上に達し、四方ぐるりと360度を見渡す。目の前に広がる「伊江ブルー」と呼ばれる青い海の水平線の彼方を見つめ、海との境が分からなくなりそうな青い空に包まれて、感嘆の声を上げた。そして、これから迎えるシーズンをケガなく、無事に乗り切れることへの祈りを捧げ、すがすがしいその精気を体の隅々まで充填《じゅうてん》した。

慎之助はその後も島を訪れ、島での野球教室などの野球振興、社会貢献も行い、2017年には伊江島観光親善大使に就任。一アスリートとして島の発展に寄与する活動も行っている。

あのときの初々しい大学生が……僕も年を取ったな

時は流れ、2023年、ジャイアンツは2年連続Bクラスという屈辱の結果に終わった。報道の焦点は監督交代にスポットが当てられ、阿部慎之助ヘッドコーチが原辰徳監督からバトンを受け取る形で第20代読売巨人軍監督に就任した。以前から次期監督候補の一人として名前は挙がっていたが、こうして現実を目の当たりにすると、僕は「おめでとう」とか「頑張れ」という言葉を言う前に、自分も年を取ったなという思いが先に頭に浮かんでしまう。

あのときの大学生の青年という印象がまだ忘れられないからだ。

慎之助と初めて会ったのは、まさにそのプロ野球人生が始まろうしている2001年自主トレ前の1月、僕が阿部家を訪れたときだった。

玄関のドアを入る前に足元を見るとまず、大きな円が描かれている。ウエイティングサークルだった。ドアが開かれ、玄関に入ると足元の床にはバッターボックスとホームプレートがあしらわれている。玄関には数々の記念品や野球用具、グッズなどが所狭しと飾られ、資料館さながらの雰囲気に圧倒された。

そこに慎之助が現れ「よろしくお願いします」と一礼した。おとなしく、素直な青年という第一印象を持った。すると、阿部さんが「お前もそこに一筆書いてくれよ」と言うので見ると、階段の手すりを支えている柱がすべて野球のバットの形状になっており、それぞれにメッセージとサインが記してある。

僕はその何も書かれていない一本のバットに書かせてもらった。

「成功あるのみ」――。幾多の試練、苦難を乗り越えなくてはならないこともあるだろうが、慎之助ならばやり遂げられる、慎之助には成功してほしい、いや成功するに決まっているという思いがこの言葉になった。

バットには中大の先輩、岡村隆則さん、僕と大学同期の小川淳司、熊野輝光など多くの人のメッセージが書かれていた。

吹き抜けの玄関の上のほうを見上げると、9イニングのスコアが記入された試合のスコアボードが壁に飾ってあった。慎之助が高校3年間野球を頑張ったら、メジャーの試合を見に連れてってやるという東司さんの親心から実現したご褒美旅行での一戦だという。

この試合では、ヤンキースのダリル・ストロベリーが3打席連続ホームランを打った。プロ野球選手を夢見る日本からやって来た青年には、同じ左打者として、この3本のホームランはどのように映ったのだろうか……。

そのあと慎之助の巨人軍入寮の日も広報担当者として報道対応をしていた。多くの新聞、テレビのカメラマンが入寮してくる新入団選手たちを玄関で待つ。僕はいつものように撮影エリアを仕切った。

慎之助が玄関前にやってきた。僕は一度、慎之助の足を止めて「おはよう。カメラマンが構えているけど、荷物を持ったままでいいからここから真っすぐ入り、下駄箱の前でスリッパに履き替えてから奥に進んでくれるか」と伝える。「それから、その先に正力松太郎元巨人軍オーナーの銅像がある、その右奥に事務室があり、そこに寮長、マネジャーがいるから」とも付け加えた。

少し緊張した面持ちで「ハイ」と言うとバシャバシャとフラッシュがたかれる中、玄関を入っていく。スリッパに履き替え、慎之助は正力松太郎像の前で立ち止まると、像に向かって、背筋を伸ばし、腰をくの字に曲げ、一礼した。一斉にカメラマンたちのシャッターが切られる。

その姿を見て僕は、巨人軍というチームに入団するということの重さ、そしてこれから始まる自身のプロ野球選手としての強い心構えを感じた。


慎之助の素は明るく、ひょうきん者だ。よく僕らを笑わせた。声帯模写や形態模写の持ちネタは特徴をよく捉えていて、かなりウケる。雑談の中の笑い話も、年の離れた僕でさえ最高に楽しく、慎之助がいると場が盛り上った。

「来年はアレではなく、アベで……」

阿部新監督は就任記者会見で早速やってくれた。新語・流行語大賞の年間大賞に選ばれた阪神・岡田彰布監督のフレーズを逆手に取るとは……。

なかなかやるじゃん！　そのノリ、イイね。

偉そうなことを言うつもりはないが、この世界は結果がすべて。よい結果を出すにはよい準備が必要だ。今のチームには可能性を秘めた選手、有能なコーチ、スタッフはたくさんいると思う。みんなが〝個〟の力を十分発揮できるような雰囲気を慎之助の持ち前の明るさで引き出してほしい。

特に2024年は、結果を恐れず伸び伸びとプレーする若い選手を見るのが楽しみだ。どんな阿部ジャイアンツを見せてくれるのか大いに期待している。

怖くて優しい先輩・阿部東司さん。
右は著者（写真は著者提供）

村田真一 編

巨人の捕手には3人の村田がいるって、あと一人は？

あれは2000年だったと思う。あるスポーツ紙の遊軍記者がその当時のジャイアンツの捕手陣事情を新聞原稿にした。

「現在の巨人軍の捕手は村田真、村田忠、村田善と3人の捕手がいる」

実はその記事を見ていなかったのだが、掲載日の翌日、この新聞社の原稿を書いた記者ではない別の記者が掲載された新聞を握り締め、グラウンドにいた僕のところに来て「申し訳ありません、きのうの記事に誤りがありました」と頭を下げた。

巨人軍には村田真一、村田善則という2人の捕手はいても、村田忠という人間は存在しない。チューと言うのは正捕手・村田真一のあだ名である。

村田のあだ名「チュー」の由来をご存じない方々にお伝えしておこう。1982年にドラフト5位で滝川高から入団した村田の同期生には、同じく高卒入団の槙原寛己、山本幸二、吉村禎章らがいる。のちに50番トリオとして売り出す駒田、槙原、吉村らも含めて、あしたの巨人軍を支える期待の星として、「地獄の多摩川」で日夜、練習に明け暮れた。

その中でも頭から足先まで多摩川グラウンドの土にまみれる若者がいた。ユニフォームが一番汚れている選手、一番最後までグラウンドにいる選手、ドブネズミのように真っ黒になって練習に打ち込んでいるのが村田であり、付いたあだ名がチューだった。しかし、厳しく、ひたむきに練習に打ち込むチューはいつも笑顔も忘れず、その姿は楽しそうにも見えたものだった。

捕手陣の転換期を迎えていたジャイアンツは次世代の捕手養成のため、山本、村田の2人の高校生をドラフトで獲得した。僕はこの2人とバッテリーを組んだことがあるが、幸二は柔軟なフットワークに肩が強く、巧みなインサイドワークで成長が期待される好素材ながら、打撃面はプロの投手に対しては、やや時間が掛かるかなと思わせた。一方、チューは思い切りのよさとパンチ力があり、相手投手に向かっていくアグレッシブな打撃が売りだった。だが、肩は強いもののキャッチングなどの捕手技能にはまだまだ多くの課題を残し、当時のスカウト評は「守備は幸二が上。打撃は村田が上」だった。

チューはどん欲だった。練習から帰ったある日、チューが突然真剣な表情で僕を捕まえ、こう言った。「ピッチャーというのはボールを放すときの体勢はこれでいいんですか」と食堂の真ん中でポーズをし、「この体勢から、ボールを放す位置はどの辺になるんですか」と質問を浴びせる。研究熱心なその行動を見て僕は驚いた。チューの目が「下手くそやから、やるしかないんや」と言っているような気がした。

チューは入団ホヤホヤの1年生でありながら、なんとその年の開幕一軍のメンバーに入る。開幕直前に先輩捕手のケガで捕手が足りないという事態になったからだ。

巨人軍の高校出新人の開幕一軍登録は、1966年、あの堀内恒夫さん以来だという。当時は山倉さんがどっしりと正捕手の座に座わる不動のレギュラーであったが、もし、山倉さんがケガで離脱となれば、チューだってマスクをかぶらなくてはならない。一軍にいた僕も毎日ブルペンでチューにボールを捕ってもらった。

チューは1カ月くらい一軍に籍を置いたが、トレードで阪急から笹本信二さんが移籍してくると、一軍出場はないまま二軍に戻る。「香坂さん、あしたからファームです。お世話になりました」。チューは一軍での緊張感から解放されたことでホッとした表情であいさつをしてくれた。

「そうか。じゃ、試合が終わったら、お疲れさん会やるか」と言うと「六本木行きたいです！　まだ、行ったことないんで」と無邪気に笑った。

まだ高校生に毛の生えた程度のチューは初々しくかわいいヤツだった。

チャンスをつかんだチューに相次ぐ試練と不幸が……

その後、僕がチューの雄姿を目の当たりにしたのは二軍の試合だった。西武戦の9回裏巨人の攻撃、相手投手はベテランの古沢憲司さんだった。チューは物おじせず、ストレートを見事はじき返し、サヨナラホームランを打った。もともとパンチ力に定評はあったものの、若手でありながら、勝負どころで結果を出せる非凡なものを持っている選手として頭角を現し始めた。

ドブネズミのようになって頑張った努力は少しずつ実り、正捕手の座をつかもうとさらなる意気込みで頑張っていた矢先、右肩の痛みに悩まされ始める。

1986年、入団5年目だった。肩の痛みに苦しんだ末、チューは自ら決断しアメリカへ渡り、手術を受けた。現在のようにリスクが少なく安全な手術とは言えなかった時代に、あえて勝負を懸けた。チューは「あのとき手術を受ける決断せんかったら、その後の自分はなかったんやろうな」と言う。チューの右肩の付け根にはぐるりと、そのときの大きな手術痕が残っている。

リハビリも順調に行い、回復したチューは復帰後、レギュラーの座をつかみ、1990年にはベストナインも手中にする活躍をする。

しかし、チューにさらなる不幸が降りかかる……。

1997年、6歳の娘さんが交通事故で他界してしまう……。

事故があった直後、情報を聞いた僕は娘さんが運ばれた病院へ直行した。僕の心臓の鼓動は信じられないほど速く刻んだ。チューが心配だったが、とても顔など見られる心境ではなく、記者たちの対応に終始した。

あとでチューに言われた。

「ありがとうございました。来てくれたんですね。会いに来てくれればよかったのに。誰かに会わないと気が狂ってしまいそうだったんですよ」

チュー、すまなかった……。そのときチューに真っ先に会いに行ったのは同じ捕手のライバルだったデーブ（大久保博元。1995年引退）だった……。

娘さんの葬儀では、せめてものお手伝いとして多くの弔問客の案内などをさせてもらったが、僕は目からこぼれ落ちる涙を止めることができなかった。

みんなをスカッとさせた福嗣君への痛快な一言

ある日の試合前のミーティング、常に厳しい近藤昭仁ヘッドコーチが、強い言葉でチューを叱責した。

「村田！　きのうはオマエで負けたんだ！」

シーンと静まるミーティングルーム。ニューヨーク・ヤンキースの監督だったジョー・トーリ氏は、選手の名前をミーティングで引き合いに出すときには、必ずその選手に事前に一言申し添えるという話を聞いたことがある。僕はチューに「いきなりだものな、根回しはあったんだろ？」と聞いてみた。

チューは「そんなのゼーンゼンないっすよ。あんなこと何回もありましたし。でも、そのたびに『よーし、黙らせてやろうやないか！』と思いました」と闘志さえ込めて僕に言ってのけた。

のちこうも言っていた。

「藤田（元司）さん（1992年までの監督）に会ったとき、『チュー、オマエには散々厳しいことを言ったな』ってね。ホント厳しい時代だったけれど、あの時代が優しい時代だったら、多分俺はダメになってやめていたね」

チューの配球は攻撃的だ。勝負球は、その投手のその日の一番いい球。リスクを冒し、イチかバチかの勝負をすることだってあった。バッテリーの考えが一致した渾身のボールを打たれたのならば仕方がないというのがチューのリードだった。僕はスコアラー時代、チューの背中越しにネット裏から見ていたから、それを感じることができた。

歯に衣着せぬ発言をする性格もナインをスカッとさせた。落合博満さんの息子・福嗣君が東京ドームに訪れたときだ。まだ小学生の低学年だった福嗣君はロッカーの入り口に立ち、次々と球場入りしてくる選手に対し、なれなれしい態度で「ヨッ！」「ヨッ！」と無邪気に声を掛けた。

落合さんの息子だと知っている選手はニコッと笑い、軽く頭をなでるなど、それなりに構ってあげていたが、そこに入って来たチューは一切福嗣君を子ども扱いせず、

「コラ！　お前のオヤジはエライけどな、お前はちっとも偉ろうないんや！　ちゃんとあいさつせんかい！」と一喝。

福嗣君はあまりにも唐突に叱られたもので、目をキョロキョロし、ハトが豆鉄砲を食らったような顔をして、ロッカーから出て行ってしまった。

チューを信頼するナインは多かった。ベテランから若い選手、裏方を問わず、誰からも愛されていた。プロ野球選手としての経験、アクシデントやさまざまなつらい出来事を乗り越え、生きざまやその人柄で多くの仲間の支持を得て、この厳しい世界を生き抜いてきた男だ。

まさに「傷だらけのG戦士」だった。

駒田徳広編

投手断念は「とてもガッカリしてしまう出来事」が理由

満員の後楽園球場で入団3年目のヤングボーイ、駒田徳広が鮮烈デビューを飾った。それもプロ初打席で満塁ホームランという史上初の快挙だった。

1983年、開幕第2戦目の出来事で、僕はその場面をテレビで見ていた。巨人満塁のチャンス。おっ？　コマだ。相手投手は大洋の右田一彦。駒田が高めに浮いたカーブを振り抜くと打球はライトスタンドを埋め尽くした巨人応援団の中に吸い込まれた。見事な一打、ニューヒーロー、頼もしき若武者の強烈アピールだった。

駒田は奈良の桜井商高から1980年のドラフト会議で2位指名、僕の1年後の入団で、当時は投手だった。身長190センチの長身。同じ投手として、その素質を感じていた。まずは体の使い方がうまく、長身を生かした角度のあるストレートと大きく曲がり落ちるカーブのキレのよさは、今もまだしっかりと記憶に刻まれている。今であればまさに二刀流で旋風を巻き起こしてもおかしくない逸材だった。

だが、コマは入団早々投手を断念してしまう。その理由は本人いわく、とてもガッカリしてしまう出来事からだった。

入団間もない多摩川グラウンドでの練習、初めてのピッチングでブルペンに入ったのはいいが、コマのボールを受けたのは、本職の捕手ではなく、副寮長の村田彰さんだった。村田さんは僕もお世話になった方で、選手用バスの運転手も務めていた。自衛隊出身で車両操縦技術に長けていた村田さんは大きな車幅、車長の球団バスをいとも簡単に操った。

ただ、村田さんは野球の経験がなかった。練習の準備や球拾いなども手伝ってくれていたが、ピッチングの相手が村田さんだったということは、どうやらコマのモチベーションを大きく下げてしまったようだ。しかも村田さんは左利きであり、キャッチャーミットではなく、普通の硬式用グラブでボールを受けようとしていたこともある。

野手に転向してからのコマは、当時の国松彰二軍監督やコーチたちにいつも怒られていた。それでも毎日毎日、大粒の汗を拭いながら、ほかの二軍選手と同じように「多摩川の泥」になった。

寮生活はともにしていたもののそれほど接点もなく、交わす言葉も多くはなかった。だからコマは物静かな男……、と思っていた。

しかし、1983年のシーズン終わりに行われた熱海での納会の帰り道で、僕は別人のような駒田徳広を見る。

納会の行われた熱海後楽園ホテルから自分の車を運転し、帰路に就くとき、ふと見るとホテルの玄関にコマが……。「香坂さん、帰るんですか……、よかったら乗せていってくれませんか」。球団の高卒ルールで、まだマイカー所持の許可が出ておらず、往路は誰かの別の車に便乗して、熱海まで来ていたのだった。「おお、いいよ」と言うと、うれしそうに車に乗り込み、僕は車を走らせる。

この年、一軍でまずは結果を残すシーズンを送れたコマは、これからシーズンオフになるということもあるのだろうか、表情は柔らかく何か楽しそうだった。ニコニコしながら、矢継ぎ早にさまざまな話題を繰り出した。

こんなおしゃべりだったかな。別人のようにしゃべるコマに驚いた。悩んで悩んで苦労し、何かが吹っ切れたのかな……。やはり一軍デビューが大きな自信になったのだろう。

一方的なコマの話はずっと終わらなかったが、話の中身は面白かった。なぜかって?すべて他人の悪口を含めた愚痴ばかりだったからだ。たまっていたんだなぁ。

翌1984年、将来のクリーンアップ候補として大きな期待をかけられていた駒田は、「荒川道場」の門をたたいた。王貞治さんの一本足打法の生みの親として厳しい指導を行った、大先輩でもある元巨人軍打撃コーチ・荒川博さんの家へ通ったのだ。

しかしそれは門をたたいたというより、行かされたというのが正しかったらしい。提案したのは元寮長の武宮さんだった。駒田と稲垣秀次(同じく将来有望な長距離砲として期待された若手の右打者)の2人を当時二軍打撃コーチだった原田治明さんが引率し、荒川さん宅に足しげく通った。

駒田が一軍に上がったあとも関東地区でナイトゲームがあったときなど、試合後には荒川さん宅に行き、打撃指導を受けた。王さんが現役時代にやられた、合気道の教えや日本刀を使う指導もあった。

あくる日に二軍の練習や試合がある原田さんは深夜に帰宅し、早朝に出掛けていく生活で極度の睡眠不足に悩まされたという。

駒田は必死に一本足打法に取り組んだが、結果が出ず、元の打法に戻した。

日本シリーズMVP、最初に電話したのは……

コマは短気だ。プレー中にファンのヤジにブチ切れて、今にも取っ組み合いのケンカになりそうなことだってあった。

しかしこの世界、カッカしながら自分を奮い立たせ、力を振り絞るタイプはプロ向きの性格だ。とかく紳士的にスマートにカッコよく結果を出そうとするタイプが多いジャイアンツには、コマのような熱いファイターが不可欠だった。

ただ、むちゃなプレーはしない。レギュラーに定着してからは、いつも「ケガだけはしないように気を付けている」と言っていた。

「ケガのリスクを負うプレーは試合に出ていれば付き物だけど、危ないと自分が判断した場合は避けるようにいつも気を付けます。僕がレギュラーとしてある程度の成績を残していて、もし僕がケガで欠場したら、チームは損をします。今残している成績と同じか、もしくはそれ以上の成績を残せそうな選手が僕の代わりに試合に出て活躍できますか？ 簡単にそういう選手が現れるものじゃないでしょう」

バッティングだけではない。一塁手としての守備力は天下一品だ。確実で柔軟なグラブさばき、正確なスローイング、あの大きな体でも軽快に動く守備範囲の広さ、バントシフト時のゴロ処理などは正確そのもので、ゴールデン・グラブ賞10回はだてじゃない。打撃力と守備力を併せ持った選手はチームにとって大きな戦力だ。ケガをしないという強い意識を持ちながらプレーしている選手がいるのも監督にしてみれば頼もしい。

無事これ名馬……、駒田をさして言っているような言葉だ。

怒られ、叱られて背中を丸めていた新人時代、華々しいデビューを飾っても常に野球と向き合い悩み続けてきた。常に疑問を持ちながら、さまざまな打撃フォームにトライし、ロングヒッターからアベレージヒッターへ打撃スタイルを変えることもためらうことなく行ってきた。やがて悩むことは考えることに変わり、しっかりと2000安打という大きな足跡がコマの野球人生に残る。

1989年の近鉄との日本シリーズ……、巨人が逆転で日本一に輝く。このシリーズでは最高打率・522を残した駒田がシリーズMVPに輝いた。この「MVP受賞」の吉報を知らせるため、コマはある人物に電話を掛けた。

荒川さんだ。「荒川さんのお陰でMVPを獲ることができました。本当にありがとうございました」。荒川さんはさぞうれしかったことだろう。そして荒川さん以上に喜んでいたのが荒川さんの奥さんだったという。

この話は駒田と一緒に荒川さん宅へ通った原田さんに教えていただいた話だ。

「コマはね、ホントにいいところのあるヤツなんだよ」

巨人軍だけではなく、他球団にも籍を置き、セ、パ両リーグの球団、独立リーグ、大学でも指導者の経験を持つ。現在は2022年から巨人の三軍監督を務めるが、その経験、そして多くの引き出しを生かして、一人でも多くの選手があこがれの舞台で活躍できるように導いてあげてほしい。

川相昌弘編

「3対2で勝つ」藤田野球にフィットしショートに

ジャイアンツの1982年ドラフト会議1位指名は、言わずと知れた「平成の大エース」斎藤雅樹だ。そして斎藤と同期入団の高校生に、ドラフト4位、岡山南高出身で甲子園出場経験者、投手出身の川相昌弘もいる。細身の体ではあるが、高校生とは思えない年輪を感じさせる風貌で、すぐに付いたニックネームは「ジィ」だった。

甲子園では投手としてマウンドに上がっていたが、プロ入り後は内野手起用の方針だった。投手出身だけに柔軟なハンドワークで、肩は強く、正確なスローイングができた。ウォーミングアップでバク転を披露するなど、軽快な動きを見せ、遊撃手としての資質を兼ね備えた選手だった。ただ、川相は特別に足が速いというわけでもなく、ボールを遠くに飛ばせるパワーがあるわけではない。僕は果たしてレギュラーを張れる選手になれるのだろうかという疑問が先に立っていた。

実際、守備力でアピールした川相は、2年目の1984年にすでに一軍初出場を果たすも、その後、一、二軍を行き来していた。

僕も例によって同じように一軍、二軍を行き来していたが、あるとき一軍から降格し、合流した二軍戦で驚いた。川相は三番に座わり、その試合の第1打席に素晴らしい打球で左中間を破る二塁打を放った。力が抜けてバットのヘッドが素早く返り、打球が速く、飛距離も出た。僕の知っている非力な川相ではなかった。続く打席も長打を連発。打率も急上昇で二軍ではハイアベレージをキープしていた。

細かった体も徐々に大きくなり、だんだんプロの体になっていく。川相はその後、ショートのポジション争いに名を連ねた。ライバルは岡崎郁、勝呂博憲（現壽統）、鴻野淳基だった。打撃では岡崎、勝呂、鴻野に続いて川相という順の評価、守備力では勝呂、川相が頭一つリード、岡崎、鴻野が続くという評価だったと記憶している。

1989年、2期目の監督となった藤田さんは「3対2で勝つ野球」を公言していた。斎藤、槙原、桑田真澄の三本柱を中心に徹底した守りの野球を貫き、相手の攻撃を2点以内に抑え、打撃陣はそれよりもう1点多く取って勝つという、今の野球では考えられないような緻密な戦略を展開しようとしていた。

そうなると、藤田野球に不可欠なのは守りの中心線であるセンターラインの強化であり、その要になる信頼できる遊撃手が必要になる。川相は確実性のある柔軟な動き、所狭しと動きまくる広い守備範囲で正遊撃手の座を奪い取った。

その華麗な動きはMLBで「オズの魔法使い」の異名を取ったオジー・スミスとダブった。スミスも川相も愛称は「オジー」(川相はおジィ?)。当時人気絶頂の女優・宮沢りえさんも川相のその華麗なフィールディングに魅せられ、ファンの一人であったのは有名な話だ。

僕は職人・川相に聞いたことがある。ゴロ捕球のコツは? と。すると「目の位置を低く、ゴロを下から見るんですよ。打った瞬間からボールを上から見るように動いたらダメです。下から、下からです。これができるようになってから僕の守備がさらに安定してきました」。確かに川相を見ていると視線が低い、体勢が低い。

自身の技術の探求とともに相手を研究する姿勢

1点にこだわる藤田野球の攻撃面での不可欠戦法、それは走者を確実に先の塁へ送る「犠打」だ。送りバントを成功させるための技術を熟知、体得している川相はどんな場面でも確実に走者を送った。「バントの神様」と言われるゆえんである。

2003年8月20日、東京ドームでの横浜戦で512犠打の世界新記録を達成。それまで記録を保持していたのはエディ・コリンズ（アスレチックスほか。1906〜1930年まで現役）だった。当時のMLBの記録を調べてみると、ある事実が判明する。「犠打」という項目の数字の横に「including sacrifice hits」（インクルーディング・サクリファイス・ヒッツ）という注釈が付いている。これは「送りバントの数のほかに、犠飛、進塁打の数も含む」という意味だった。

当時のコリンズの記録は犠飛、進塁打が含まれた数字となり、川相の新記録は犠打だけなので、このとき以前に記録は達成されていたということになる。

90年以上も前のアメリカの記録との定義の違いはあって当然かもしれないが、それ以上にチームのために自己犠牲となるプレーをひたむきに続けてきた川相の足跡は敬意を払われるべき、偉大なものだ。

洗練された守備力を持ち、送りバントを含めたヒットエンドランや進塁打などのほか、機転の利いた果敢な走塁を仕掛け、相手に嫌がられる存在となっていた。

だが、それは彼の持っているもののすべてではない。自身の技術の探求とともに相手を研究する姿勢を持っている男でもあった。

1991年、僕の先乗りスコアラー時代、ヤクルトとの信越シリーズで、データを長野県の松本まで持参したときだった。

当時巨人キラーと言われていたヤクルト・川崎憲次郎は140キロ台中盤のストレートとウイニングショットのフォークボールのコンビネーションで巨人打者を苦しめた。川相は僕のつくった川崎のチャート（配球表）を見ながら「川崎のやや高めに浮くこのストレートって、前回登板ではどのくらい投げてますかね」と言った。さらに「そう簡単には打てないとは思うんですけど、この高めのストレートは狙えませんかね。無理せず、できればライト方向へたたきつけるようにね」と加えた。

この試合、ヤクルト先発は川崎ではなかったが、翌6月26日、東京ドームで先発。序盤から好投を続けたが、川相は8回にライト線三塁打、9回にライト前タイムリー。試合は巨人が逆転サヨナラ勝ちをした。相手を懸命に研究し、一つの結果を出すという川相の姿勢は頼もしかった。

ファイター川相の意外な一面、ちょっと疲れるダジャレ王？

川相の着眼点、発想は柔らかく、ほかの選手が及ばないアンテナを持っていた。そしてまた、「闘争心」の塊のような選手だった。

自分の思ったことはっきり言う、芯が強く、自分の考えを貫く。乱闘ともなれば真っ先に体を張って味方に加勢し、ふがいない結果に終われば、感情をあらわにし、近くにあるバケツなど、なんでも蹴飛しまくり悔しがった。技術以外のそういった戦う男に必要な要素をすべて兼ね備えていた。

そんなファイターの意外な一面もご紹介する。

1992年、僕が広報部へ移った年、テレビのバラエティー番組のロケが行われ、当時、若手お笑い芸人として活躍していたウッチャンナンチャンの内村光良さん、南原清隆さんコンビが東京ドームにやって来た。彼らはあまり慣れていないプロ野球の現場の敷居が高かったのか、グラウンドで藤田監督にあいさつをしたときも緊張を隠せず、いつもの明るいキャラクターは封印されたように振る舞っていた。

ここに登場したのが川相……、ここからは「ジィちゃん」にしよう。

ジィちゃんは職人・川相の姿のかけらも見せず、プロの漫才師と絶妙な掛け合いをする。特にジィちゃんのダジャレは猛威を振るい、ウッチャンナンチャンを食ってしまう。

ジィちゃんのダジャレがさく裂するたびに内村さんは「川相ギャグその1！ その2！」と合いの手を入れた。こんな一面がジィちゃんにはあったのだ。

それからというもの、ジィちゃんのダジャレは多くのシーンで場を和ませ、はたまたナインを凍らせた。キャンプなどで朝、顔を合わせたときに、この「川相ギャグ」なるダジャレを聞いてしまおうものならば、午前中からガクッと脱力感に襲われてしまい、ヤル気をそがれたものだ。

それでは現役、コーチ時代を含めた珠玉の「川相ギャグ」の数々、僕が紹介させていただくことにする（詳細の説明は略）。

その1　夏場の試合、緊張する場面で……「キンチョーの夏……」。

その2　選手いじりで……「井端はいいバッター」「由伸は世を忍ぶ仮の姿」。

その3　若手選手に……「ブドウを10個食べたら体にいいぞ……」（ブドウ糖ね）。

その4「水戸黄門が始球式をしたら、投げたコースはインロー（印籠）」。

その5「シャインマスカットを食べられるのは社員だけ」。

その6「松原！　なんとかせいや！（聖弥）」。

その7　阪神の優勝は「半信半疑やなぁ……」。

笑わせる……。しかしこの微妙な脱力感はなんだ……。

「バントの神様」はクレバーで努力家、みなぎるような闘志の持ち主、そして、ジィちゃんはユーモアあふれる愛すべき人柄だ。ちょっと疲れるが……。

元木大介 編

僕を広報に導いた男……だったのかな……

先乗りスコアラーとして4年が過ぎた1989年のシーズンオフ、当時の現場チーム付であった今沢正史広報にオフィスで呼ばれた。

「香坂、上宮高校の元木（大介）君、知ってるか」

今度のドラフト会議で注目されている高校生だ。僕はなかなかのイケメンで女子高校生の間ではすごい人気であることと、甲子園ではピッチャーフライを打ち上げた際に一塁へ走ることを怠り、監督に大目玉を食ったということぐらいしか知らなかった。

「今度のドラフトで、その元木君をもしウチが獲得したら、彼には専属の広報が必要だと考えている。そのときは君に元木君の専属広報をやってもらいたいと思ってるんだが」

はぁっ？　ぼ、僕がですかぁ。

突然だったので驚いたが、その場で断ってしまった。僕は入団以来、巨人軍を取材する多くのマスコミの仕事ぶりは実際に見て知っており、異常なほどの熱を帯びた場所であったと感じていた。

「日本のスポーツのトップメディア、そして海千山千の記者が集まる現場を仕切るのが広報の仕事ですよね。僕には経験もないし、そんな大役、到底できない仕事ですよ。不安過ぎて絶対に無理です。勘弁してください」

ようやく脂が乗ってきた先乗りスコアラーの仕事を続けたいという気持ちが強かったのも断った理由だった。今沢広報は「ウーン、そうか……」と言って、僕の異動の話もそれきりになった……と思っていた。

間もなく行われたドラフト会議で大介はダイエーに1位指名を受けるが、あこがれのジャイアンツへの入団をあきらめられず拒否し、1年間の浪人生活を経て、1990年秋、巨人にドラフト1位で指名された。

実はその前に、今沢さんの2度目の広報部異動の打診を断っていた。しかし、1992年の年明けには3度目の正直というか、自分の意思とは裏腹に強制的に広報部への異動命令が下る。それも、その前年の仕事納めが終わった日、社を出ようとすると同僚に「おい、新広報、来年から大変だけど頑張れよ！」と声を掛けられたのだ。

えっ？　新広報？　すぐにフロアに戻り、当時、一軍担当になっていた国松さんに確認した。国松さんは「あれ、言ってなかったっけ？　そうなんだ、来年からは広報部な。よろしく頼むよ」と笑いながら僕に告げた。

僕は国松さんのデスクの前でしばらく立ち尽くすと「どうしたんだよ、晴天のへきれきという顔をして」と笑われてしまう。でも、僕にとっては事件なんです。内示なしは勘弁してほしい……。

今沢さんにはあとで「人事は社命だ」と怒られた……。おっしゃるとおりだ。

僕の広報異動と大介には少しは縁があったということになる……のかな。

ただ、僕は「元木大介専属広報」となったわけではない。それは、元木専属だけの仕事をしていればいいほど、甘い仕事環境ではなかったからでもある。


代走でも登場！　大介は「幻の韋駄天」だった！


選手としての大介は「クセ者」の呼び名がふさわしいというファンの方も多いかもしれない。ご存じのように長嶋監督が命名したなんとも絶妙なキャッチコピー？　だ。

僕の広報1年目、大介は高校出ながら入団2年目で一軍昇格を果たした。入団時、「高校のときにキャッチャー以外のポジションを全部守ったけど、全部僕が一番うまかったです」と言っていたが、それはすんなりとうなずける言葉だった。大介はどこでも守れるユーティリティープレーヤーとして試合経験を積み始める。

足の速さを生かした代走での起用も多く……えっ？　足？　代走？　と疑う声もあろうとも思うが、少なくとも当時の僕の印象では大介の足は速かった。

確かに俊足とは言い過ぎかもしれないが、代走に起用され塁上に立った大介は生き生きとしていた。リード、帰塁、リードオフ、スタート、ベースワーク、打球判断、スライディング等々、洗練された走塁スキルを兼ね備え、「野球の足」という点で相手に嫌がられる存在であった。のち後輩選手に「元木さんが代走やってたんですかぁ？」などと言われ、「そりゃぁ、俊足やったんやでぇ」と笑っていたが、本当に戦力になる貴重なピースだったことは僕が保証する。

ただ、大介は足を誇れなくなった出来事も口にしていた。

「足やってからは、アカンかったなぁ」

それは太ももの後ろ側の肉離れだった。

長嶋監督が掲げた「スピード&チャージ」のキャッチフレーズに則り、あの世界的スプリンターである陸上男子100メートルのカール・ルイスやリロイ・バレルの指導に携わったトム・テレツさんが臨時コーチとして巨人キャンプに招かれ、ナインにランニング指導を行った。その指導中に運悪く、アクシデントに見舞われたのだ。

今や「幻の韋駄天」（僕だけが勝手に命名）の大介だが、次塁を落とし込むクレバーで痛快な走塁は、カール・ルイスやリロイ・バレル並みにファンをワクワクさせるものだったと僕は思っている。

大介入団の2年後、甲子園5連続敬遠という、その年の甲子園の大きな話題となる出来事を引っ提げて、あのゴジラ松井がノッシノッシと巨人に入団してきた。

高校時代の松井のポジションはサード、同じ内野手、大介のライバルだ。時間にルーズなことなど、新人であるにもかかわらず、松井の大物ぶり？　は大器の予感と新聞などはこぞって報じたが、大介は厳しい先輩として後輩の松井も指導した……。まぁ、口うるさい先輩とでもいうのだろうか。

同じ寮生活で、ともに一軍での試合で球場に向かうときは、大介の車の助手席に、まだ自動車運転の球団許可の下りていない後輩の松井を乗せていく。大介は「松井には絶対に負けない！」という強い気持ちを持ちながら毎日ハンドルを握っていたはずだ。松井だって「元木さんには負けない」という意識があった。

高校生を卒業したばかりの20歳前後の若者が、お互いの激しいライバル意識の火花を散らし、高みを目指しながらしのぎを削る。2人のそばにいて、その空気をいつも感じていた。若手選手のあるべき真の姿を見て、近い将来、間違いなく強いチームが出来上がることを予感していた。

プレーボールのコールで「クセ者アンテナ」が……

藤田監督第1期時代のヘッドコーチ、牧野さんは宮崎キャンプのミーティング中にナインに説いた。

「野球は詐欺的な要素を生かさなければ、相手を超えることはできない」

詐欺？　言葉は悪いが、相手をあざむくことも戦法の一つであり、よく言えば頭脳プレーである。ここで大介の「クセ者」たるゆえんとも言える出来事を紹介する。

まずは「隠し球」だ。あれは甲子園の阪神戦だった。

「ちぇ！　あともう少しだったのに！」

サードの守りを終えて、三塁側ダグアウトに戻ってきた大介が悔しそうに言った。

「成功すれば新記録だったんやぁ！」

なんのこと？　と尋ねると、

「隠し球やったんすよ。マキさん（槙原）がボールを持っているふりしてたんですけど、芝居しきれなくて『大介、早くボール寄越せ』って。ダメだよぉ、マキさん、記録だったんだから、もうちょっと知らん顔しててよぉ」

僕らはスタッフは笑った。でも大介、それって記録かぁ……？　で、記録って何個だ？

「2個です。さっき成功してたら3個でプロ野球記録です」。「プ、プロ野球記録？」。また一同が笑う。しかし、場所は怒とうの応援の甲子園、あの阪神ファンの目の前で「隠し球」をやろうとしたんだから、その度胸というのも見上げたものだ。

大介は野球に夢中だった。アンパイアの「プレーボール」というコールが掛かると「クセ者アンテナ」がスルスルと伸びて、相手の守備や攻撃の中に潜む小さなミスや弱点、わずかな気の緩みなどを瞬時に感知し、ズルい、いや、クレバーなプレーを本能的に行う。

僕はそんな大介の動きをいつも目で追ったものだった。

あれは東京ドームでの中日戦だった。ジャイアンツの守備、サードは大介。一死三塁、打球はライトフライ、犠牲フライになるケースだ。三塁走者は即座に三塁キャンバスに帰塁し、タッチアップでホームへスタートを切る体勢を取る。ライト・高橋由のグラブに飛球がキャッチされる……。

その瞬間だった。由伸を見つめる三塁走者の視線の前に大介がゆっくりと体を割り込ませた。三塁走者は大介の体が邪魔で由伸の捕球のタイミングが見えない。「コラ、邪魔や！」と言わんばかりに、構えたスタート体勢を崩すしかなかった。大介は周りに分からないように知らん顔で三塁走者のスタートを遅らせようとしたのだ。

確か、そのプレーの走者は生還し、中日に点が入ったと記憶しているが、少なくともその走者や三塁コーチは「なんて嫌らしい選手だ」と思ったに違いない。

ただ、このプレー、僕は大介に確認を取っていない。三塁走者のスタートを切りづらくするために、わざと邪魔しただろうなどと聞いたところで「そんなズルいこと、僕がするわけないじゃないすかぁ」と言うに違いないからだ。

大介は味方さえもあざむくクセ者なのである。

それじゃあクセ者じゃなくク○者になるぞ？

クセ者の命名者・長嶋監督に対して大介が「やっちまった」と言われる事件もあった。東京ドームの試合中、ロッカールーム内は人がおらず、そこに設置されたモニターテレビで、われわれ広報などの裏方が試合の戦況を見ている。

巨人の守りのとき、僕らの前を速足で長嶋監督が通り過ぎ、トイレに駆け込んだ。そして、それを追うように、当時のリリーフ陣の南真一郎も小走りでトイレへ……。

他チームであればレギュラーとしてスターティングメンバーに名を連ね、活躍しているであろう大介は、今日もスーパーサブとして控えに回っていた。その力を持て余すように、ロッカー付近をうろつき、トイレの大のほうへ入った南のあとを付いていき、

「こらぁ！　リリーフピッチャーが今ごろ、ク○なんかしてていいんかい！　準備が遅いやろ！」

と大声で叫ぶ。若手選手をイジらしたら大介は面白い。

さらに「こらぁ、返事がないやないかーい」と、しつこく叫ぶ。

そのとき、僕の隣にいた監督付広報の小俣さんが「おい、トイレ（の大）に入ってるのは南じゃないぞ！　南はトイレに入らないで、そのまま奥のロッカーに行ったはずだ」。

えーっ!?　じゃ、今、入っているのは？

「おい！　大介！　やめろー」

僕が大介に伝えようとしたが、すでに遅かった。

あろうことか大介は、「早よ出んかいコラァ！　ウン〇！　ウン〇！」と追い打ちをかけるように大介節をさらにさく裂させていた。

ニコニコしながら僕らのほうもチラリと見て楽しそうにはしゃいでいる。あー、もうダメだ……。小俣さんと僕は大きな絶望感に見舞われ、両手で目を覆った。

ガチャリ……、大のドアが開いた。その瞬間、大介は凍り付いた……。ユニフォームのズボンのベルトを締め、ゆっくりと大介に近づいて行った長嶋監督は、直立不動の大介をにらみ言った。

「元木！　お前何やってんだ！　バァーカ！」

そしてムッとした表情で、僕らの前を通り過ぎ、ダグアウトに戻る。監督が僕らの前を完全に通り過ぎて見えなくなるまで、笑うことはできない。僕は下腹の底からむせるように突き上げてくる笑いを歯を食いしばって我慢する。

そのあとの大介のリアクションがどうだったか、あまり覚えていない、なぜならば、僕らはひっくり返って笑っていたからだ。僕らが見た大介は、顔面蒼白でトイレの前で立ち尽くし、顔は笑ってはいるものの、半分引きつっていた。

監督には謝ったかなぁ……。

大介よ、そうやってトイレに入る人間をからかってばかりいると、クセ者じゃなくて、ク○者なんて言われてしまうぞ。

前代未聞？　試合当日にファッションショーに出た！

1994年は大介の4年目だが、年々打率でキャリアハイを更新と成長中だった。ただ、それでも層の厚い巨人ではスタメン定着とはいかない。だから、もっと試合に出たい、というアピールは分かるのだが、もっと目立ちたいという広報の僕に対する旺盛なアピールも大介の日常だった。

勝利試合のお立ち台に乗るヒーローが決まらないと、「お立ち台、決まらないんすか」と聞いてきて「俺乗ってもいいですよ」とニコリ。何言ってんだ、お前試合出てないじゃねーかと言うと「せやね」と笑う。ヒーローがいないときには、そのたび「俺、乗るよ」と言うので、「この忙しいときにウザい」と思うようになってしまった。

僕と大介のお約束と言っていい会話だったが、人に見られていたほうが張り切り、注目されればされるほどモチベーションが上がる選手だということを僕は感じていた。

あるときファッション誌『メンズクラブ』（ハースト婦人画報社）から、ファッションショー『メンクラ・フェスティバル』出演の依頼が飛び込んできた。担当者の方は「野球選手にはもっともっとカッコよくあってほしい。野球選手のオシャレ感をもっとファンにアピールすべきです」と熱っぽく語っていた。

僕だって野球の魅力、選手の魅力を多くの方々に知ってもらって、なおかつ野球を知らない方たちにも選手の魅力をアピールしなければならないと常々思っていた。メンズクラブの担当者の方には、これまでにもさまざまな企画をいただいたが、今度はファッションショー出演とは……。

シーズン中であり、常識的に考えれば実現しにくい案件だと思った。選手だって、やってはみたいけどシーズン中にファッションショーとなると「今は勘弁」となるに違いない。残念ながらお断りするしかないと考えていた。

ただ、ここには目立ちたいオーラを常に発している大介がいる。ウーン、どうだろ……、ありかなぁと思い、冗談ぽくサクッと聞いてみた。

大介、ファッションショー出るかぁ？「ハイ」と即答。顔を見るとマジだった。えっ？ウソ。なんか自信を持って言ったハイだったなぁ……。えっ、やる？

「ハイ、やります」

僕は考えた。常識的にはＮＧの案件……。それまでの巨人軍の広報方針は「選手を守る」というものであった。巨人という老舗のイメージがあり、選手自身も何か閉鎖的な環境に置かれているような感覚が僕の中にあった。巨人のイメージをもう少し自由で明るい方向に変えていきたいなと思うようにもなっていた。

大介、やってみるかぁ……。ファッションショー当日は横浜でのビジターのナイトゲーム、昼間はたっぷりと時間はあった。
「だって、10分で終わるんでしょ。終わったらすぐ帰っていいんですよね」

大介はニコニコしている。ここで背中を押されたというか、ふと頭に浮かんだのは長嶋監督の顔だった。常にファンのことを考え、プロ野球のエンターテインメント性を意識している方だ。その言動に強く感化されていた僕は、このワクワク感を抑えることができなくなっていた。

言葉は悪いかもしれないが、正直言うと、僕の中では決断などという堅苦しいものではなく、「シャレ」という感覚に変わっていた。

ファッションショー当日、会場となったのはラフォーレ・ミュージアム飯倉。ランウェイというのか、そのお立ち台ならぬ縦に長いステージを確か女優の内田有紀さんだったと記憶しているが、大介は一緒に腕を組んで数回行き来きした。その歩き方は板に付いており、とても楽しそうだった。

滞りなくショーの出演は短い時間で終了し、大介は球場に向かった。そして、翌日の朝刊のスポーツ紙は「元木、ファッションモデル！」のどでかい文字が紙面をにぎわすが、その出演自体が物議を醸すようなことはなかった。

注目されたことによって大介のモチベーションは間違いなく上がっていた。その2日後、6月28日の東京ドームでの阪神戦、舞台は同点で迎えた9回の裏、巨人の攻撃だった。代打のあと、そのまま守備に就いていた大介に打席が回ってきた。阪神のマウンドは守護神・中西清起。打てなかったら「ファッションショーなんかに出てるからだ」と言われることは十分あり得た。

僕はダグアウトで祈る気持ちだったが、大介の渾身のスイングは中西のウイニングショットであるスライダーを見事にとらえ、虎ファンであふれかえるレフトスタンドへ。サヨナラホームランだ！

ダイヤモンドを一周し、ホームプレートを踏んだ大介はナインにもみくちゃにされ、祝福を受けたあと、お立ち台へ上がる。「やっぱりヒーローは俺だろ」と言わんばかりの満面の笑顔でインタビューに答えた。

大介は、やっぱり常に注目を浴びていないと力を発揮しない選手なのだ。

助っ人外国人選手編

「あそこを挟んでしまいそう……」。シピンのジーパンの履き方

僕が巨人に入団した1980年、宮崎春季キャンプの紅白戦で対戦したの外国人選手が

ジョン・ホワイト・シピンだった。

結果はサードゴロ。でも、前年までテレビのナイター中継で見た、あの「ライオン丸」こと、シピンと同じグラウンドに立つなんて、とても信じられない気持ちだった。

1978年に大洋から移籍してきたシピンはジョンと呼ばれ、スラッとしたスタイルのよいイケメンだったが、まず僕はその前腕の太さに驚いた。裸になるとマッチョで、バットを振り下ろすだけに見えるスイングで柵越えを連発。セカンドの併殺時のクロスプレーから、間一髪で一塁走者をアウトにする俊敏で強いスローはこのサイズから来る。

ジョンの〝奇行〟も面白かった。遠征先のホテルでの食事会場、ジョンはジーパンをはき、上はホテルの浴衣を羽織ってやってくる。

「ジャパニーズ・バスローブ・グッド！」と上機嫌だ。

ただ、ジョンはなんと下着をはいていなかった。

「俺はジーンズのときはいつもはかないよ」と言っていたが、パンツをはかないなんて、なんかこう、股の間がスースーしてそうじゃないかなと思っていると、「こうするのさ」と言って、Tシャツの裾の部分をつかんで、ググッと股間の下まで伸ばし、大事なところをスッポリと包むや否や、一気にジッパーを引き上げた。

初めて見た。アメリカの常識なのかどうか分からないが、アソコを挟んでしまいそうなので、マネはしなかった。

マネしてたのは確か……、サダさん（定岡）でしたよね！

大ファンで、僕がいつもマネをしていた「ロイさん」

1980年のもう一人の外国人選手が、あのロイ・ホワイトだ。ヤンキース第5期黄金時代、ウィーリー・ランドルフ、ホワイトの一、二番は相手の守備陣をかく乱する機動力のあるコンビだった。

ロイさんは紳士だった。物静かな振る舞い、低音の声がすてきだった。細身だが、裸になるとマッチョですごい体をしていた。僕はロイさんの大ファンで、よく打撃フォームやしゃべりのモノマネをし、いつの間にか、僕が「ロイ」と呼ばれていた。

当時の通訳は田沼一郎さんで、巨人軍の初のMLB出身選手、デービー・ジョンソン（1975―1976年）の時代から通訳をされていた方だ。ロイさんが来日して間もないころ、田沼さんが何か落ち着かない表情で多摩川グラウンドに来ていた。「いやぁ、ロイがこの練習が終わったら、そのままアメリカに帰っちゃうんじゃないかなと思ってさ」。僕はあまりピンとこなかったが、田沼さんは本気で心配していた。「だって、そうだろ。ヤンキースタジアムでバリバリでプレーしていた一流のメジャー・リーガーだぞ。この河川敷のグラウンドが巨人の練習場だなんて言ったら、失望して帰っちゃうぞ」。

うーん、確かに……。でも、そりゃ困る。

田沼さんは常に外国人がプレーに集中しやすいように気を使っていた。外国人選手が球場入りする際などは、入り口で待ち構えているカメラマンに対して「なるべく、バシャバシャ撮ってあげてね」と、よい気分になるように根回しなどをした。

日本の練習では外国人選手でもそれぞれランニングが課せられる。ロイさんも例外ではない。トレーニングコーチの阿野鉱二さんが30メートル、50メートル、70メートルと、それぞれのランニングの本数を日本語で「5本、5本、5本」と手のひらを広げてロイさんに言う。するとロイさんは両手を左右に広げて「Why?」と困惑した。ロイさんは通訳の田沼さんを呼ぶ。事の真相は「5本」が「ゴー・ホーム」と聞こえ、「国へ帰れ（Go home）」と受け取ってしまったようだ。それでも、ロイさんは、田沼さんに誤解を知らされ、不満一つ言わず、メニューをしっかりとこなした。

僕の名前の発音を覚え、会えば「ハーイ、コォーサカァー」と呼んでくれた。飛んできたフライがグラブの先っちょに引っ掛かって、ボールの半分がグラブの外に見えているようにキャッチすると「これはアイスクリームキャッチっていうのさ」と笑う。夏になると、「Humid（ヒューメッド）は日本語でなんというんだ」と聞かれたので「蒸し暑い」と教えると、それから会うたびに「ムシアツーイ、デスネー」と両眉を下げておどけた。

チャンスに強く、1981年にはリーグ2位、チームトップの14勝利打点をマークした。果敢でスリリングな走塁も光り、何より誰よりもすてきなジェントルマンだった。

メジャー時代からの教え魔！　レジー先生

メジャー通算2020安打、314本塁打の大物助っ人レジー・スミスは「レジーさん」、「レジー先生」とも言われ、「教え魔」と称されるほど、教えるのが好きな人だった。

巨人入団は1983年だったが、初めてレジーを見たのは彼がドジャースに在籍中の1981年、ジャイアンツがフロリダ州ベロビーチで海外キャンプを行ったときだった。ドジャータウン内の打撃マシン場は早朝5時にもなると、多くのマイナー選手たちが列をなし、僕は毎朝、彼らの打撃練習の打球音で目を覚ました。

ある日、バット2本を携えた大男がマイナー選手の列をかき分けて練習場に入ってきた。レジーだ。そのままマシンの球を数十球打つ。すごい迫力だった。周りのマイナー選手はじっとそのスイングを見つめていた。いくらスーパースターとは言え、途中で割り込んできて、自分の練習をしてしまうのはどうなのかと思ったが、そのあとレジーはマイナー選手たちに打撃指導を始めた。打撃練習は彼らへのデモンストレーションだったのだ。

レジー先生は打撃指導だけでなく、筋力トレーニングの指導もしてくれた。実は、投手の僕もダンベルトレーニングを教わった。4キロのダンベルを使い、上半身、特に肩ヒジの強化を目的にするものだった。僕は忠実にそのトレーニングを実践し、一冬で上半身のサイズアップに成功し、翌年はユニフォームの上着がきつくなった。ユニフォームの上着の一番上のボタンを外していたのは、カッコつけていたわけではない。

レジーの打撃練習は圧巻だった。後楽園球場のバックスクリーンに左右両打席でそれぞれ何本続けてホームランをぶち込めるかと、楽しそうにゲーム感覚で挑戦していた。

近距離ノックに「クレイジー」とつぶやくカムストック

先発技巧派左腕、キース・カムストックも印象に残っている。2年間だけのプレーだったが、スクリューボールを駆使し、1年目の1985年には8勝を挙げた。ニックネームは「カミー」。とてもいいヤツだった。

カミーの1年目、宮崎キャンプで「近距離ノック」と言って、投手が捕手の防具、左手には剣道の籠手《こて》を着け、バッテリー間くらいの至近距離から強い打球を受けるという「特訓」が行われた。そのときノックをする人間がいなかったこともあり、当時スコアラーだった僕がカミーへのノッカーを命ぜられてしまった。

まず、カミーがそんな日本式の練習をあえて受けるということに驚いたが、「ホントにやるのか」と言うと、返事は「オフコース！　フォワイ・ナット！」（もちろんだ、さあ来い）とやる気満々だ。しかし、ノックが始まると、カミーは一球一球を何か同じ言葉をつぶやくように繰り返しながらキャッチし続けた。

「クレイジー……、クレイジー……」

そりゃそうだ。外国人にとってこの練習はどう考えたってクレイジーだよ……。カミーはまさに根性？　で特訓を終え、剣道の籠手を外した。僕が強いボールを打ってしまったことを気にしていると「気にするな、ロイ。君の仕事だ」と笑ってくれた。

今なら考えられないような練習だが、体に当たりそうな正面からの強い打球を捕るには十分に集中しないとボールを捕り損じ、ケガをする危険性もある。この練習はキャンプも終わりに近づき、いよいよこれから実戦に入ろうとする段階で「集中力を高めるため、気を引き締めるため」というものだったが、この日本の精神野球的な練習をカミーはどう理解したのだろうか……。

僕は遠征試合のバス移動中、拙《つたな》い英語で彼と話したことがある。

「僕はもともと右利きなんだ。ペンを持つのもボールを投げること以外はすべて右利き。でも、子どものころ、お父さんが投手をするなら左で投げるほうが有利だから右手は使うなと言って、右手を使えないように体に縄で縛り付け、常に左手を使うようにさせられたんだ。そう、寝るときもね。毎日、不自由でつらかったけど、僕は頑張ったよ、おかげで今がある。大好きな野球を仕事にできて、こうして日本にも来れた。お父さんには感謝している。僕は野球が好きで好きでたまらないんだ。現役をやめるときがきても、ずっと野球に携わっていきたい。アメリカだって、日本だってどこででもいいよ。コーチだって、スカウトだって、グラウンドキーパーだってなんだってやる」

目を輝かせ野球少年のように話していた。

すべてがハチャメチャで面白かったグラッデン

プロレスラーのハルク・ホーガンのような風貌で一見、「ワル」のファイター、ダン・グラッデンが1994年、ジャイアンツにやってきた。実は人懐っこい男で、宮崎キャンプでの初対面では選手一人ひとりに「ダンだ。よろしく」と握手を求めて回った。

キャンプ初日の練習が終わり、僕はホテルのロビーで広報業務に追われていたが、そこに現れたのがダンだった。タンクトップに短パン、サンダル、右手には氷の入ったウイスキーのグラス……。そしてグラスの氷をカラカラと音をさせて、僕に「ビーチはどっちだい」と問う。確かに僕らの宿舎の青島グランドホテルの前は青島海岸のオーシャンビューが広がっている。

だが、おい、おい、2月1日だぞ、なんて季節感のない外国人なんだ。それに練習後にウイスキーのオンザロックを片手にロビーを歩き回るヤツなんて初めて見たぞ……。

グラッデンという男は、すべてがハチャメチャで面白いヤツだった。

キャンプの休日、ダンがマネジャーにも許可を取っているからと、新加入投手のジミー・ジョーンズと通訳を連れて、僕に休日の観光ガイド兼ドライバー役をしてくれないかと言ってきた。まあ、断ることもないかと受け、ダンがまず湖に行きたいというので、レンタカーを走らせた。

竿こそ持たなかったが、あちこちの湖、池を案内すると必ず水面をのぞき、「ここにはデカいのがいるぜ」とはしゃいだ。ダンの趣味はバスフィッシングであり、アメリカで在籍していたミネソタ・ツインズのオーナーは大きな釣具屋を経営し、オーナーは選手たちに釣り具を与え、皆にバスフィッシングを奨励していたと言っていた。

ダンは、この宮崎のフィールドが気に入ったらしく、今度は山間のオフロードを走ろうと言い出した。険しい山道で車体が大きく揺れるとダンは興奮し、発する言葉が「グッド!」から「グレイト!」になる。バンパーがガツンと音を立てた。車に傷がついたらまずいと言うと、ダンは「いや、いいぞ。行け、行け! どんどん行け! ぶっ壊れたら、俺が弁償するさ!」と大騒ぎ。同乗したジミーはダンとは対照的に無口でシートに腰掛けたまま、文句の一つも言わず修行僧のように車の揺れに耐えた。

ダンの次のリクエストは「寿司が食いたい」だった。知り合いの寿司屋に行くと、今度は「俺も握りたい」と言い出す。お店の好意で寿司職人さんのいでたちに着替え、寿司屋の大将に手ほどきを受け、「グラッデン作マグロの握り」をこしらえた。そして、それをカウンターに座った物静かな男、ジミーに「ヘイ、オマチ」とおどけて差し出す。

ジミーはあきれた顔で「ノーサンキュー、俺は生ものがダメだから、このジャパニーズ・ジンジャー・ピクルスをいただくよ」と言ってガリに手を伸ばした。ダンは自作の握りを僕にも勧めたが「今、おなかがいっぱいなんだ」と見え透いたウソをつくと、苦虫をかみつぶしたような顔をし、寿司屋の大将や僕らを大笑いさせた。

骨折にも「針金で縛ってでもやる」と言ったファイター

全盛期は攻守走の三拍子がそろったメジャー・リーガーのダンだったが、現役晩年37歳の年の来日でもあり、思いどおりにならないことも多々あった。それでも広角に打てるミート力、ボール球は振らない選球眼を武器に、斬り込み隊長として、先手先手と攻めていく長嶋野球には欠かせないアグレッシブな存在となった。

ある試合中、ダンは走者を三塁に置いてレフトライナーを打った。当たりが良過ぎたこともあり、レフト定位置よりもやや前で捕球され、三塁走者はタッチアップでのスタートも切れなかった。チームには「三塁走者をかえせなかった場合は罰金」という攻撃上の決まり事があり、悔しそうな表情でベンチに戻ったダンは人差し指をクイクイと動かし「ヘイ、PR!」と僕を呼んだ。PRは広報の意味である。

通訳を介しての彼の主張はこうだ。

「俺は十分ハードヒットしたよな。外野の正面の浅い打球だったから三塁走者はかえせなかったが、あれでもやっぱり罰金になるのか。そうならないようにしかるべき人にアンタから言ってくれないか」

ダンよ、お前もバリバリのメジャー・リーガーだったんだろう？　小さいこと言うなよ。僕は笑いながら、直接言うべきだよと通訳に伝えると、ダンはダメ元がバレたかと言うような表情をしてペロリと舌を出した。あとで聞くと結論はもちろん却下だった。

ダンと言えば1994年5月11日、神宮球場でのヤクルト戦の乱闘があった。頭部付近のブラッシュボールに激高し、相手捕手に手を上げ、右手親指と左手小指を骨折した。

翌日、ダンは右手に包帯を巻いたままの姿で神宮の巨人クラブハウスに現れ、長嶋監督に直訴した。

「俺はプレーできる！　頼む、監督、俺を使ってくれ。右手は針金で縛ってでもやる！」

無理なのは本人が一番分かっていたはずだ。しかし、ダンのファイトは計り知れないものがあり、ナインを鼓舞した。ケガからの復帰後も、その持ち前の闘志でチームを引っ張り、リーグ優勝、日本一に貢献する。

スキンヘッドとヒゲの左投手キラー、コトー

1994年、長嶋ジャイアンツが頂点に立つために必要とされるピースは、ダンのような攻撃的な一番打者とローテーションを守れる先発投手、そして左投手キラーだった。

当時、米国担当スカウトをしていたジャイアンツの大先輩、ウォーリーこと与那嶺要さんが長嶋監督のニーズを満たした3選手を探し出し、新戦力として送り込んだ。

ダンは斬り込み隊長として十分に機能し、5番目の先発ローテ投手、ジミー・ジョーンズはシーズン7勝を挙げ、ヘンリー・コトーはエース級左腕が先発してくる試合では五番を打つ「左殺し」になった。

コトーも僕の記憶に残るナイスガイだった。スキンヘッドにヒゲで、なかなかのイケメン。物静かで落ち着きのあるスラッガーは誰にでも思いやりのある態度で接し、愛された。ヘンリーがその力を発揮し、相手チームのエース級左腕をことごとくカモにし、試合の勝敗を左右するポイントで打ちまくると、この左キラーの怪人は、その個性的なキャラクターもあり、写真週刊紙の取材を受けた。

「スキンヘッドのクールな助っ人」というテーマだという。取材の趣旨を説明するとヘンリーは快諾してくれた。写真撮影の要望は自慢のスキンヘッドにカミソリを入れて身だしなみを整えているというものだった。「今日は頭をそってきたから、もうそるモノはないぜ」と言いながらも、あらためてフワフワのシェービングクリームを頭に塗り、刃の付いていないシェーバーで髪の毛をそるポーズ取ってくれた。

撮影用に用意した高価なものも含めた何種類ものシェーバーをすべて進呈され、「こんなにたくさんもらっていいのか」となんとも控えめなことを言うかと思えば、お立ち台で渡されるジャビットのぬいぐるみを抱えての写真撮影は「幼稚っぽい写真は嫌だよ、この人形を抱かせるのは勘弁してくれ」と拒んでいたが、東京ドームのG党の前ではジャビット人形を抱いて大人の対応をしてくれた。

10月、日本シリーズを控え、チーム全員で決起集会があった。僕はヘンリーと同じテーブルに座った。ヘンリーは「日本で野球ができてよかった。ただ、家族と離れ離れになることはちょっと寂しかったけどな」と話していたが、ちょうどその日が僕の誕生日だったことを知ると、ズボンのポケットからクシャクシャになった5000円札を引っ張り出して「Drink!(飲め)」と心憎い気遣いもしてくれた。

そのオフ、彼は契約が切れて帰国。心残りなのは誕生日祝いのお返しが今もできずにいることだ。

記者監禁に甲子園の〝暴力球〟、汚点を残したガルベス

巨人軍の球史に汚点を残したヤツもいた。

バルビーノ・ガルベスだ。台湾球界にすごい投手がいるという触れ込みで来日。まぁ、触れ込みというのは大体すごいヤツと言うものだが、1996年の春季キャンプにテストで来たガルベスは本当にすごかった!　ブルペンでのボールを見た僕は、2ケタは絶対勝てるとすぐに思った。

そのまま入団、同年のリーグ制覇、メークドラマに斎藤とタイの16勝の数字を挙げ、最

多勝を飾って貢献した。

突如現れた助っ人は「カリブの怪人」と騒がれ、テレビや雑誌に取り上げられた。取材申し込みも件数が増え、僕は忙しくなった。ガルベスは見た目とは違い、実は気が小さく、思いどおりいかなかったり、カッとすると豹変することはあったが、普段はどちらかと言うと、おとなしく笑顔の多い礼儀正しい男だった。

しかし、注目を浴び、騒がれるようになると、よからぬ態度が頻繁に見られるようになり、傲慢《ごうまん》な言動が僕を困らせるようになる。取材の約束を忘れることが多くなり、約束は覚えていても「きょうはそんな気分ではない」とドタキャンすることがあった。

本当に人が変わってしまったように思えた。長い間、広報担当者として働いてきたが、気が乗らないと言って、取材の約束をしているにもかかわらず、先方にお引き取り願ったことなど、後にも先にも一度もない。自らがホームランを打ち、勝ち投手になったときなどは優等生発言をするが、その裏では気持ちが不安定で、わがまま発言を連発した。

迎えたオリックスとの日本シリーズ、とうとう危惧していた事件が起きた。

グリーンスタジアム神戸で行われる第4戦の試合前、ガルベスがスポーツ紙の記者をベンチ裏のトイレに監禁したのだ。通訳も連れ、トイレのドアを締め切った。僕は狭いトイレ前の通路に詰め掛けるカメラマンたちをかき分け、トイレ内にいるガルベスに叫んだ。

「何をやっているんだ！　出てこい。出てきて話し合おう！」

何度も叫んだが、返事はなかった。通路付近は報道陣が鈴なり状態。グラウンドでは試合前の打撃練習が行われているが、それどころではなかった。

駆け付けた中村清昭広報部長が「お前はグラウンドを仕切れ、ここは俺に任せろ」と僕に言って、自らがトイレの前に立った。10分ほどでガルベスは中村広報部長の説得に応じ、記者を解放した。異性との同伴報道に激怒し、当該紙の記者を捕まえるとトイレに監禁したということだった。

ガルベスはその後、中村広報部長の厳重注意に大きな背中を丸め、何度も謝罪の言葉を繰り返していた。まさにジキルとハイドである。

日本シリーズ中に起こった前代未聞の監禁騒動……。ガルベスに弁解の余地はない。

1998年7月31日、またしてもガルベスは暴走する。甲子園の阪神戦で、判定を不服とし、なんと審判に対してボールを投げつけるという暴挙に出る。この混乱の最中、チームメートの制止も振り切り大暴れをし、体を張って止めに入った捕手の吉原孝介にヒジ打ちを浴びせケガを負わせてしまった。

「口の中を3針を縫いました。でも、あそこは止めないとね。清原さん、石井（浩郎）さんと3人で止めに入ったんですけど、運悪くやられたのは俺でした」（吉原）

チームメートに手を上げるとは言語道断だ。長嶋監督は謝罪の意を表し、帰京すると自ら頭を丸めて、再び指揮を執った。

こうして日本の野球界に活路を求めてプレーしているのにもかかわらず、日本の野球をなめているような立ち居振る舞いをした許せない選手がいたのも事実だった。


球団史上最高の助っ人、クロマティも最初は……


数多くの助っ人がやって来たが、その中で巨人軍史上最強の外国人助っ人と言われる男……、それがウォーレン・クロマティだ。

1984年、クロマティが多摩川グラウンドで初めてナインの前で紹介された。両手の親指同士を絡ませ、指先をパタパタして鳥のように見せ、「クロマティだ。クロウと呼んでくれ」と言った。ナインとは初対面で、やや緊張気味だったクロウの第一印象はふてくされているヤンチャな兄ちゃんという感じがしていた。

練習が始まると、クロウは自分のグラブをそのままグラウンドにポイと投げ捨て、ウオーミングアップの隊列に入ろうとした。ジャイアンツにはグラブを無造作にグラウンドに置いてはいけないというルールがあり、即座に王貞治監督がそれをクロウに注意した。これはグラブを踏みつけて、捻挫などを起こさないようにというケガ防止の意味があり、フロリダキャンプではドジャースの選手たちも皆、それを実践していた。

クロウは王監督から直接注意を受けたものの、これといって反応もなく無視。練習を続けた。こりゃなんだか本当に生意気なヤツが入ってきたなと感じたが、厳格な王監督はその後も日本人選手と同じようにクロウに接し、ルールを守るように促していた。

王監督はメジャーで1104安打を放ち、まだ30歳と脂が乗りきっていたクロウに主軸打者としての大きな期待を寄せていた。そのためにはヤンチャなクロウの目付役、教育係が必要になる。王監督が「あしたから現場に来てくれ」の一言で呼び寄せたのが、巨人軍渉外担当補佐である平野博昭さんだった。

平野さんは、巨人軍入社以前は米国CBSネットワークでTV制作に関わり、世界中を駆け回っていた。その後、巨人軍では国際担当として正力亨オーナーのMLB関係の窓口もされており、レジー・スミス、ヘクター・クルーズに続き、今回のクロマティ獲得にも日米間を奔走し、交渉にも携わった。

平野さんは王監督の一言でオーナーの国際担当業務の傍らチームにも付き、クロウのそばで立ち回ることになった。それでもクロウは文句も多く、サインの見落とし、気持ちの入っていないプレーも見せた。平野さんはそんなクロウとヒザを突き合わせ、毎晩のように飯を食い、巨人軍のこと、日本の野球のこと、チームメートのことなどを伝え、ケンカもし、激励もし、クロウのモチベーションが下がらないように常にサポートした。

そして、平野さんはクロウを覚醒させる。もともとはアベレージヒッターであるにもかかわらず、入団から3年連続シーズン30本以上のホームランを打ち、在籍6年目の

1989年にはシーズン後半に入っても4割も夢ではないと思わせる高打率でチームを引っ張った。同年、最終的には打率・378で首位打者、その年のリーグ優勝に大きく貢献し、MVPにも輝いている。

成績以上に変わったのは取り組み方だ。彼は日本の野球を理解しようと努力するようになる。試合でミスをしたクロウは、翌日の試合前のミーティングで自らナインの前に立ち、「きのうの試合は俺のせいで負けた。チームには迷惑をかけてすまないと思っている。きょうの試合はそれを取り返すくらい頑張るよ」と話した。クロウは日本野球を理解しようと努力し、チームに溶け込み、やがてリーダーシップを取る選手になる。

当時、クロウがホームランを打ったあと、センターの守備に就いたときにスタンドのファンと一緒に両手を上げて「バンザイ」もやっていた。しかし、このパフォーマンス、クロウはやっていいものなのか、大丈夫ならいつやったらいいんだ、相手に対する挑発行為とみなされないかと悩んだという。

相談を持ち掛けられた平野さんの言葉は「Go! ahead!」（やれよ！）だった。

頭部死球の翌日、劇的な代打満塁ホームラン！

クロウの3年目となる1986年、王ジャイアンツは悲願の優勝に迫った。

ただ、ここでクロウに思いも寄らぬアクシデントが降りかかる。10月2日の神宮球場、ヤクルトの高野光から頭部に死球を受け退場となってしまったのだ。

信濃町の慶応病院に運び込まれたクロウは、翌3日も頭部に痛みがある状態だった。試合前の打撃練習はしないものの、ユニフォームを着てベンチ入りをしたが、当然先発メンバーから外れる。平野さんによると、ベンチでもクロウはリラックスした状態で「たぶん試合に出るつもりはなかったんじゃないか」と振り返った。

しかし、ベンチ内でクロウの隣に座る平野さんへ王監督のアイコンタクトは送られていた。いつクロウを代打で使おうかという王監督の考えを平野さんは感じていた。

そして3対3で迎えた6回表二死満塁、王監督が代打・クロマティを告げる。

代打を告げられたクロウの言葉は「Me?」（俺か）だった。打席に向かうクロウを見て、平野さんさえ「とても準備が完了しているとは思えない状況だった」と話していた。

大歓声の中、静かに打席に立ったクロウは真ん中に入ってきたヤクルトの尾花髙夫のスライダーを左翼スタンドに運び、球場は大歓喜に包まれた。

僕はそのとき、先乗りスコアラーとしてたまたまチームに合流しており、バックネット裏のスコアラー席で神宮の夜空に打ち上がった劇的な放物線を目で追っていた。僕の目の前にいた若い3人組の青年たちは立ち上がり、「やったぁ！　飲み行こ、飲み行こ！　朝まで飲むぞぉ！」と叫んでいた。

僕は、この一打で、自分が真の巨人軍戦士になれたとクロウ自身が実感したのではないだろうかと思った。

このシーズン、セ・リーグ覇者は広島だった。勝率が3厘差という悔しい結果に終わり、巨人は優勝を逃がしたが、クロウは打率・363、37本塁打、98打点と素晴らしい活躍を残す。ここからクロウは巨人軍史上NO・1助っ人と呼ばれるようになった。

理不尽な韓国メディアと趙成珉の熱血通訳

1995年オフ、韓国アマチュア界のエース、高麗大学の趙成珉（チョ・ソンミン）が契約金1億5000万円、8年という異例の契約年数で巨人軍に入団。まさに将来の巨人軍のエース候補としての大きな期待を背負っていた。

ソンミンは、長身、ガッチリとした体、足はそれほど長くないが、腕が長く、筋力も十分、投手としての理想的な体の条件を兼ね備えた投手だった。下半身を鍛えれば、とてつもない可能性を秘めた逸材であることは間違いなかった。

入団当時、ソンミンはまだ日本語が拙く、会話には通訳を必要としていた。その通訳はソンミンと同時に入団してきた元朝鮮日報記者、孫徳基（ソン・ドッキ）という男だった。ソンは僕と同じ巨人軍広報部に属し、ソンミンの通訳と韓国マスコミの窓口という仕事を担っていた。

当時の韓国のプロ野球マスコミは「取材してやる」「取り上げてやる」といった上から

目線の考え方があったようで、唐突で一方的な取材の申し込みを受けることが少なくなく、そのほかにも「宿を用意してほしい（宿代は巨人持ちで）、食事の用意は？」などというものもあった。韓国マスコミを扱うのは大変な労力であり、ソンの存在なしでは対応は難しかった。通常の国内マスコミの対応も含めて、本当によく僕をサポートしてくれた。

宮崎の春季キャンプ、韓国のTVクルーがノーアポでいきなり宮崎ひむかスタジアムにやってきて「今から取材をさせて欲しい。チョ・ソンミン、長嶋茂雄監督、松井秀喜のインタビューを取りたい」と言ってきたことがある。当時の韓国ではプロ野球チームの取材を行う場合、それがたとえ練習中であったとしても、練習をそこで中断し、取材を優先するのが特別なことではないと聞かされていた。

この対応はソンに任せたのだが、やがて韓国TVクルーは激しいソンとのやり取りの末、怒りに満ちた表情でプイと回れ右をしてサッサと球場をあとにしてしまった。

何があったんだとソンに問うと「ここは日本なのでルールどおり、それに従ってもらうことになると言っただけですよ」。ずいぶんやり合ってたよなぁ、怒って帰っちゃったみたいで大丈夫なのかと言うと、ソンは「いいんですよ。ああいう方たちには巨人軍を取材してもらわなくていいんです」と言い切り、思い出したようにまたカッカし始めた。

当時、韓国マスコミの受け入れについて広報部長から「取材ルールや取材をするスタイルなど、日本との違いがあるため、対応には留意しながら、誠意を持って行うこと」とお達しが出ていたこともあり、ソンの対応はとても気になったが、個人的な思いとすれば痛快そのものであった。

ソンはソンミンがマウンドに上がっているときなど、それはそれは激しい韓国語での激励、応援をする。ソンミンが3アウトを取ってマウンドを降りてくると、ピッチングコーチや、どの選手よりもベンチから早く飛び出し、駆け寄る。選手ではないスタッフが相手の攻撃が終わったとはいえ、ベンチからいきなり飛び出すのは目立つし、いただけないものがあったので、僕はいつもソンを落ち着かせるよう気を付けていた。

激しく叫ぶ応援の言葉も僕は訳が分からないので、ある日、尋ねてみた。

「ソンよ、そのぉ、チュ、チュゴボリオってのはなんて意味？」

ソンは不敵な笑いを浮かべてこう言った。「ぶっ殺せ……です」。オイオイ、穏やかじゃないなぁ。ウーン、熱過ぎる男である。

やがてソンはソンミンの代理人を務めることになる。ソンミンよりも年上でソンミンのお兄さんのような存在だった。熱血漢であり、持ち前の行動力、情熱的かつ精力的にソンミンをサポートする。韓国同胞との連帯心は強く、ソンミンはソンという大きな援軍に支えられ、ここ日本野球界で成長していくと、そう思っていた。

展望風呂につかって国際電話をするのが一番の楽しみ

1998年、3年目を迎えたソンミンは150キロを優に超えるストレート。大きく曲がり落ちる変化球を駆使し、先発ローテーション入りをする。シーズン前半戦だけで6完投3完封で7勝を挙げ、一躍エース級の働きで先発ローテを引っ張る存在になった。

ソンミンは今でいう「イケメン」だ。韓流スターのような整った顔立ち、薄茶色のサラサラとしたヘアスタイルで若い女性のハートをつかんだ。球場に取材で訪れるテレビ局の女子アナも仕事そっちのけでソンミンの顔に見惚れ、しばらくその場でポォーと頬を染めていたのを覚えている。えっ？　その女子アナさん？　今もたまにテレビでニュースを読まれたりしていますよ。

ソンミンは巨人で人気NO・1と言ってもいいくらいの存在になり、テレビなどの企画でも引く手あまたになる。

料理が得意なソンミンの腕前を番組で紹介したいという企画が持ち込まれた。ソンミン・元木組対松井・由伸組による料理対決だ。ソンミン・大介組のテーマは「チャーハン」、対する松井・由伸組のテーマは「スープ」だった。

ソンミンは丁寧に調味料の分量も量り、慣れた手付きで手際よく料理を仕上げる。特に最後に乗せる目玉焼きの美しさは目を見張った。ソンミンに聞いたが、キムチを炒めるときに砂糖を少し入れるのがポイントだという。一方、松井・由伸組は不慣れな料理に由伸が挑戦。悪戦苦闘しながらも、とても品のよさそうなスープを仕立て上げた。

料理対決の判定は見事ソンミン・大介組のチャーハンが勝利。料理名は「チョ・ソンミン特製キムチ・チャーハン」。とてもうまそうなものが出来上がった。ちなみに由伸が作った上品なスープの名付け親は松井で、その名は「なぜなんだウルフスープ」！　当時、長嶋監督が由伸のニックネームを「ウルフ」と名付け、僕は由伸がホームランを打ったときの談話をペーパーにして記者席に配布するとき、「今シーズン○○号ホームランのウルフ由伸選手の話」とつづったりしていた。

ただ、やはりナインもなんでウルフ？　と首を傾げていて、特にこのニックネーム命名にとても強い疑問を持っていたのが松井だった。

ソンミンは、いつも笑顔で思いやりの気持ちを忘れない人のよさを感じさせるナイスガイだった。宮崎キャンプ宿舎の近くの釜揚げうどん屋で会えば、上達してきた日本語で「こーさかさん、韓国ではこういうときのお勘定は全部、年上の先輩が払うんですよ」と笑いながら僕をからかった。

「オッケー。いいよ、ソンミン、任せろよ」と言ったのに、僕が食べ終わって勘定を払おうとすると、お店の人に「ソンミンさんがすべてお支払いされて帰られました」と言われてしまった。あとでお礼を言うと「ここは日本ですからね。いいんですよ。でも、こーさかさんが韓国に来たときはお願いしますよー」とペロリと舌を出した。

それにしてもソンミン、日本語がずいぶんうまくなったなと言うと「じゃ、僕がこーさかさんに韓国語を教えましょうか」とイタズラ小僧のような目をして笑った。

この年の春のキャンプの夜、ソンミンの意外な姿を見たことがある。宿舎である宮崎の青島グランドホテルの屋上にある展望風呂に入ると誰かの声が聞こえた。見ると湯船に首までつかり、星空を見上げて携帯電話片手に会話をしているソンミンがいた。

変なヤツだなとは思いつつ、「風呂につかってでも電話を掛けたいのか。水没したら終わりだよ」と言うと、ソンミンは「こうやって電話するのが僕の一番の楽しみなんですよ」と笑った。そうか、寂しいんだなぁ……。

二人三脚で乗り越えた試練とオールスターでの悲劇

人気、実力ともにスターへの階段を上っていこうとするソンミンにさらなるステータスとなる案件が舞い込む。母国の航空会社、大韓航空からのCM出演の依頼だ。ソンはいたく喜び、これまでの2人の苦労が報われたことを感慨深くかみ締めていたようだった。

ソンは僕に言った。

「僕は、これだけ頑張ってきたソンミンをもっともっと売りたいんです。香坂さん、力を貸してください！」

僕は、ソンからソンミンがつらい思いをしながら、頑張ってきたことを聞かされたことがある。

「ソンミンはほかの選手と変わらない扱いで巨人軍で頑張れると思っていた。しかし、球団のソンミンに対する扱いはどうしても納得がいかないものが多かった。ほかの外国人選手とソンミンはどこが違うのか、同じ外国人ではないのか。あるときは外国人選手として扱われ、あるときは日本人選手と同じ扱いを受けたりする。そのときによって扱いが変わってしまうのはなぜなんだ、ソンミンだけが特別なのか」

ソンは続けた。「つらかった。悔しかった。ソンミンと2人で泣いてばかりいた。そして、僕らはヤケになった。シーズンオフは韓国にも帰らず、スキー場通いと温泉三昧。楽しかったけど、ある日、僕らがやっていることは違っていると気が付いた。これではダメだ、このままではいけない……、本気で頑張ろう、今まで以上に俺は応援するぞとソンミンと話した」。

そんな2人の二人三脚の努力があったことを僕は知らなかった。ソンミンを僕なりに応援してあげようと思うようになった。

僕はソンに言った。「ソンミンの愛称を考えよう。コリアンエクスプレスなんてありきたりなのはダメだ。コリアンサンダー！　なんてどうだ？　韓国の稲妻だ」。

ソンミンの投球フォームは打者に向かって思いっきり胸を張り、ボールを放すときの体勢では左手のグラブが地面に近い位置まで下がり、逆に高く上げた右腕とのバランスを見るとちょうどアルファベットのZの形になって稲妻の形に見えた。「今シーズンのソンミンのいきなりの活躍はピカッと光った稲妻のようだ」と言うと、ソンは僕に握手を求め、うれしそうにほほ笑んだ。

迎えたオールスターゲーム、ソンミンはジャイアンツの斎藤、清原、仁志敏久、元木、松井、由伸、清水隆行らとともに初選出された。

しかし……、その登板でソンミンはアクシデントに襲われる。

人生なんて、いつどこで変わってしまうものなのか分からないとつくづく考えさせられる出来事だった。

登板中に右ヒジに違和感を覚え、マウンドから一端降りた。そのあと再びマウンドに上がったが、ソンミンのストレートの球速は130キロそこそこになっていた。それまで150キロ近くのストレートを投げる男がどうしたというのだ……。

その後、右ヒジじん帯損傷という大きなケガが判明し、前半戦にエース級の働きをしていたコリアンサンダー・趙成珉は、後半戦一度の登板もなしにシーズンを終えた。

まさに天国と地獄……。まさに一寸先は闇である。ソンミンはそれから巨人と韓国球界で合わせて5年ほどの選手生活を送り、寂しく球界を去った。

数年がたった……。２００８年、秋のフェニックス・リーグ、僕がプロスカウトとして宮崎サンマリンスタジアムを訪れていたときだった。韓国の高麗大が隣接する宮崎運動公園内のひむかスタジアムで練習をしているという。この球場は現在の巨人のキャンプ地である宮崎サンマリンスタジアムの前に僕たちがキャンプを行っていた思い出の球場だ。

高麗大？　そういえばソンミンはどうしているんだろう……。ふと、一塁側のスタンドに目をやると、えっ？　ソンミン…？！　おー！　チョ・ソンミンだ！

「久しぶりですねー、元気ですか」

ソンミンは変わらない笑顔で握手を求めてきた。４年ぶりくらいか……。

「今、母校の高麗大でコーチをしていて、キャンプで宮崎に来ているんです。日本に来れてうれしいです。香坂さんにも会えるなんて、宮崎は懐かしいですね」

懐かしい話は長々と続いた。

僕は「そうか、ソンミンもたくさん野球の勉強をして、巨人で後輩の指導をしたっていいじゃないか」と言うと「ええっ？　本当ですか、僕がですか」と謙遜したので「ソンミンだって、巨人のＯＢなんだよ。巨人でもいろいろと苦労したんじゃないか。その苦労を生かして後輩たちを導いてやってくれたらいいなぁと俺は思うよ」と言うと、ソンミンはとても喜び、「頑張ります。ありがとうございます」とうれしそうに笑った。

しかし……、それがソンミンと交わした最後の言葉になってしまった。

その5年後、僕はソンミンの訃報を知ることになる。自らの命を絶ったという……。韓国での結婚式にも招待してくれたのに僕は多忙で出席できなかった。釜揚げうどんおごってくれたっけ……、韓国へ行って先輩の僕が今度はおごってやることもできなかった……、大韓航空のCM……見たかったな……。悔いが残った。

韓国の稲妻、コリアンサンダー・趙成珉。150キロのストレート、優しい笑顔のイケメンだった……。

監督付広報の小俣進さんと（著者は右。写真は著者提供）

第7章

敵？　味方？
報道陣の話

熱い集団だった写真記者と僕ら広報の協力関係

カメラマンは新聞のカメラマンと雑誌のカメラマン、そしてテレビカメラマンとに分けられるが、そもそも静止画を撮影する紙媒体のカメラマンの正式名称は「写真記者」と言い、彼らは写真自体を「原稿」と呼んでいた。

僕が広報時代、巨人軍の春季キャンプ開始前の事前取材申請社は通信社、一般紙、スポーツ紙（夕刊紙を含む）、雑誌、ラジオ、テレビで約30社。担当者の登録人数は80名強、カメラマンが新聞各社1～2名として、第1クールの広報受付者の総数は僕の古い手帳に84名と書かれている。このほかにテレビクルーも各局6社は必ず来ていて、ニュース取材以外の番組別に訪れているテレビクルーもいた。当時はまだ雑誌の人気も高く、新創刊する出版社も多かったため、次々にカメラマンが増えていったのを覚えている。

メディアの専門用語、業界用語が飛び交う中、迅速な業務処理をするためには広報担当者も無知ではいけない。僕も14年間の現場広報の仕事の中で覚えたことは多かった。教えを乞うのは各メディアの巨人担当者だ。分からないことがあればその場で聞く。暇があればすぐに聞く、相手を知らなくては、交通整理だってスムーズにいかないからだ。僕の「先生」たちは丁寧に細かく、熱心に自分たちの仕事の内容、仕組みを教えてくれた。

メディアの特性の違いやニュース制作過程などに合わせて、それぞれ違った対応が求められる。しかも、特に現場ではスピード感を持って対処しなくてはならない。現場の仕切りと一言で言っても、それは難しいものだった。

例えば、グラウンドを含めたキャンプ地の広い施設内の撮影取材の仕切りをどうするか。これは準備がすべてと言ってよい。まずはカメラマン席などの指定した撮影エリアを設置。ルールも呼び掛けて、グラウンド内のチームの運営に支障が出ないようにする。

問題は撮影取材者の数が多いことだが、全社がしっかりとまとまり、紳士協定に乗っ取って「幹事社」を置いてくれた。僕ら広報担当者は代表幹事と話し合いをしながら、取材を円滑に行ってもらえるようにいつも向き合っていた。マスコミの協力なくして僕の任務を果たすことはできなかったと思う。

だが、想定の範囲内で物事がすべてスムーズに運ばれることはそうそうない。危険な場面もたくさんあった。球場間の移動時など、多くのファンのそばに長嶋茂雄監督や松井秀喜といった撮影ターゲットがスッと現れ、撮影メディアが殺到するようなときだ。

カメラマンの心理としてはゆっくりとしっかりとシャッターを切り、よいショットを撮れれば何よりだ。しかし、ライバル社の写真記者も同じ場所にいるわけで、それが1、2社ではない。おまけにテレビクルーだっている。忘れてはいけない、彼らは「抜いた、抜かれたの世界」にいるのである。

多くのファン、選手、多くのマスコミ……予期せぬ形でこの3者が遭遇してしまった場面が一番怖い。まずは安全だ。お子さん、お年寄り、ハンディキャップの方がそばにいないか。移動ルートに段差がないか、障害物はないか。マスコミが押し寄せそうになれば、被写体になる選手をマスコミの前に出さないようにする。撮ることができなければマスコミの動きは止まり、混乱は回避されるからだ。事前に危険を察知し、事前回避するのが大事であり、うまくやるには選手の行動予定を事前把握することから始まる。後手に回らないように、シミュレーションばかりをしていた。

撮影陣が殺到した場面のカメラマンたちの鬼気迫る仕事ぶりはすごかった。マスコミ同士が殴り合いのケンカ寸前になっていたことも珍しくなかった。「人の間に入る仕事」の僕がケンカの仲裁に入ることだってあった。

「コイツのカメラが俺の頭に当たったたんですよ！」「お前のカメラだって俺の顔にぶつかったんだ！」「何ぃ、コノヤロー！」「うるせぇ！」

まあまあ、冷静に、冷静に……。長嶋巨人の話題はいつも熱かったが、それを取材しているカメラマンも、同じくらい熱い集団だった。

休日原稿に松井の貢献……あれ？　これはいかんだろ

キャンプ中のカメラマンの重要な仕事に「休日原稿」がある。キャンプの練習が休みでも、新聞は毎日発行される。なので、休日には休日にちなんだニュースとして写真撮影をしてキャンプの休日の模様も読者に伝えなければならない。その場合は選手に広報が掛け合って、理解、協力を得て、つくり写真の撮影を各メディア合同で行う。広報とカメラマンが打ち合わせをしての撮影会と言えばいいのだろうか。

当時、主力選手や新人、外国人選手などが宮崎名物の釜揚げうどんや、うなぎを食べて英気を養う写真がスポーツ紙に載っていたのをご存じの方もいると思うが、まさにそれが「休日原稿」だった。

当時の撮影対象者としてカメラマンからもっとも人気があったのが、ゴジラこと松井だった。うどんを食い、うなぎ屋でははっぴを羽織り、頭に鉢巻きまでして焼き場でうなぎを焼き、時には近くの遊園地の遊具などに腰掛けて、憩いの表情をするなど、写真記者たちへの撮影協力をした。

チームの中心的存在の松井が協力を惜しまなかったことで、写真記者はとても感謝をしていたし、こうした主力選手の躍動感のある写真が休日翌日の紙面で大きく取り上げられることで、カメラマンはその任務を果たすことができた。

前出のうなぎを焼く撮影は、のちには新人選手が入団してくると必ず行う「お約束」となった。そして、その写真のキャプションは「成績もうなぎ上りに」などと表記された。

休日原稿もワンパターンになってくると、僕も撮影設定を一緒になって考える。あまりに選手の負担になるような要望を勘弁してもらうためでもあった。

あるとき、毎度のことながら松井に協力してもらい、撮影場所に向かう。場所は宿舎近くの温泉施設の露店風呂で、松井が疲れを癒すという設定となっていた。打たせ湯を背中に浴び、湯が跳ね返ってしぶきが飛ぶというなかなか動きのある写真になり、「休日原稿」は成立した。

仕事を終えると、カメラマンたちは次々に裸になり、松井が入っている露天風呂に飛び込んだ。取材する側とされる側の関係でいつも顔を合わせているとは言え、特に若いカメラマンにすれば、巨人軍の若き主砲との裸の付き合いの場はうれしい。

カメラマンの一人が「香坂さんもどうぞ。一緒に入りましょうよ」と言うので「いやいや、俺は遠慮しておくよ」と答えると、ほかのカメラマン数人が「そんなこと言わないで、せっかくですし、入りましょうよ」と声をそろえた。そして、露天風呂の真ん中に陣取って湯につかっていた松井が偉そうに「いいじゃん、せっかくだからオッチャンも入んなよ」と追い打ちを掛けるように言うので、素直に誘いに乗る。

ウーン、いい湯だ……、気持ちがいい。僕は湯の中で手足を十分に伸ばした。

すると一人のカメラマンがカメラを取り出し、「記念に写真撮りましょっか」と言ってシャッターを切った。まあ、別に恥ずかしいことも何もなかったが、さすがプロカメラマンだ、なんでも本能的にシャッターを切るものなのかと感心してしまった。

後日、そのシャッターを切ったカメラマンがグラウンドにその写真を持ってきて僕に手渡した。ゴジラ松井を真ん中にその前方には僕、そして松井を取り巻くようにスポーツ紙各社のカメラマンたちが、楽しそうに笑顔で写っていた。

キャンプのひととき、裸の付き合いかぁ……なんて思って写真を眺めていると……。ウン？　ちょっと待て、この写真……。オイオイ、こりゃいかんだろ……。

よく見てみると、僕のその……、いわゆる「写らないほうが絶対に好ましい男性の体の部位」がバッチリ写っていたのだ。そのほかの面々は水面のぎらつきにさえぎられ、誰一人写ってはいない。わが読売巨人軍の若き主砲、ゴジラ松井も辛くも露出はなかったことを付け加えておく。

こらっ、なんでもかんでも本能的にシャッターを切るものじゃないぞ……。

先輩・小俣さんから学んだ広報に大切なもの

グラウンドで写真撮影を行うカメラマンたちが、なんとももどかしい経験をするこんなことがあった。

1997年、宮崎ひむかスタジアムに隣接するサブグラウンドでは、この年、フリーエージェントで移籍してきた清原和博が内野の特守（特別守備練習）をするために準備をしていた。その年の清原は当然注目の人、サブグラウンドに到着しただけで、ファンがドッと移動し、あっという間にサブグラウンド周りは多くの人だかりになった。

清原の特守が始まる。ノックの数が重なり、泥と汗にまみれた清原がグラウンドに何度も倒れ込んだ。この瞬間をカメラに収めようと写真記者、そしてテレビカメラマンがカメラを向ける。そこへ長嶋監督の乗る白い監督車が到着。カメラマンにとっては長嶋監督、清原のツーショットのチャンスだ。長嶋監督の威勢のよい甲高い掛け声が何度もグラウンドに大きく響く。

「清原！　まだまだー！」

そのとき、グラウンドの入り口から大きなストライド、ガニ股で両腕を大きく左右に振りながら入ってくる巨人ＯＢがいた。４００勝投手の金田正一さんだ。金田さんは泥だらけの清原に向けて、長嶋監督同様、大きな声を掛ける。

撮影を続けていたカメラマンが口々につぶやく。多くのテレビクルーも同じだった。

「勘弁してくれよー……」

金田さんには申し訳ないが、このときの彼らは監督と清原だけのショットが欲しかった。しかし、金田さんは気合が入っていた。腕組みをし、「ヨッシャー！　ナイスキャッチ！　いいぞ！」。突然の金田さんの乱入に、その場にいた数十人の撮影メディアは一旦カメラを地面に置いてしまった。

監督付広報の小俣進さんに僕は言った。「困りましたね、これじゃ写真も映像も使えないっすね」。ただ、金田さんは悪気があるわけでもなく、わざと撮影の邪魔をしているわけでもない。ＯＢとして、入団間もない清原を激励に来たわけで、その足がグラウンド内まで伸び、結果的にマスコミの仕事に支障が出てしまったということになる。

少し時間を置いたタイミングで、小俣さんはそっと金田さんに近寄り、ささやくように言った。「金田さん、こちらのほうでご覧になられたらいかがですか」と一塁側ベンチの前にあらかじめ用意してあった椅子を指さした。

その言葉は聞こえていたはずだが、金田さんはその場を動かず、清原が守っている一塁の後方にノックが終わるまで陣取った。

小俣さんの見えないファインプレーとはならなかったが、相手が球界の大先輩であっても、カメラマンの仕事を完了させるために最善の努力をする小俣さんは、広報担当者としての正しい判断を行動で示した。


小俣さんは選手名鑑などに使う選手の顔写真の撮影のときに笑顔で写ってもらうようにしようと提案した。これによって、現在も巨人軍の選手名鑑等に載っている写真はファンに向かって常に微笑む写真になった。また、キャンプの打ち上げ時に円陣を組み、手締めをするときなどは、全員のグラウンドコートを脱がせ、ユニフォーム姿でそろってきれいな円陣になるように絵づくりをしたのも小俣さんだ。

「全員そろって無事よいキャンプができました。元気でこれからオープン戦に臨みます」。その写真にはファンに向けてのそんなメッセージが込められている。細かいことだが、こんな気遣いや努力が広報担当者として必要だということを小俣さんから教わった。

「地下足袋ランニング」が「わらじランニング」になった？

新聞の制作上、記者の書いた原稿とカメラマンが撮影した写真はしっかりとマッチして紙面になるわけだが、1995年の春季宮崎キャンプである事件が起こった。

この年、二軍の若手選手のランニングメニューの中に一風変わった練習が取り入れられた。地下足袋を履いての土のグラウンドでのランニングである。早大、社会人野球のプリンスホテルなどで監督を務められた石山建一さんが巨人軍編成本部長補佐兼二軍統括ディレクターに就任され、早速石山さんのアイデアとして始まったものだ。

地下足袋？　と思う方もいるだろうが、個人的な見解は、とても効果的な練習ではないかというものだ。僕自身も大学時代、地下足袋ではないがはだしで土のグラウンドを走った経験がある。そのときは言われるがままにやっていただけだが、とても下半身の強化にはよいという印象があった。全身を使って走っている感覚が足の指から伝わって、足裏、足首、ヒザ、股関節、腰がうまく連動して、バランスのよい走りができた実感があった。

スポーツ紙などはこの「地下足袋トレーニング」をこぞって取り上げた。そして、某通信社の巨人担当記者もこの模様を原稿に書き上げ、東京のデスクに送った。通信社の原稿は契約している新聞社に配信され、記者を派遣できない社は、そのまま記事にすることもある。彼は早大野球部出身でポジションは投手。早慶戦でもマウンドに上がったこともある元プレーヤーでもあった。

しかし、彼はこのとき、原稿の中であるミスを犯していた。「地下足袋」という部分を「わらじ」と書いてしまっていたのだ……。

通信社の配信とは別に、スポーツ紙の記者、写真記者も「原稿」を東京のデスクに送る。あるスポーツ紙のデスクが担当カメラマンから送られてきた写真と原稿を見ると、通信社から配信された原稿の内容と違う点に気が付いた。

自社の記者の原稿には「地下足袋を履いたトレーニング」とあり、写真も地下足袋を履いて走っている選手たちが写っていた。しかし、通信社から配信された原稿（記事）は「わらじを履いた」となっている。

スポーツ紙デスクはすぐに通信社に確認し、通信社の配信にあった「わらじ」は誤りということが判明する。瞬く間に訂正は完了し、わらじは地下足袋に差し替えられた。

たまたま某通信社のカメラマンが不在であり、写真がなかったという状況だったらしい。配信の契約を結んでいる他のスポーツ紙からの問い合わせで正されたとはいえ、「巨人二軍、地下足袋トレ」とされるものが「巨人二軍、わらじトレ」になるところだった。

打球が当たって大ケガも……。カメラマンは命懸けだ

カメラマンは肉体的にも大変な仕事だ。

試合中、センターカメラと呼ばれる東京ドームのセンターバックスクリーンのスタンドにあるカメラマン席から、グラウンド上の選手を追う写真記者は望遠レンズを使う。スポーツカメラマンが使っていた一番長いレンズには「1200ミリ」という巨大なレンズがあり、その全長は1メートルほど、重さは15キロから20キロもあった。東京ドーム入りするカメラマンは車輪の付いた頑丈なキャスターにその巨大レンズを載せ、大切にセンターのカメラマン席まで商売道具を運んだ。

ただ、カメラマンの商売道具はこの魚のブリくらいの巨大レンズだけではなく、もちろんカメラ本体、レンズの日差し避けのフードなど多くの付属物もある。その総重量たるものは、われわれの感覚を超えたもので、写真記者の頑強な体力に驚く。彼らはキャンプでも公式戦でも、それらを常に抱えて日本各地を巡り、シャッターを切り続けるのだ。

そのほかに球場には一塁側、三塁側の両サイドにカメラマン席がある。試合が始まればカメラマンは常に被写体である選手を目で追っているが、ボール自体を追っていないことがほとんどだ。

だから、カメラマンには打球による事故という大きなリスクがある。ずっと投手を追い掛けて撮っているときに打者の振り遅れた強烈な打球に襲われることも少なくない。ファ

カメラマンはある意味、戦友のようなものでもある（著者は中央。写真は著者提供）

インダーをのぞいているときにいきなり、プロのバッターの打ったライナー性のファウルボールが飛んできて、頭部や顔面を直撃して大ケガになった事故などもあった。

考えただけでゾッとするが、現在では、試合時はカメラマンがヘルメットを着用するようになってきたという。プロスポーツカメラマンの仕事は命懸けだ。

彼らには、これからも多くのファンの気持ちを鷲づかみにするような素晴らしい写真を撮り続けてもらいたい。


人と人の間に立つのが広報。でも、感謝がないと

長嶋監督はキャンプの宿舎のフロアに乱雑にスポーツ紙が散らばっていると、

「すぐ片付けろ！　こんなところに置いておくんじゃない！」

と広報の僕たちを叱った。選手に新聞は読ませるなということだった。

自分にとっていい記事ばかりが書かれるわけではない。監督は「新聞は君たちのためにつくられているのではない、君らは読む側ではなく書かれる側だ」と言いたかったのだ。でも、プロ野球選手は人一倍ナルシストだ。それを分かっているのに新聞を読み、よからぬ内容の記事が目に入ったりすると、広報に文句を言ってくる。

すぐに口に出してこちらに言ってくる場合はいいが、広報には言わず、腹にため込む選手もいる。そんな状況はどこからか僕の耳に入り、選手に聞きただすと、すでにメディアと険悪な間柄になっていたりする。

そうなると、僕は事実関係の確認をするために選手とメディアの間に入るが、記事の内容が事実に大きく反している場合など、収拾が困難だと判断すると広報部長に伝え、しかるべき対策（抗議）を練るというのが一つの形だった。

人と人の間に入ることは難しいものだ。もともと広報は人と人の間に入る仕事であり、どうしても関わらざるを得ない立ち位置にいると分かってはいるが、デリケートな関係修復の作業は簡単ではない。僕は幾度となくそれをやってきた。広報業務の管轄外であるさまざまな案件でも同様で、任意で立ち回ってきたつもりだ。細かなことを書くつもりはないが、嫌なことはたくさんあった。

そのことを知っているのは選手本人と相手側の人間だけだ。お互いに納得し、関係が修復されれば一安心。円滑な関係であってくれればそれでいい。双方からは感謝されるものではあったろうが、僕がどれだけの根回しをして関係修復に努めたかは誰も知らない。「私がこれだけ苦労して関係を修復しました」なんて自分からわざわざ言えるわけがないが、あえて今、ここで言わせてもらえるなら、

「もっと感謝されたかった……」

ありがとうの一言もない選手だっていた。ある主力選手からは「選手あっての裏方でしょ」という信じられない言葉を吐かれたこともある。

あの言葉を聞いたときは、何もかも放り投げて、こんな仕事、すぐ辞めてやろうと思ったのを今でも忘れない。

サンケイスポーツをなぜ「取材拒否」にしたのか

「取材拒否、出入り禁止」。

広報の現場でよく飛び交った言葉だ。

特に、盛んな報道環境に取り巻かれている巨人軍の裏側では、球団とメディアが対峙することもよくあった。別に好き嫌いでやっているわけではない。報道された内容が明らかに事実と異なっていたり、表現に行き過ぎる部分があったり、明らかに悪意に満ちていて、球団や選手個人の名誉を著しく傷つけるといったケースがあれば、広報部が抗議す

る。夕刊紙や週刊誌が多かったが、時には公共の電波であるテレビやラジオでさえ、問題視される事例もあった。

抗議は広報部長が口頭もしくは文書でメディアに伝え、報道した側が抗議内容を認めた場合などは、謝罪と同時に謝罪文や訂正文の掲載を求める。一方、取材に基づき、報道内容が正しかったということになれば、こちらからの抗議もかなわぬものになる。

記憶では、僕の上司にあたる多くの広報部長の方々はいつも腹を立てていて、いつもその作業の中で不健康なストレスを抱えていた。本当に気の毒だった。それだけトラブルが起きた案件が多かったということだ。

僕は抗議に直接関わることはあまりなかったが、原稿のチェックは行わなくてはいけない。毎朝、自宅にはスポーツ紙全紙が送られてきて、朝一番の仕事はこの全紙すべてに目を通し、記事の内容を把握しておくことだった。週刊誌、写真週刊誌に関しては問題になる記事が出ると即座にファクスでその原稿が自宅に送られてきた。

それ以外にも、各メディアからの「取材申し込み書」も書面で申請するルールにさせてもらっていたので、僕の自宅のファクスは常にフル稼働だった。遠征試合などで数日自宅を留守にし、帰宅して部屋のドアを開けた瞬間、電話機から何メートルというファクス用紙が飛び出し、部屋中が紙で覆われているというような光景は珍しくなく、空になったファクス用紙の硬いロールの芯が何本もゴロゴロとたまっていた。

あれは1996年のシーズン中だった。サンケイスポーツの一面に、「巨人・木田、オリックスにトレード！」の見出しがデカデカと載った。2023年まで日本ハムの二軍監督を務め、現同球団GM代行の木田優夫投手のトレード話だ。

えっ？　木田がトレード？　本当なのか？　と僕が思っていると、広報部長からの電話だ。直ちに球団に向かう。球団事務所に行き、中村清昭広報部長から、球団代表補佐・鯉渕昇さんが事実無根だと烈火のごとく怒っていると聞く。

トレードは、その対象になる選手の野球人生に関わることでもあり、情報が漏れることなく、発表まで水面下で処理しなければならないのが鉄則だ。情報がマスコミに漏れたことでトレード自体がオジャンになってしまうこともある。

ただ、この件について広報部長の様子が少しおかしかった……。

中村部長は、「実は俺に相談もなく、代表補佐が単独でサンスポに抗議してしまったんだ。これと同じ記事がスポニチ（スポーツニッポン）にも載っている。相手取るならスポニチにも抗議しなければならないのに……」と、代表補佐の行動に戸惑いを隠せなかった。まあ、鯉渕さんはよっぽどご立腹だったのだろう。つまり、この記事の信ぴょう性はかなり高いということなのかと思ってしまう。

サンケイスポーツの窓口は当時の運動部長の小林忍さんだった。忍さんは僕の現役時代の巨人担当記者で、以前から僕もよく知ってる方だ。でも、ここで気づく。あれっ？　ちょっと待て、たしかウチの鯉渕さんと小林さんは仲がよかったはずだけど……。

そのとき会社の広報部デスクの電話が鳴り、たまたま僕がその電話を取った。相手はなんと小林さんだった。小林さんは電話に出た相手がよく知っていた僕だったせいか、突然！「いいか、香坂！　俺は絶対に許さないからな！」と強い口調でまくしたてた。

えっ？　許さないって、何を？　許さないぞというのはこっちじゃないのか？

なんだかよく分からなくなったが、巨人、サンスポが、この件についてガチンコであることを感じた。

「こっちの取材は情報源も確かだし、記事には絶対の自信がある」

小林さんは僕に強く伝えた。僕に言われたってねぇ……。

このあと間もなく、巨人広報部はサンケイスポーツに対して取材拒否、出入り禁止を通達。この措置期間は、なんと半年以上も続くことになる。

小林さんは言う。「怨念より、今は戦友としての懐かしさがある」

取材拒否の期間中、サンケイスポーツの巨人担当記者は球場、練習場の巨人が仕切る管轄エリアには入れず、秋季宮崎キャンプであってもー般のファン同様、スタンドから練習を見ていることしかできなかった。もちろん、巨人軍関係者はサンケイスポーツとの接触は厳禁とチーム内にお触れが出る。

それでも、中に入れないサンケイスポーツの巨人担当記者に対して「出禁（出入り禁止）なのに、わざわざ宮崎まで来るなんて大変ですね」、「まだ出禁なの？　ずいぶん長くね？かわいそうスね……」などとねぎらいや慰めの言葉が多くの選手から掛けられていた。

小林さんの話だと、その出入り禁止期間中に当時の正力亨巨人軍オーナーと顔を合わせたことがあり、そのときオーナーはなぜかうれしそうに「君のところ、出入り禁止なんだってねぇ、フフフ……」と言われたことが妙におかしかったと振り返った。

しかし、取材拒否と言うのは、われわれ球団にとってもよろしくない要素がある。取材ができなくても記者は原稿を書かなければならない。新聞は毎日発行されるものだ。現場の記者の取材場所は制限され、取材対象者となる選手たちとは接することができない。そんな状況で原稿をつくろうとすると、不完全な部分をなんとかして埋めようとしたり、確認すべき事柄の「ウラ取り」も手薄になる可能性があり、無理の生じた不確実な内容の原稿になりやすい。また、トラブルがあったことで巨人に対しての感情的なものが絡み、恣意《しい》的な記事になってしまうことだってあるのだ。

ペンを握っているのは人間なのだから。

後日談だが、その後、テレビ宮城の常務になられた鯉渕さんと産経新聞東北総局長になられた小林さんは、互いの赴任地・仙台で偶然再会する。鯉渕さんは2人の大バトル、怨念の戦いはどこ吹く風、仲がよかったころ以上に杜の都で小林さんの世話を焼いた。

鯉渕さんは選手の野球人生にかかわる大事なトレードの報道に対して、責任者としての立場を強く貫き、一方、小林さんは取材力を駆使し、確信に基づいたスクープを掲載したサンケイスポーツの責任者という立場。互いの強いスピリットで2人は譲らなかった。

鯉渕さんはすでに亡くなられたが、現在、小林さんは外城田川忍（ときだがわ・しのぶ）というお名前で小説を書いておられ、当時を振り返り、「怨念より、今は戦友としての懐かしさがあるね」と話す。

長嶋監督は「巨人はマスコミチームなんだよ」（マスコミとは切っても切れないチーム、宿命という意味）と常々おっしゃっていた。

選手とファンの橋渡し役であるメディアに常に注目されるジャイアンツ、その裏側にこうした熱いプロフェッショナルな人々がいたということ、そこに物語があったことに僕も敬意を払い、昔の出来事を懐かしく思い出すのである。

第8章

そして今、野球を楽しみ、野球とともに生きる

こよなく野球を愛す男たちの集団「還暦野球」

２０２４年現在、プロ球界で阪神・岡田彰布監督のようにユニフォームを着てグラウンドに立っている同学年は、ヤクルト一軍打撃コーチの杉村繁くらいになってしまった。

しかし、プロ野球界以外はまた違う。プロでともに戦った同い年の仲間で、しかも現在も現役プレーヤーとして、白球を追い掛けている男がいる。彼の主戦場は60歳以上の選手たちが集い、日本各地で大会が催されている熱戦の場「還暦野球」である。

東京都還暦軟式野球連盟に加盟している「ベーネ・ピノチオ」というチームに所属するその男は、ヤクルトに投手として在籍していた片岡大蔵だ。現役引退後、打撃投手を経て、31歳から64歳まで先乗りスコアラー務め上げ、２０２２年、退団した。

大蔵とは僕が先乗りスコアラー時代に日本各地の球場で顔を合わせ、ネット裏のスコアラー席に並んで座り、偵察の仕事をした思い出もある。大蔵の「先乗りスコアラーとしての目」は知る人ぞ知る定評のあるものだった。野村克也監督のヤクルトＩＤ野球の時代、大蔵のデータは野村さんのお墨付きであり、とても評価されていたということを何度も耳にしたことがある。

プロ入り前の大蔵は、１９７５年、夏の甲子園大会で新居浜商高の投手、一塁手として決勝の舞台まで進むが、僕の中大の同期、小川淳司がエースだった習志野高の前に頂点を極められず、準優勝に終わっている。当時、同じ高校球児の僕は、羨望のまなざしでテレビの画面に食い入るようにその熱戦を観ていた。大蔵は試合途中から一塁手として試合に出場。投手でもあり、愛媛大会ではあと一人でノーヒットノーランという快投も演じていた。今で言う「二刀流」だ。

国士館大に進学と同時に投手一本に専念し、中大に進んだ僕と東都大学リーグ戦で顔を合わせることになる。大蔵はのちに社会人野球チーム、電電東京の監督も務めた同期の藤原誠二とダブルエースで他校を圧倒、1979年秋のリーグ戦で国士大野球部創部後、初の東都大学リーグ優勝に導き、MVPに輝いた。

その投球がプロのスカウトの目に留まり、1979年の新人選択会議でドラフト1位指名を受け、ヤクルトに入団。大学から入団の先発の即戦力として期待は大きかった。

入団年の1980年10月、大蔵は先発のチャンスをつかむ。対中日戦、ナゴヤ球場の敵地で、まずは3イニングを無失点に抑えた。ヤクルトは5対0とリード。あと2回投げれば勝利投手の権利をつかめるところだった。

しかし、なんと、ここで無念の降板……。交代を命じられたのだ。なぜ……。それはシーズンも後半、最多勝のタイトルの懸かっていたベテラン左腕の梶間健一さんへのリレー展開になったからだった。大蔵は当時の堀内庄コーチの命令に従うしかなかった。

梶間さんはその試合で勝利投手となったが、シーズン最多勝投手は巨人・江川卓さんが16勝で獲得。梶間さんは大蔵の犠牲も空しく15勝と一歩及ばなかった。

大蔵が言う。「梶間さんは試合後、『きょうの勝ちはお前の勝ちだ』と言って勝ち投手の賞金や賞品をすべて僕に渡した。そのときはチームとしての決定だから従うしかなかったけど、今思うと正直あと2回投げたかったよなぁ」と苦笑いで昔を振り返った。

大蔵はその後、二軍では安定した実績を残したにもかかわらず、肩のケガが大きく響き、4シーズンという短いプロ生活を閉じることになる。

「軟球打つのに10年、ソフトボール打つのに6年かかった」

野球大好きオヤジ・大蔵の還暦野球のメインの所属チームは「ベーネ・ピノチオ」だが、その入団のきっかけは、野球好きのミュージシャンとの出会いだった。

草野球の試合に出ていたとき、還暦野球があることを知らされ、ある方に「一緒にやりませんか」と声を掛けられた大蔵はムチャクチャ驚いたという。その方はなんと『夕暮れ時はさびしそう』など、フォークソングのヒット曲で有名なバンド『NSP(ニュー・サディスティック・ピンク)』の平賀和人さんだったからだ。実は大蔵には高校時代、文化祭でギターを抱え、NSPの曲を演奏した思い出があった。

メインの所属と書いたが、大蔵の現在の所属チームは全部で5つもある。千代田区を活動地区とする「ベーネ・ピノチオ」がメインで、「三鷹スターダスト」、「新居浜ビクトリーズ」の3チームが還暦野球、ソフトボールチームの所属は「横浜マイティーズ」、たまプラーザに拠点を置く「美しが丘ビック」の2つだ。新居浜ビクトリーズは大蔵の故郷、愛媛県の還暦野球チームで、夏の甲子園大会で同校が決勝まで勝ち進んだときのメンバーが多く所属し、「おじいちゃんの甲子園」と呼ばれる全日本選抜還暦軟式野球大会に出場するために招集された。

5つのチームへの年会費だけでも、まとめれば10万円ほどになってしまうという。好きでなければできない……。脱帽だ。

東還連の憲章には「楽しむことが唯一無二の目的、笑顔を忘れずに。常に健康に留意し、真摯《しんし》なプレー、マナーを忘れずに。友愛と親睦が最優先であり、『勝敗は時の結果』と受け止めるゆとりを忘れずに」とある。なんと素敵な文言だ。

大蔵は言う。

「仲間は皆、ケガをしないように鍛えているよ、スクワットとかコツコツとね。俺も素振りは欠かさない。毎日マスコットバットを振ってるよ」

これまた脱帽……。でも、軟球は打つのは難しいだろ？

「難しいよ、硬球の打ち方とは違うからな。ソフトボールも難しい。ボールが浮き上がってくる。軟球打つのに10年、ソフトボール打つのに6年かかったぞぉ」

少し笑ってしまったが、大蔵の顔を見ていたら、それは冗談には聞こえなかった。軟球だからと言って、ナメていては永遠に打てない。

「40歳くらいになったとき、軟式の草野球に誘われたんだ。でも、軟球が打てなくてね。そのとき打てなくて悔しいと思ったから続けられたと思う。打てなくても別にいいやと思うか、クソって思うかだよ」

ＳＮＳにアップされている大蔵の試合動画を見る。ソフトボールチームでは背番号30番、還暦野球では55番だ。見事なホームランの数々。素晴らしい打撃フォーム、65歳の完成品である。特に、打った瞬間にホームランと分かる「確信歩き」の打席が圧巻だ。これは球場のフェンスを越えたもので、飛距離も十分だ。軟球やソフトボールであっても、これだけのホームランを打つのは大変だ。

見事なものだと僕が褒めると、大蔵は「いやいや、野球は楽しいよ。でも、もっと楽しいのはこれやけどな」と言って、グラスの酒を飲み干すポーズをし、ニヤリと笑った。

野球をこよなく愛す仲間たちとの飲み会、それはさぞ楽しいものだろう。

いくつになっても白球を追うことができるのは素晴らしい。そんな大蔵が本当にうらやましかった。そして野球をこよなく愛す還暦野球の多くの選手の方々に敬意を払いたい。

ただし、ケガと飲み過ぎには、くれぐれもご注意ください。

松尾英治とのあいさつは「マツ、何色だ?」

ジャイアンツの裏方としてともに働いた読売巨人軍ジャイアンツアカデミー副校長・松

尾英治君が病に倒れ、2023年1月27日、帰らぬ人となった。58歳だった。

えっ？　松尾が?!　えっ？　なぜだ！　耳を疑った。あんなに元気だったのに……。一昨年、僕が退団後、初めてジャイアンツ球場にあいさつに行ったときは元気よく、いつもの笑顔を見せてくれたのに……。「こんな状況（コロナ禍）で行動が制限されていますが、逆に運動する時間が取れてスマートになりましたよ」と笑っていたのに……。

初めてマツと会ったのは1983年、多摩川グラウンドだった。185センチの長身、足が長く、マスクもいい。横浜市立戸塚高出身のマツはまだ体の線も細く、当時の野球選手というイメージからは離れた優男だった。

マツは入団の前年、巨人軍の入団テストを受けた。このことについて巨人軍の元スカウトだった伊藤芳明さんがテスト当日のことを話してくれた。

「いいフォームをしている背の高いピッチャーがいたんだよ。地区担当の加藤君（加藤克巳、元巨人軍捕手）に伝えて2人で見定めた。すぐに実技はやめさせて終了、もちろん合格だよ！」。こうしてマツはワンチャンス合格で巨人軍入団を勝ち取り、ドラフト外入団のまさに「隠し玉」になった。

マツのドラフト同期入団には斎藤雅樹、川相昌弘、藤本茂喜（元巨人軍スカウト）の高校出身の3選手がいた。彼ら「1年生」は新人に課せられた日課や厳しい教育、もちろんつらい猛練習にも明け暮れる。僕自身も入団4年目、なんとか結果を出そうともがいていたころだ。マツは必死に歯を食いしばって、ほかの3人のライバルに負けじとしっかり目を見開いていた。

マツと僕は7つ歳が離れていたが、素直で人懐っこく、かわいい後輩だった。そのころは言葉を交わすことはあまりなかったが、マツに会うと、あいさつの代わりにいつも同じ言葉を掛けていた。

「マツ、何色だ？」

どういうことかと言うと、マツは「調子がよくて、いいボールが投げられると気持ちがいいんです」と言っていた。いい球がいけば真っ白なすがすがしい気持ち、いかなけりゃ、真っ黒な暗い気持ちかぁ？　と僕が言うと、「そうですね」と笑いながら言っていた。

投手という生き物はそんなもので、よい感じでボールを投げられればすべてよし、気持ちも晴れるというもので、マツもそうやって必死で高みを目指していた。何色だと聞くのはあいさつのようなものだった。

でも、いつしか僕がマツに「何色だ？」と聞くと「灰色ですね……」という元気のない返事ばかりが多くなった。

調子が上がらず、スッキリしない状態が続いていたのだろう。そんなときは、心なしか背中が丸く見えたのを覚えている。

灰色と言うのはマツのせめてもの「シャレ」だったのだが、つらいときでも明るさを忘れない気丈な男でもあった。

だが、マツは灰色のままでは終わらなかった。

同期の斎藤と同じく、サイドハンドへのフォーム改造を行う。徐々に体力をつけ、もともとマツが持っている好投手の条件である上半身の関節の柔らかさ、そして、長い腕、長い足を生かし、キレのあるボールで二軍でメキメキと頭角を表す。

入団3年目には二軍戦で4試合連続完投勝利。1試合14奪三振という当時のイースタン記録もつくり、5年目のシーズンは野球留学選手に抜てきされ、アメリカのマイナー・リーグ、マイアミ・マーリンズで1シーズンプレー。23試合に登板し、4勝2敗、防御率3・47の堂々とした成績を収め、若手のホープ的存在として注目された。

そのあと、どこかのタイミングでチャンスさえもらえれば、マツの野球人生は大きく変わった可能性はあった。新人テスト生からジリジリとはい上がり、ジャパニーズドリームをつかもうとする力を身につけていたのだから……。

しかし、運がないと、この世界、勝利の女神はほほ笑んではくれない。

マツにもやがてユニフォームを脱ぐという避けられないときがやってきた。

「戦力外を告げられて、途方に暮れているとき、モデルをやらないかという話があったんですよ」と明かしてくれたことがあった。モデル転身？　あのときファッションモデルになっていたら、マツの人生はどう変わっていたのだろう。

ストレスを心配した時期も。頑張り過ぎてはいないか

でも、マツは大好きな野球に携われるチャンスをものにする。彼の人間性、真面目で誠実な人柄を球団はよく知っており、僕と同じ「裏方」として再スタートを切る。

持ち場はまずは二軍のマネジャーだった。マツは巨人軍のスピリットを知り、選手の気持ちを知り、プロ野球選手の厳しさを知り、人への思いやりを忘れず、丁寧に心を込めてチームの素地となるべく裏方の仕事をしっかりとこなせる人材になる。監督、コーチ、スタッフからの信頼も厚く、将来は一軍マネジャー、そして球団の要職になっていくだろうなという期待感を僕にも抱かせた。

彼を慕う選手は多く、一軍の選手が二軍降格になったときなどは親身になって選手の心のケアもする。偉大な父、長嶋茂雄監督の下、ヤクルトから移籍し再スタートをした〝サラブレッド〟長嶋一茂も世間の知らない苦闘をしていたが、そんなとき精神的なサポートをしていたのがマツだった。投手経験を生かして二軍の練習時には率先してフリー打撃の打撃投手を務めることもあった。

マツには4人の娘さんがいて、自慢の料理を家族に振る舞うすてきな父という一面も持っていた。「料理はよくやりますよ、この前も餃子をつくりました。もちろん餃子の皮も手づくりですよ。これがうまいんですよ」と得意満面で話していたのを忘れない。

一軍マネジャーを経て2004年には巨人軍の改革として整備された編成本部の育成部統括ディレクターに就任。のちGM補佐となり、チームづくりの中心部で奔走した。最重要課題の育成部業務、チーム力強化のためのチーム編成業務、一軍現場の運営業務のほか、立ち上げ時のありとあらゆる問題、そのデリケートな人間関係の間に入り、立ち回る。これにはマツの心身は削られたはずだ。

僕は2008年に編成本部編成調査室（プロスカウト）に配属されたため、マツと会議などで顔を合わせることが増えたが、今思えば本当に激務だったであろうと思い起こす。任務として求められる部分も多かったであろうが、僕には、それが重過ぎてはないだろうか、頑張り過ぎてはいないだろうかという心配がいつもあった。

ストレスは誰もが体にマイナスな影響を及ぼしてしまうものだが、全力で走り抜けたマツのストレスは計り知れないものだったはずだ。

同期入団の藤本はショックを隠し切れない様子で、「GM補佐のときは大変だったでしょうね。松尾はずっとしんどかったと思う。賭博問題が起きたときも、そのあとに規律委員会事務局長を任された。これもデリケートな仕事だった。今のジャイアンツアカデミー副校長になったと聞いたとき、松尾もこれでやっと少しは休めるのかなと真っ先に思った。その矢先に逝ってしまうなんて」と悼んだ。

マツの言葉に恥じないような先輩であったのだろうか

彼の足跡を「天職」という表現をされた先輩がいた。裏方として誠実にチームを支え続けたことを言っていたのだと思う。

天職……、そうなのかもしれない。だが、あえて僕はマツに聞いてみたい。

マツよ、本当に天職だったのか……。「裏方として役に立てたのならよかった」と言うだろうか。それとも「気持ちが真っ白になるような、自分が納得できるボールを投げまくって、プロの投手として成功したかった」と言うのか……。

そんな話だって、まだまだするチャンスはいくらでもあると思っていた。4年前、新型コロナ禍で球団の職員全員が集まれない状況だったが、僕はかろうじて退団のあいさつを球団事務所でさせてもらうチャンスをもらった。その場には来られなかったマツが、その日の午後、僕のパソコンに一通のメールをくれた。

「長い間、お疲れさまでした。いつも香坂さんは僕の目標でした」

えっ？ 目標?……。意外だった。このことはコロナが明けてゆっくり酒でも飲んだときにでも聞けたら聞こうと思っていた。

今胸に手を当てて思う……。俺はマツの言葉に恥じないような先輩であったのだろうか。そしてマツが本当にそんなことを思ってくれていたのだろうか。

だが、マツにもう聞くことはできない。

マツが亡くなったとき、僕に電話を掛けてきた記者はこう言った。

「僕が新人記者のとき、二軍の取材に行くと、いつも温かく声を掛けてくれた。こんな駆け出しの記者がグラウンドの隅にいても、ちゃんと気に掛けてくれたみたいで、チームに多めに置かれている軽食や菓子があれば『腹も減るだろう？　よければ持っていけよ』とそっとポケットにねじ込んでくれた」

その記者は「香坂さん！　あんなにいい人がなんで死んでしまうんですか！」と言って、電話の向こうで感情を抑えきれず号泣した。

この電話を受けたときは夕暮れ、僕は寒空の下にいた。辺りは急に風が吹き、この日まで雨が降らず乾燥しきっていた東京の空からパラパラと冷たいものが降ってきた。

そのとき、僕の頬を濡らしたものは雨だったのか、涙だったのか……。

それが分からなくなるほどつらく寂しい気持ちになり、僕は携帯電話を握りしめたまま、その場でずっと空を見上げたまま立ち尽くしていた。

合掌……。

全府中野球倶楽部で再びユニフォームを着る！

野球が取り持つ縁は不思議だ。２０２１年から全府中野球倶楽部のコーチとして野球にまた携われることになった経緯も、きっかけは野球で生まれた絆だった。

つないでくれたのは、数十年来の友人、航空自衛隊の自衛官である岡本兼一さんだ。岡本さんは幹部学校を卒業後、航空自衛隊の新聞記者研修で自ら記者として取材を行うために東京ドームを訪れた。ごあいさつをいただくと、無類の野球好きだったことを知った。自身も防衛大学校硬式野球部で内野手としてプレーした経験を持っていた。

岡本さんは数年後、1等空佐に昇進、北海道千歳基地の航空自衛隊第2航空団基地業務指令として千歳基地のNO・3になる。そして、千歳基地にある社会人野球チームの航空自衛隊千歳硬式野球部の部長としてチームの成長のために奔走。同野球部は2012年には第38回社会人野球日本選手権大会地区最終予選で勝ち抜き、初の北海道代表として全国大会出場も勝ち取っている。

僕が巨人を退団したあと、岡本さんが「東京にオール府中という社会人野球のクラブチームがあるのですが、ご存じですか」と声を掛けてくれた。僕は学生野球資格制度の研修を受け、適正審査で認定されていたこともあり、岡本さんの紹介があって社会人のクラブチームのコーチとしてまた野球に携われることになった。

全府中野球倶楽部は1930年に創部された。巨人軍の前身である大日本野球倶楽部の創設は1934年なので、巨人軍よりも4年も古いということになる。オール府中はクラブチーム戦の最高峰である「全日本クラブ選手権大会」にこれまで13回出場、優勝1回、準優勝2回、ベスト4が5回と上位進出の常連として名の知られた存在だった。

しかし、2009年の出場を最後に本大会出場を逃しているだけでなく、東京都予選でも上位進出さえも厳しい状況に甘んじていた。

全府中野球倶楽部の部長である相田征一さんは府中市内にある貴金属再生の会社の取締役会長をされている。

お話をすると相田部長の野球に対する、そして全府中野球倶楽部に対する愛がひしひしと伝わってくる。それまで相田さんとは何度かお会いしたことはあったが、これほど野球が好きで情熱のある方だとは思っていなかった。

「香坂さん、なんとかしたいんだ、このチームを。もう一度強くしたいんだ。昔のオール府中は強かったんですよ」

相田さんの目力に執念と言ってもいいくらいの強い思いを感じた。

「オール府中には後援会がある。昔から応援してくれている熱心な方々がたくさんいるんです。伝統あるチームが今のままでは、支援者の方々に部長として申し訳が立たない」

後援会は個人、団体を含め、その数は88にもなるという。クラブチームに後援会があるというケースはこの世界でもとてもまれでもあり、しかもこの数だ。昔からの多くの支援者の方々が今も変わらず後援会となって応援しているということは、オール府中の当時の隆盛を物語っていると言えるだろう。

「古豪復活ですよ、来年は古豪復活元年にしたい。そして3年でチームをつくり上げる」

さらに相田部長は持論を展開した。

「野球はピッチャーですよ。投手を中心に守り切らなきゃいけない。1点もやらなければ、負けることはないのだから」

僕はもうそのとき、すでにこのチームの投手陣のレベルアップを最優先課題として頭の中でプランを描いていた。

ただ、僕は学生野球とプロ野球の世界しか知らない。プロ野球界では実績皆無の投手であり、コーチなど指導経験はない。果たしてこの僕が役に立てるのだろうか……、そんな気持ちが初めにあった。

僕はチームの現状を検証し、監督、マネジャー、コーチ、選手たちと意見交換をしながら自分自身のすべきことは何かということを毎日、毎日考えた。

やがて、それまでの「お役に立てるならうれしい」などという柔な表現ではなく、「オール府中をなんとかして強いチームにしたい」という気持ちに切り替わっていた。

オール府中の頼もしき最年長の「元プロ」

日本野球連盟に所属するクラブチームは、NPB（日本プロフェッショナル野球機構）に所属していた元プロと言われる選手が移籍する場合は3名までというルールがある。

2024年現在のオール府中にも3名の「元プロ」が所属している。

オール府中NPBトリオのまず一人目は、3人の中で最年長、山下浩宣だ。山下は2000年秋のプロ野球ドラフト会議でドラフト6位指名を受け、九州の八幡西高から内野手として巨人に入団した。そのときの巨人ドラフト1位は2024年度から第20代読売巨人軍監督として指揮を執ることになった阿部慎之助だった。

山下が金の卵として期待されていたころを知る人物が当時二軍守備コーチを務めていた上田和明だ。「バッティングがよかったという印象が強いですね。足も速く、真面目なヤツで鍛えがいのある選手という感じがしました。だから守備はうまくなってもらいたかった。そんな思いで毎日毎日ノックを打っていたのを覚えていますよ」。山下は183センチ、74キロの体格で、まさに大型ショートとしての期待があり、当時巨人のレギュラーだった二岡智宏の後釜としての期待は大きかった。

山下は3年目のシーズン、二軍の開幕戦のスターティングメンバーに入る。高校出身の選手としては「早い出世」だ。

しかし、なんとも大きなアクシデントが襲い掛かる。ヒザのケガだ。

半月板損傷……。ここで休むわけにはいかない……。山下は痛みを耐えながら、このことを隠し、プレーを続けた。この我慢は結果的によい判断とはならず、たった3年で戦力外通告を余儀なくされてしまう。

「まだ、やりたかった。クビになったショックから解放されるのも時間が掛かりました」

無理もない、まだ21歳だった。だが、悶々としていた山下には慕う先輩選手がいた。巨人時代に一緒にプレーをした田中健太郎だった。田中は長野県の松商学園高からドラフト5位で巨人軍に指名を受け、1998年から5年間巨人でプレーし、山下が退団した2003年にはこの全府中野球倶楽部に在籍していた。山下は田中に導かれ全府中に入部。野球が大好きな男が、また一人、水を得た魚になった。

だが、山下も2024年には42歳を迎えるベテランとなり、昨今は試合出場が激減。その分、後輩の指導に割く時間が増えている。

「ここはクラブチームなんですよ。練習時間も限られていて、練習がしたいと思っていてもいろいろな面で制限がある。僕がもっと指導したいと思っていても、プロのような感覚ではできるものではないんですよね」

環境が許さない歯がゆさも知っているヤマの言葉に僕は興味深く耳を傾け、コーチとしてクラブチームのあるべき関わり方を模索している。

プロスカウト時代からずっと気になっていた左腕

前述のとおり、2022年、オール府中のチーム補強課題は「投手力強化」だった。もちろん既存の投手陣にはそれぞれ力を持ち合わせた精鋭たちがいたが、コマ不足は否めず、「絶対的なエース」が求められていた。

相田部長からその対象は「元プロ」と獲得指令が出る。つまり、2021年のNPBのシーズン後に戦力外となった選手の中から、オール府中への加入が可能な選手を探し出す作業をしなければならないということだ。

巨人を退団したときは競技者視察をするなどとは、これっぽっちも思っていなかったが、相田部長が会長を務める企業の人事担当で、オール府中のスカウト活動も担当している堀切浩太と2人で12球団合同トライアウトに出掛けていくことになる。堀切は元オール府中の選手であり、俊足で鳴らした外野手で、人一倍チームを愛する熱血漢だ。

トライアウトに参加する選手たちがどういう選手かということは、元プロスカウトの僕の頭にはほぼ入っており、縁があれば、われわれのチームを選んでもらい、オール府中の力になってもらえるようにと移籍につながるための手段のすべてを尽した。

実はこのとき、戦力外選手の中に、プロスカウト時代からずっと気になっていた男がいた。ロッテの左腕・永野将司だった。永野は2018年、社会人チームのHondaからドラフト6位でマリーンズに入団。150キロ台のストレートを武器にセットアッパーとして期待されていた。

プロスカウト時代に永野を初めて見たときから、素晴らしいそのフォーム、そのボールの強さに将来性を感じていた。しかし、永野はなぜかなかなかチャンスがもらえなかった。「どうしてこれだけの投球ができているのに、チャンスが与えられないのだろう」。

そんな疑問が頭の中をいつも巡っていたころ、2019年、ロッテ球団から公式発表があった。

発表内容は永野の病気のことであり、病名は「広場恐怖症」というパニック障害の一つとされるものだった。閉ざされた空間や広々とした場所にいると「逃げられない」という気持ちになってしまうものらしく、永野の場合は新幹線や飛行機などに乗れないことでプロ野球選手の移動に制限が出てしまっているという問題があった。

ロッテの春季キャンプは沖縄県の石垣島で行われていた。当然、移動は空路だ。永野は石垣島には行けず、キャンプ期間の約1カ月は孤独感にもさいなまれながら東京に残り、一人調整を続けた。シーズン中のパ・リーグは北海道から九州までと移動は過酷だ。一軍で登板させたいと言ってもビジターゲームが遠隔地になれば永野は移動ができなかった。

当時、永野の二軍戦の投球を見たとき、明らかにモチベーションが低下していると感じることが何度もあり、いつもいたたまれない気持ちになっていた。

こんなハンディを背負いながらも、永野は投げ続ける。しかし、4年間のシーズンが過ぎ、永野は戦力外を告げられる。余力を残したままのリリースだった。

2021年、埼玉県所沢市にあるベルーナドームで行われた12球団合同トライアウトで永野は最速148キロのストレートで猛烈なアピールをし、トライアウト参加投手の中で

NO・1の印象を持たせた。

当たって砕けろ！　まずは交渉だ。堀切はトライアウト後、すぐに永野に連絡を取り、誠意が伝わるように勧誘を行う。病気が支障になるようなケースはクラブチームの活動の中ではとても少ないということも伝え、相田部長が会長を務める企業への就職という選択肢も用意されていると伝えた。

永野は自身の新たな進路について熟考し、堀切に伝えた。

答えは「よろしくお願いします」だった。うれしかった……。

2022年4月、府中市民球場で行われた全日本クラブ選手権東京都予選、準々決勝の対リベンジ99戦。「まだ、行けます！」。マウンドで先発の永野が躍動した。予定の6イニングをオーバーし、8イニングを投げた。11奪三振、1失点で勝ち投手になり、そのあと東京都予選で全府中は13年ぶりに優勝、永野は大会のMVPにも輝く。第93回都市対抗野球ではJR東日本の補強選手にも選ばれた。

試合だけではない。練習時、グラウンドの隅で投手陣の輪ができる。輪の中心で永野が体幹トレーニングやランニング、投球に生かすための補助運動などを教えている。

チームをけん引する永野の実力もしかりだが、こうした「元プロ選手のお手本」の効果でチームが着々と変わっていくことは当然起こり得ることであり、頼もしい光景に僕はこのチームの可能性を感じていた。

攻撃力アップのために最後のピースを埋める3人目

2022年のシーズン、オール府中は全日本クラブ選手権の春季東京都予選、そして東京都クラブ秋季大会兼関東連盟クラブ選手権予選で春秋連覇を遂げたが、いずれも関東大会では零封負けと攻撃力の弱さを露呈。山下、永野に次ぐ「プロ枠」3人目の選手の獲得に向けて、スカウトの堀切と再度活動を始めた。今回は元プロにとらわれず、大学、社会人、独立リーグも視野に入れて、ネットワークを広げ動いた。

補強対象は内野手もできる長打力もある右打者だった。

僕の頭の中にはベストの選択肢とも言える選手がいた。元日本ハムの樋口龍之介だった。樋口は2019年、ドラフト会議で日本ハムから育成2位指名を受け入団。すぐに球団初の入団年の支配下登録というスピード昇格をする。

そしてすぐにプロ初安打、10月には楽天戦でプロ初ホームランも打っている。樋口はパンチ力もある中距離ヒッターで広角にも打て、期待も大きい選手だったが、プロの世界でレギュラーの座を狙える打者になるためには「アイツはいつもヒットを打っている」、または「チャンスにメチャクチャ強い」の2つの言葉で評されるくらいじゃないとスタートラインにすら立てない。調子を落としてヒットが出ず、足踏みをしていると、すぐに隣をライバル打者が追い抜いていく……。

25歳でプロの門をたたいた樋口の「一発勝負」的な短い戦いは、残念ながら3シーズンで結論づけられたが、担当したスカウトは樋口の力を誰よりも高く評価していた。

独立リーグ・新潟アルビレックスから樋口を獲得した担当スカウトは多田野数人だった。現役時代、先発ローテ投手として活躍。メジャー・リーグ経験も持ち、のちにコーチなども歴任した。多田野と僕はプロスカウト時代に接点があった。スカウトは人の人生を左右する仕事だ。多田野は自分が手掛けた選手が退団することになっても親身になって選手の進路の相談に乗り、樋口のことを気に掛けていた。

そして樋口はオール府中の門をたたいた。

「プレーするだけではなく、僕の持っているものをみんなに伝えていきたい」

頼もしいヤツがまた一人加わった。２０２３年シーズン、樋口はチーム断トツの打撃成績を残し、ＪＡＢＡ東京都野球連盟のクラブチーム優秀選手賞の表彰を受けた。

わがチームの岩田鉄五郎、平井孝治

そうそう、もう一人われわれのチームには欠かせない存在がいる。

コーチ兼投手の平井孝治（あつはる）だ。平井は現役の左腕投手で、２０２４年でなんと54歳、彼は水島新司さんが書いた野球漫画『野球狂の詩』などに登場する老練な伝説の左腕投手、「岩田鉄五郎」をほうふつさせる。

相武台高時代から投手一本の野球人生、初めに所属したのがアンリツ軟式野球部、次にわが全府中野球倶楽部。同時にプロの巨人、大洋、日本ハムの3球団のプロテストを受けたという。その後、ヤオハンジャパン、河上薬局、ヤマハ発動機、浜松ケイ・スポーツBCと渡り歩いた。

２００５年、西武ドームで行われた全日本クラブ野球選手権大会に出場。その場でまたまた平井の野球人生は変わる。

たまたま会ったのがオール府中の現在のマネジャー・前田勉だった。昔から平井のことをよく知っていた前田は「戻ってこいよ」と声を掛ける。人の縁というものは不思議なものだ。平井はなんと17年振りにこのオール府中に舞い戻ってきた。

平井の投球術は秀逸であり、配球の妙は若いピッチングスタッフの貴重な教材だ。配球を大切にし、そしてキャッチャーを大切にする。全府中のエースキャッチャー、２０２４年で37歳になる小野澤祐介は言う。「平井さんと組ませてもらうと毎回が勉強で、そこで投球の組み立てを覚えました。僕は平井さんに育ててもらいました」。

平井はムードメーカーでもあり、彼を慕う若い選手は多い。野球を愛し、いくつになってもひたむきな姿で夢中でボールを追う。僕にもクラブチームの本質や習わし、常識などをレクチャーしてくれ、十分過ぎるほどのサポートをしてくれている存在でもある。

オール府中の２０２３年の成績は都市対抗野球二次予選までコマを進めるなど健闘した

が、目標であるクラブチーム選手権大会出場は成し遂げられていない。2024年は真価が問われるシーズンになる。

それにしても、この年になってユニフォームを着るとはまったく思っていなかった。僕の息子と同じくらいの年齢の選手たちと一緒にグラウンドに立つことなど、まったく考えてもいなかった。でも、ここには野球好きの男たちが、いつも元気にせっせとグラウンドにやってくる。僕はこの光景が大好きだ。

野球は楽しい。しかし、勝負事は勝たなくては面白くない。僕は勝つためには何をすればいいかをいつも考えている。そんな今がとても幸せだと思っている。

またふんどしを締め直して、さぁ皆でやるぞ、大好きな野球を……。

ボーイズリーグ
ALLFUCHU

全府中野球倶楽部ナイン
（撮影＝全府中野球倶楽部フォト担当・稲荷田有美子）

終わりに

「香坂は幸せだよな。ずっと野球に関わっているんだからな。野球に関わる仕事をしたいと思っているヤツは世の中にはたくさんいるんだぞ」

同じ高校球児として、ともに白球を追った仲間が僕に言った言葉だ。

この言葉は、ふとわれに返るものだった。僕の裏方人生には誇れるようなことは何一つなかったが、ドラマのような多くの瞬間にも立ち合え、そこには数々の感動があったからこそ、やりがいを感じながら務めることができた。

今思えば、それはとても興味深く、面白いものであり、ワクワクしたその経験からは学ぶものも多く、僕の財産になった。

時には逃げ出したいことや、理不尽でやり切れないことなどもたくさんあったが、野球に携われることのありがたさ、そしてこれまでお世話になった方々への恩返しの気持ちを忘れず、仕事に向き合ってこれてよかったと思っている。

本来、僕のような一裏方の人間が本を出させていただくことは誠に僭越であり、おこがましいと承知しているが、ベースボール・マガジン社の池田哲雄社長にご理解をいただき、制作に関しては同出版局長の井口英規さんに多くのご指導をいただいた。お二人には深く感謝の意を表したい。

コロナ禍の時期は電話取材も多くなってしまったが、ご協力をいただいた方々は皆快く対応してくれ、励ましの言葉もいただいた。電話で申し訳なかったが、退団のあいさつもでき、懐かしい方々の音信を確かめることができたのも、この本がそのご縁を取り持ってくれたものだと思う。この場を借りて皆さまへあらためてお礼を申しあげたい。

２０２３年、メジャー・リーグでシーズンＭＶＰに輝いた大谷翔平君が日本の小学校へ野球のグラブを寄付した。

学校関係者に宛てられた彼のメッセージの中には次のような文言があった。

「野球こそが、私が充実した人生を送る機会を与えてくれたスポーツだからです」

野球人として、この言葉を言えることは本当に素晴らしいと思う。

オール府中のコーチとして活躍中（写真は著者提供）

僕はこれからも野球を大事にし、野球に感謝しながら、楽しむことを惜しまず、大谷君の足元にも及ばないけれど充実した人生を過ごしていきたい。

２０２４年５月吉日

香坂英典（こうさか・ひでのり）
1957年10月19日生まれ。埼玉県出身。川越工高から中央大に進み、79年春にノーヒットノーランを含む７勝を挙げ、東都大学リーグ優勝に貢献。全日本大学選手権でも優勝した。80年ドラフト外で巨人入団。84年限りで引退。一軍では８試合登板で１勝０敗０セーブ、防御率4.38だった。引退後、打撃投手、先乗りスコアラー、現場広報など巨人一筋で過ごし、2020年退社。現在は全府中野球倶楽部でコーチを務めている

プロ野球《やきゅう》現場《げんば》広報《こうほう》は
忙《いそが》しかった。
裏方《うらかた》が見《み》たジャイアンツ黄金時代《おうごんじだい》

2024年5月30日　第1版第1刷発行

著者　香坂英典《こうさかひでのり》
発行人　池田哲雄
発行所　株式会社ベースボール・マガジン社
〒103-8482
東京都中央区日本橋浜町2-61-9　TIE浜町ビル
電話　03-5643-3930（販売部）
03-5643-3885（出版部）
振替口座　00180-6-46620
https://www.bbm-japan.com/

印刷・製本　共同印刷株式会社

Printed in Japan
ISBN978-4-583-11690-7 C0075

デザイン＝浅原拓也
カバーイラスト＝香坂英典
校閲＝稲富浩子